KB263365

書院誌叢書

3

靖北院四賢實記
長淵院誌

도서 출판　韓國學資料院

婿北院四禮事記

靖北院四寶實記序

鏡城之邑勝岩之下有一古祠存焉作之雖不甚傑守之雖不甚嚴

人必仰之而不敢不拜過之而不敢不式雖至樵童牧豎亦莫不相

戒相護此乃靖北祠四寶俎豆之所而後人之久尙如是勢所固然

突昔在麗朝文蕭尹公主其軍文襄吳公帥其帥能遠征強虜大拓

疆土此則東國有史以來罕聞其事者也及至　李朝忠貿金公受

國重任能開治六鎭燮安萬民此國家方有官以來罕見其人者也

蕭憲吳公自以文襄肯孫先能淸正　邦後能經營通氣東思之惟

全不但爲國殊勳挦亦有光於我方者也所以光方之士雖非姓吳

姓金者皆慕之如已祖崇之翹天神獨恐其蹟之或泯始爲建

祠而祀之及其不幸被撥互相溝洫奔走履訴于官遂得復設而其

之且又鳩財置田仍圖維持而永護之此可以無憾於古今而但圓

公遺蹟散佚各地尚未能統而一之者久矣今不圖恐或愈久而愈
難收拾乃於昨秋土論齊發如水就下勢不可遏仍相與編纂斯記
不幾月早已告竣此誠古人未遑之舉而始就於今人之手幹事諸
人之勞苦功高不問可知而景亦一事之成各有其時歟若使不知
沿革者泛然思之則必不曰此世之急務而以生於北長於北粗知
其功德者當之則今日之為斯猶云晚矣孰敢曰不可乎且余之官
於北久矣雖閭巷平民之一嘉言一善行猶尚耳慣而心悅每患不
能廣佈況四公魏勳偉績耶噫武侯之祠唐人猶護其栢萊公之廟
荊人不忍傷竹以其功德所在不可以時移世換而遽忘之也今此
實記之有無顧何足輕重於四公而其將百世不朽者則其可與一
栢一竹同日而論哉眾議請余弁卷余以非其人辭之辭之愈固請
之愈懇余亦說已窮矣遂不撰無拙畧以所感叙之如右烏得贒將

之厚識耶

甲戌季夏

慶尙北道知事從四位勳三等

安東後人　金　瑞　圭　謹序

靖北祠四賢實記序

世之遊西洋者난 必於華盛頓拿巴倫古蹟에 窮尋之하야 仰其歷傑之功業而興徯焉하나니 今之來北關者ㅣ 不知有靖北祠可乎아 知有靖北祠而不知記四賢之實蹟이 可乎아 旣在麗代에 都元帥尹文肅公副元帥吳文襄公이 揚武功逐女眞하고 卒于李朝에 金忠翼公이 又擴張其疆域하야 奠我千載之基業者ㅣ 此之爲關이며 北關之有諸公은 如兩洋之有華拿라 民不能忘焉故且男建宇享祀하니 鏡城之靖北祠即是也而其後에 吳廉憲公이 又有平邊亂築雄城之勞하야 關祠罷享하니 此四公之赫赫勳偉業을 敢不崇慕리오 然이나 世邃人微하야 北遊者ㅣ 常情過之하고 莫開者茫然失之하며 且文獻이 互久複雜하야 苟非此閣之深者면 亦難領畧은 勢之固然而爲今日靖北祠四賢實記之所由作者ㅣ也니

成之者난誰오現祠監安鳳郁甫ー是己라鳳郁甫ー嘗憂之以開

四公遺蹟이幾至湮沒이라하야乃與其同志尹泳瑀尹泳球諸彦

으로搜諸國史野乘及四賢裔孫家譜牒等散錄而編成二册하야

巨細畢擧而使覽之者로一目瞭然하니是豈偶然者哉아書將鋟

에謚序於余하니余以昧眼으로何容贅爲리오마난竊惟四賢遺

蹟이得以復顯하야其廣于世也에舊然北來者ー必如西遊者之

於莘拿矣리니用是興感하야爰述其槩云爾로라

歲甲戌元月下浣　咸鏡北道參與官固城人　李聖根謹稿

靖北祠四賢實記序

國之褒功은 生之爵卒之諡오 民之報功은 建其院醴其祀而雖有不世之功이라도 已無足徵之文이면 隨其世遠而其功이 泯焉하고 隨其功泯而其慕亦泯焉하야 但知位牌姓官之某某而已오 莫知現代勤業之何何所爲하야 比如甘蔗之外舐者ー莫知其中之甘味하나니 愛之慕之를 何以則可乎아 丞相祠堂도 尋無處於錦官이오 羊公片石도 語不與於峴山이라 推此觀之하면 載其功蹟其傳이 不在於廟宇之壯嚴이오 亦不在於金石之刻鏤이며 因其繼而地得名과 懷其德而歲修釐이 猶未足以愈久愈遠之報炎나 然則閱千載而不朽者印墨이오 經萬目而無盡者汗竹이 是也니라 麗朝와 尹吳二公과 李朝也金吳二公의 前勝後繼之獨虔歸遷과 歸土開拓과 築城設鎭과 討逆保境之偉勤豐功은 其在於常傳

二世之朝하야도 必得居右之位而況及於玆土千里之域하야난

尤有免左之惠者乎아 然而於當院沿革上幾回重修之例와千事

復設之際에 裔孫之建廟而祖述之記와 紳士之逐年而尸祝之文

이 靡用不極而未云盡美者난 文不行于現世하며 篇不得其正名

하니 褒功之典과 報功之誠이 果安在哉오 置亡而後에 更存하며

向晦之中에 復明함은 兵家之常法이오 儒道之正則이라 本院之

有監이 自設立以降으로 被任者ㅣ 不爲不多而未擧前二朝未遑

之典하며 不成後千載不朽之業하야 茹恨抱感이 異日同聲이러

니 何幸今回에 院得其監하니 拜命同時에 決意自誓云如此無記

之院은 完是沒字之碑矣라 職不可溺也오 位不可充也라하야 賚

二個之星霜하며 涉千里之山水하야 蒐集於散逸之野史하며 採

拔於載在之家乘하야 編成乾坤之篇하야 鑑載年代之序而伺節

靖北祠四賢實記序

國之襃功은生之爵率之證이오民之報功은建其院醴其祀而
不世之功이라도已無是徵之文이면隨其世遠而其功이泯焉하
고隨其功派而其慕裒焉하야但知位牌姓官之某某而已오莫知
現代勳業之何何所爲하야比如水荏之外舐芥一莫知其中之甘
味하나니愛之慕之를何以則可乎아丞相祠堂도寧無處於編緝
이오羊公片石도語不與於峴山이라推此觀之하면載其功績
傳이不在於廟宇之莊嚴이오亦不在於金石之窾銘이며開其績
而地得名과懷其德而歲修醴이猶恭是以愈久愈達之報ㅣ라然
則閱千載而不朽者即累이오經萬口而無盡者汗竹이基由다
라麗朝也尹英二公과李朝也金英二公의前膀修醴之關牌四言
과輿土開拓과築城設鎭과討道保境之催勳豐功은其在於簡牒

二世之朝하야도 必得居右之位而況及於茲土千里之域하야난
尤有免左之患者乎아 然而於當院沿革上幾回重修之例와千辛
復設之際에裔孫之建廟而祖述之記와紳士之逐年而戸覩之文
이靡用不極而未云盡美者난文不行于現世하며篇不得其正名
하니褒功之興과報功之誠이果安在哉오置亡而後에更存하며
向曆之中에復明合은兵家之常法이오儒道之正則이라本院之
有監이自設立以降으로被任者ㅣ不爲不多而未學前二朝未選
之興하며不成後千載不朽之業하야茹恨抱感이異口同聲이러
니何幸今回에院得其監하니拜命同時에決意自誓云如此無記
之院은完是沒字之碑矣라職不可溺也오位不可充也라하야
二個之星霜하며涉千里之山水하야蒐集於散逸之野史하며操
拔於載在之家乘하야編成乾坤之篇하야鑑載年代之序而句節

體裁난 於漢文綴法에 以諺文懸吐로 俾便於淺識者縱覽하며 欲
發乎祖國之文華而然也라 上可慰鎭土如在之英靈이오 下可傳
永世追慕之宿願이 伊誰之力고 即現院監安鳳郁君이 是也며 募
稿寫字之役에 忘勞修役者난 裔孫尹泳瑪君이 是也며 鋟梓印刷
之役에 擔務設計者난 裔孫尹泳球君이 是也라 草稿己完에 有三
君이 挾本案而來하야 要余以弁卷之文일새 不以不文而固辭者
난 一以慕四賢公之遺澤하며 二以感三君子之賢勞하야 不避僣
越하고 畧叙其槩.

現中樞院叅議 安東 金炳奎 謹序

自叙

昔松京之中興也鍾毓文蕭文襄恢拓金甌千里逮漢都之治隆也

篤生忠翼蕭憲復收神器一幅其事功之著於竹帛赫赫照人耳目

曁偉烈之報於俎豆朗々鑑天星月矣俟平實記有無然遺文若干

篇杖履逍遙蹟與夫烈聖朝褒崇儒賢輩逴作畝不可任其散漫而

不爲之収錄此實記之所以作也顧鳳郁雖嘗識適任院賫慨無院

史多士曠及不揆妄四求兩朝史徬搜諸家牒叅五考諛紬闕正

謬庸修是編裔孫泳瑪亦樂爲之相役五閱月而告竣卷總六昌分

二於是四賢言行事功稱得該詳庶可以攷信其本傳碑誌諸賢記

述並仍舊本面每條下註其所出書名灼依朱晦菴編伊川年譜例

以證可據又於文體句間以諺文標治邦普誰倣柳眉巖懸吐

蓋旹開例使世人易知易見也嗚呼前二公歿至今三百零一報硯始

崇文三百年本傳乃成後二公歿之後二百年一官同事又二

記寶同編將使登于梓壽于世寔爲北人士五百年盛舉亦諤雲仍

百代寶筏無乃詩所謂風雨如晦雞鳴不已者哉

甲戌元月上元日　　　　　編　者　順山後人　安風郁誰識

編　論

一、靖北祠四賢實記라　命名함은　文蕭文襄　二公은　拓地　於麗朝하고　忠翼肅憲　二公은　收復　於李朝하니　世異而事功則同하고　四位而一宮安享하니　不可不合纂이오　想無有偏側之嫌

二、四賢中文蕭文襄은　元有本傳이오　忠翼肅憲는　曾無本傳이나　然兩朝本史子孫譜牒　在野遺史散出之文章事功과　諸賢贊慕　記述等文字ー不爲不少하니　不可不傳變爲記者는　勢也

三、一部을　分作上下　二册하고　一册을　折作類分三卷하니　凡卷六　易二라　首編에　先盟歷代年表及眞像圖式하고　末編에　附添關北署誌者는　使覽之者로　先知現時四公事蹟이　考信無疑하고　終知以四公豊功偉蹟이　樂此今日之奠居

一、四賢中有遺文이면 標書某公하고 無遺文이면 不書하다

二、英州廳壁記는 不是尹公遺文이나 然是公敎命故로 附入遺文 下하다

三、至於年譜하얀 先書麗朝李朝某王幾年하고 復書中國某君年 號及幾年者는 從春秋首書魯隱公元年之例오 至其事功實績 하얀 摘取麗史本傳東史會網하고 野乘及家牒文字中不足證 者는 不入하다

四、祭文及記序等文字則不拘年代하고 類聚前後하야 列書하되 區分某公某公은 從其簡便하다

五、遺蹟則文襄이 爲元副帥하야 同功一體故로 不分離하다

六、單獨事蹟則標書某公하다

七、常文及上疏를 不爲類聚하고 上下散編은 事係其公故로 勢不得不分入하다

八、修理關係文字를 參互考證하야 類條下에 雙書其所開示하니

此係朱子編伊川年譜例하다

九、屠平關北墨諸者는 因國事功이 全在關東하고 就散도 泰多開

就散로 特書其與하다

十、編入之文이 全部純漢文이어늘 今此爲辦之役에 以諺文

으로 滴吐句開은 便覽之者로 不曾易見易知也라 子此漢文

多之目에 不如是면 恐或昔辰時代的文化

靖北祠四賢實記總目次

首編　歷代叅考

眞像事實　　眞像

靖北祠外容圖　　靖北祠內容圖

靖北祠沿革一覽　　靖北祠沿革圖

卷之一　遺文　　遺事

踈　　本記　本傳記抄

詩句　　贊述

卷之二　年譜

卷之三　詔勅　　下教文　致祭文

各位祝文　　行祭式　補遺

卷之四　附錄　事蹟　　碑文　墓地銘

臺閣記文　　贊慕詩

卷之五　附錄　本祠記　　序　文

　　　　本祠復建事實　　復建時諸願書

　　　　跋　　題　旨

卷之六　　通告文

　　　　關北署誌

靖北祠四賢賢記總目次終

靖北祠四賢實記目次

卷之一

遺文

尹文蕭公賀宋哲宗登極箋文 …… 一

兩元帥破女眞露布賀王表 …… 一

尹文蕭公朝宋時應製 …… 二

尹文蕭公慕金覆信 …… 二

尹文蕭公麗史本傳畧抄 …… 二

尹文蕭公本記遺抄 …… 三

林彥英州廳壁記 …… 四

吳文襄公作龍堰宮不可奏劄 …… 六

吳文襄公麗史本傳畧抄 …… 六

篇目	頁
吳文襄公贊述	七
金忠翼公上世宗築城便否疏	七
金忠翼公遺史	十二
金忠翼公本傳畧抄	十三
吳肅憲公辭起復鍾城府便跡	十四
吳肅憲公行狀抄	十五
卷之二	
尹文蕭公先系	十六
尹文蕭公年譜	三十三
吳文襄公先系	三十三
吳文襄公年譜	三十九
附 林忠壯公〔彥〕事實	

金忠翼公年系 … 四十

吳蕭憲公先系 … 四十六

吳蕭憲公年譜 … 四十六

卷之三　附錄

英廟朝　尹文蕭公墓所致祭文 … 五十七

純宗朝　詔　勒 … 五十七

寧宗朝　尹文蕭公墓所致祭文 … 五十八

祭侍中廟觀文 … 五十八

侍中廟改建告由文 … 五十八

再謁侍中廟觀文 … 五十八

謁文蕭公廟祭文 … 五十九

文蕭公廟陞配金忠翼公時告辭尹文蕭公 … 五十九

靖北祠復建時開基告由文 …… 六十
復建後奉安祝文 …… 六十
靖北祠兩丁祝文 …… 六十
萬賴祠兩丁祝文 …… 六十
吳文襄公奉安祝文 …… 六十
陞配金忠翼公時告辭吳文襄公 …… 六十
世宗下教金忠翼公節制使時書 …… 六十一
世宗諭音 二通 …… 六十五
明宗教諭巡邊使李浚慶書 …… 六十六
金忠翼公陞享靖北祠祭文 …… 六十六
復建後金忠翼公奉安祝文 …… 六十六
金忠翼公靖北祠兩丁祝文 …… 六十六

金忠翼公鍾城講武院祝文　六十七

吳蕭慧公　仁祖竹帛教書　六十七

吳蕭慧公初喪時仁祖致祭文　六十八

靖北祠復建後吳蕭慧公奉安祝文　六十八

靖北祠復建後四位一體妥安祝文　六十八

靖北祠行祭式　六十八

靖北祠春秋享陳設圖　七十一

依圖祭用庶品式　七十一

補遺

李春英祭侍中廟祝文　七十二

靖北祠四賢實記卷之三目錄
終

歷代參考

按歷代者는 國乘也니 如非國乘이면 何以知某賢之某事
在於某朝之某年乎아 今四賢年譜及事蹟이 疑或經庭故
로 纂輯歷系一編할새 先書我東某王元年하고 後書宋元
明清日本某帝元年者는 以從春秋首書魯隱公元年之例
也오 至若僞主昏朝하얀 非統系之正體政으로 並附綱書者
는 一依綱目變例之義也라 文蕭文襄二公은 生於麗朝하
고 忠翼蕭憲二公은 生於李朝故로 自高麗로 至今日히 並
錄年代하야 互相照管焉하노라

高麗　都松嶽　今開城府○東史寶鑑曰高麗之號取山高水麗之義

太祖　於新羅
姓王氏名建隆子作帝建孫○唐宣宗潜邸時渉海到○恐郡
郡人寶育以女薦枕生作帝建○作位二十六年○二十八年係

戊寅元年○建元天授○後梁均王（貞明四年在位十一年○癸未龍德）

○癸未後梁亡（起太祖丁卯至均王凡二世十七年）○是歲後唐莊宗（李存勗）

○丙戌後唐明宗（天成元年在位八年長興○庚寅）

同光元年在位三年

帝（愍顯元年在位一年）○乙未後唐潞王（清泰元年在位二年）○丙申後唐亡（泰止潞王丙申凡四世三姓十四年）

○是歲後晉高祖（石敬瑭在位七年）

戊王始行後晉年號○癸卯晉出帝（甲辰元年開運）

惠宗（名武太祖子在位二年）甲辰元年（晉開運元年）

定宗（名堯太祖第二子在位四年）丙午元年（晉開運三年）○丁未後晉亡（起高祖丙申止出帝丁未凡二世十二年）○是歲後漢高祖（劉暠）

己酉後漢隱帝（元年因稱乾祐二年○在位二年）

光宗（名昭太祖第三子在位二十三年）庚戌元年○後漢亡（乾祐三年起高祖庚戌止隱帝凡二）

年世四○辛亥後周太祖（郭威顯德○廣順元年在位四年○甲）乙卯周世宗

柴榮○元年因稱昱德二年○在位五年　庚申發周恭帝　元年○在位半年　七亡　太祖

祖辛亥止恭帝庚申凡三世二姓十年　○是歲宋太祖　趙光胤○建隆元年○乾德○戊辰開寶

十七年在位

景宗○名保在位光宗子六年　丙子元年○宋太祖　太平興國照○戊子端拱

在位二十二年道○乙未至

成宗○名治在位旭子十六年太祖孫　壬午元年　宋太平興國七年

穆宗○名誦在位景宗長子十二年　戊戌元年○宋眞宗　咸平○戊申大中祥符○景德丁

○巳在位禧二十五年乾興　壬戌年

顯宗○名詢在位郁子太祖孫二十二年　庚戌元年　符宋大中祥三年　癸亥宋仁宗　天聖○壬申元

○中明道甲戌景祐○丙申嘉祐○在位四十一年　庚辰康定○辛巳慶曆

德宗○名欽在位顯宗子三年　壬申元年　宋明道

○已北皇祐

靖宗○名享在位顯宗次子十二年　乙亥元年　宋景祐二年

文宗　○名徽　在位三十七年　顯宗第三子　丁亥元年　七年宋慶曆　○甲辰宋英宗治平元年

四年　○戊申宋神宗熙寧元年　在位十八年　○戊午元豐

順宗　○名勛　在位四月　文宗子

宣宗　○名運　在位十一年　文宗第二子　甲子元年　七年宋元豐　○丙寅宋哲宗元祐元年

在位十五年　○戊寅元符

獻宗　○名昱　在位一年　宣宗子　乙亥元年　二年宋紹聖

肅宗　○名顒　初名熙　宣宗弟　在位十年　丙子元年　三年宋紹聖　○辛巳宋徽宗建中靖國元年

壬午宋徽宗崇寧　丁亥大觀　○辛卯政和　戊戌重和　○己亥宣和　在位二十五年

睿宗　○名俁　在位十七年　肅宗長子　丙戌元年　五年宋崇寧

仁宗　○名楷　在位二十四年　睿宗長子　○癸卯元年　五年宋宣和　○丙午宋欽宗靖康在位二年

二年　○丁未金號曰金　女眞開國　金人執宋二帝　徽宗欽宗北去宋亡　建炎起太祖

中止欽宗丁未年凡九　世一百六十八年　○是歲南宋高宗興　建炎元年　○在位三十六年　亥年紹興

毅宗　名睍　仁宗長子　○在位二十四年　丁卯元年宋紹興十七年　○癸未宋孝宗隆興　○丙戌乾道　○甲午淳熙

明宗　名晧　仁宗次子　○在位二十七年　辛卯元年宋乾道　○庚戌宋光宗紹熙

神宗　名晫　仁宗第五子　○改名　○在位七年　戊午元年宋慶元四年

熙宗　名韺　神宗長子　○改名　○在位七年　乙丑元年宋開禧

康宗　名貞　明宗長子　○改名祦　○在位二年　壬申元年宋嘉定五年

高宗　名㬚　康宗長子　初名瞋又改名　○在位四十六年　甲戌元年宋嘉定七年　○丁酉嘉熙　○乙酉宋理宗

元宗　名禃　高宗長子　初名倎　○在位十五年　庚申元年宋景定　○是歲蒙古主忽必烈建元中統　○乙丑宋度宗咸淳

忠烈王　名昛　元宗長子　○在位三十四年　甲子蒙古改元至元　○乙亥宋度宗　○宋恭帝

子宋端宗 景炎元年在位二年 ○戊寅宋帝昺 祥興元年在位二年 ○己卯南宋

亡 起高宗丁未止帝昺己卯凡九世一百五十三年宋南宋合十八世三百二十年 ○庚辰元世祖

奇握溫忽必烈至元十七年○溫忽三十五年統一後十五年 ○乙未元成宗 元貞元年○丁酉大

德十三年在位 ○戊申元武宗 至大元年在位四年

忠宣王 名璋初名謜忠烈王長子○在位五年 己酉元年 元年至大二年 ○壬子元仁宗 皇慶

元年○甲寅延祐在位九年

忠肅王 名燾忠宣王第二子○在位十七年 甲寅元年 元年延祐 ○辛酉元英宗 至治

元年在位三年 ○甲子元泰定帝 泰定元年○致和在位五年 ○戊辰 改元文宗天

曆 ○己巳元明帝 在位八月 ○庚午元文宗 至順元年在位二年

忠惠王 名禎忠肅王長子○前在位二年 辛未元年 元年至順二年 ○壬申元寧宗 在位月餘

忠肅王 後在位八年 癸酉元年 ○元順帝 元統元年○乙亥至元元年○辛巳至正在位三十六年

忠惠王 後在位四年 辛巳元年 元年至正元年

忠穆王　忠惠王長子○名昕　在位四年　乙酉元年　元至正五年

忠定王　忠惠王庶子○名胝　在位三年　己丑元年　元至正九年

恭愍王　忠肅王第二子○名顥　在位二十三年　壬辰元年　元至正十二年　○戊申元亡

起世祖庚辰止順帝戊申凡十世八十八年　○是歲明太祖　朱元璋○在位三十一年　洪武元年

辛禑　盹之婢姜般若出也恭愍稱為己子○借位十四年　乙卯元年　明洪武八年

辛昌　禑子　己巳

恭讓王　孫○名瑤　神宗七世○在位四年　己巳元年　明洪武十二年　○壬申高麗亡　起太祖戊寅止

恭讓壬申凡三十二世偽主二人歷共四百七十五年　○是歲李太祖即位

李朝　自白檀君元年戊辰至李太祖元年凡三千七百二十五年

太祖　七年在位　壬申元年　○明太祖　在位洪武二十五年

定宗　太祖二男　在位二年　己卯元年　○明惠宗　在位建文四年　建文元年

太宗　太祖五男　在位十八年　辛巳元年　明建文三年　○癸未明成祖　在位永樂二十二年

世宗		文宗	端宗	世祖	德宗		睿宗	成宗	燕山君	中宗
太宗三男　在位三十二年　己亥元年〔明永樂十七年〕○乙巳明仁宗〔在位洪熙元年〕○庚午	丙午明宣宗〔在位宣德十年〕○丙辰明英宗〔在位正統十四年前〕	世宗一男　在位二年　辛未元年〔明景泰二年〕	文宗一男　在位二年　癸酉元年〔明景泰四年〕	世宗二男　在位十四年　乙亥元年〔明景泰六年〕○丁丑明英宗〔後元年後在位八年〕	世祖一男　追尊	乙酉明憲宗〔位成化元年作二十三年〕	世祖二男　在位一年　己丑元年〔明成化五年〕	德宗二男　在位二十五年　庚寅元年〔明成化六年〕○戊申明孝宗〔位弘治元年在十八年〕	成宗一男　在位十一年　乙卯元年〔明洪治八年〕	成宗三男　在位三十九年　丙寅元年〔明武宗位正德元年在十六年〕○壬午明世宗

宗　在位四十五年　明嘉靖元年

仁宗　中宗一男　在位一年　乙巳元年　明嘉靖二十四年

明宗　中宗二男　在位二十二年　丙午元年　明嘉靖二十五年　○丁卯　明穆宗　隆慶元年　在位六年

宣宗　中宗孫德興大院君三男　在位四十一年　戊辰元年　明隆慶二年　○癸酉　明神宗　萬曆元年　在位四十八年

光海君　宣祖二男　在位十四年　己酉元年　明萬曆三十八年　是歲明光宗泰昌元年在位一月　○己未　後金稱帝建元天命　即

○庚申　後是清太祖　明萬曆四十八年

熹宗　天啓元年　在位七年

元宗　宣祖五男　追尊

仁祖　元宗一男　在位二十七年　癸亥元年　明天啓三年　○戊辰　明毅宗　崇禎元年　在位十七年

甲申　明崇禎十七年　是歲金改號清改元崇德　是歲清世祖收　元順治　○乙酉　明紹武

帝　弘光元年　隆武皇帝　元隆武年　○丙戌　明永曆皇帝　在位

○清

孝宗　仁祖二男　在位十年
庚寅元年明統絶
起太祖戊辰止永曆庚寅九十九世二百十九年

○世祖愛親覺羅氏名汗　顧治七年統一後十二年

顯宗　孝宗一男　在位十五年
庚子元年　顧治十七年

○壬寅清聖祖　位康熙元年在六十一年

肅宗　顯宗一男　在位四十五年
乙卯元年　康熙十四年

景宗　肅宗一男　在位四年
辛丑元年　康熙六十年

○癸卯清世宗　位雍正元年在十三年

英祖　肅宗二男　在位五十二年
乙巳元年　雍正三年

○丙辰清高宗　位乾隆元年在六十年

眞宗　英宗一男　追尊

正宗　英宗孫獻世子男　在位二十四年
丁酉元年　乾隆四十二年

○丙辰清仁宗　位嘉慶元年在二十五年

純祖　正宗二男　在位三十四年
辛酉元年　嘉慶六年

○辛巳清宣宗　位道光元年在三十年

翼宗　純祖一男代理追尊
自丁亥在庚寅四年　○入於純祖年朝

丁亥　上傳位於世子翼宗
○庚寅　上還位

憲宗　純祖一男　在位十五年　乙未元年　道光十五年

哲宗　英宗玄孫全溪大院君男　在位十四年　庚戌元年　道光三〇辛亥咸豐元年　在位十一年

壬戌　穆宗同治元年

高宗　英宗五世孫興宣大院君二男　在位五十四年　甲子元年　同治三年〇乙亥清光緒元年

乙未建陽元年　丁酉光武元年

純宗　高宗一男　在位四年　丁未隆熙元年

明治四十四年　辛亥

大正元年　壬子

昭和元年　丙寅

尹文肅公遺像事實記

南原尹泰胄記事中抄

關北이 古爲女眞所據러니 高麗睿宗朝에 文肅公이 奉命征之하야 築九城하다 今端川之道德寺는 當時여 公之留陣牧師所也라 本寺는 在今端川郡何多面松坡里하니 即古之城也라 公於此地여 築城起屯하고 設降虜軍三百八하야 曰使練習이라가 領十七萬兵으로 掃蕩賊境하고 貢居斯民이러니 後人이 建寺于此하고 俞名曰道德寺라하다 寺之傍舍에 舊奉公影幀하야 以寫裏墻之慕하니 未詳何時所創也라 世進儀多褻하야 久爲識者之恨이러니 丁酉大韓光武元年에 北靑諸尹이 謀하야 承烈하야 京尹崇議所하야 商確建祠移建하다 是歲七月에 滋嘉와 利原等尹僉五一 俱以公之後孫으로 因士論하야 遂定議建祠하다 同年十月十八日에 自端寺로 奉陪影

幀面還さ야 十一月九日에 標案三退 參面勝怨洞 議案이다가 決

年閏三月에 堂成에 乃奉安さ고 始擇丁篤香さ五 余之日尚

謌祠다라니 議取萬姓 禾賴之議通다 自答以行로 公之鴻飯이頃

傳하야 行于世하니다

尹文甫公遺像

靖北祠圖

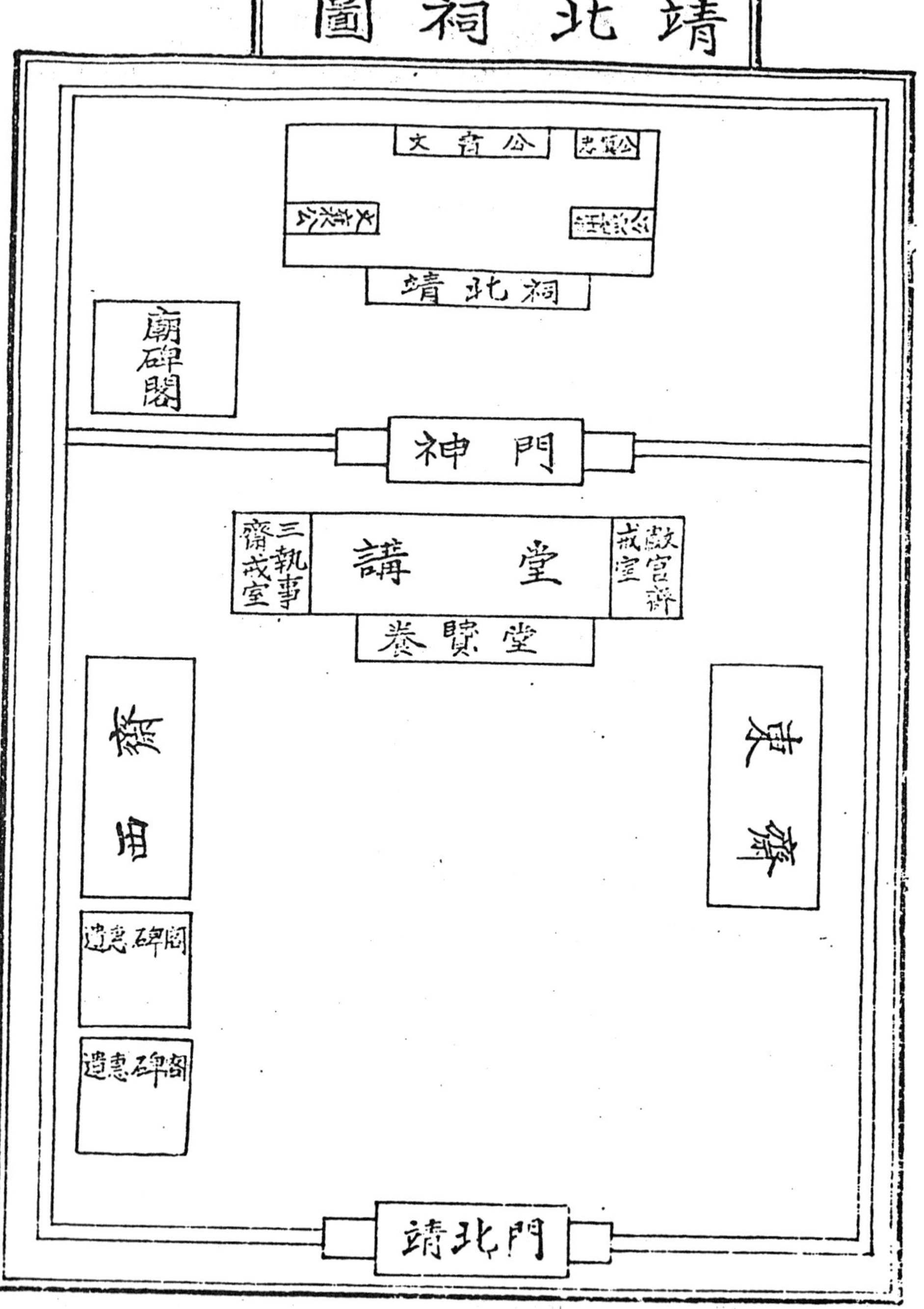

42

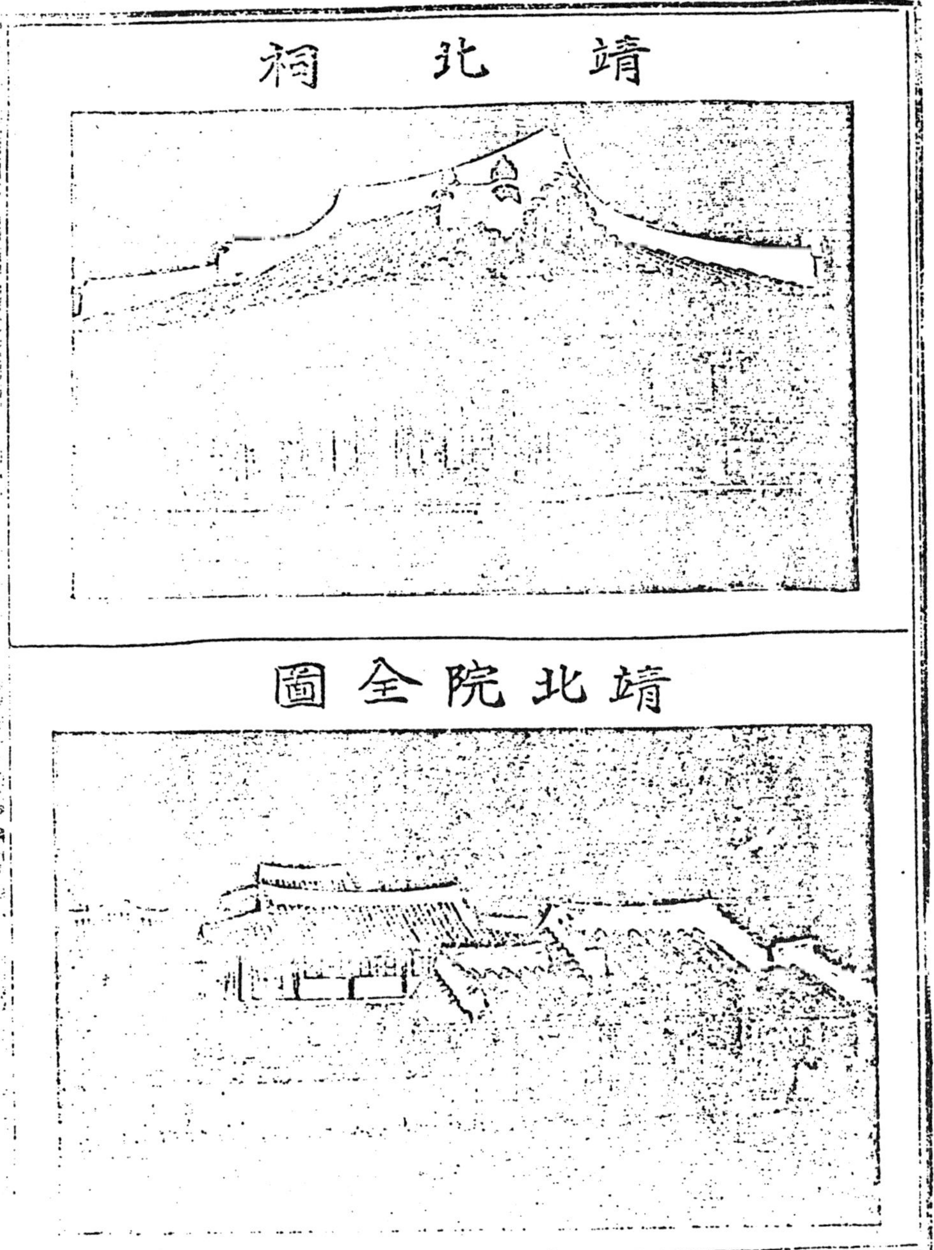

靖北祠

靖北院全圖

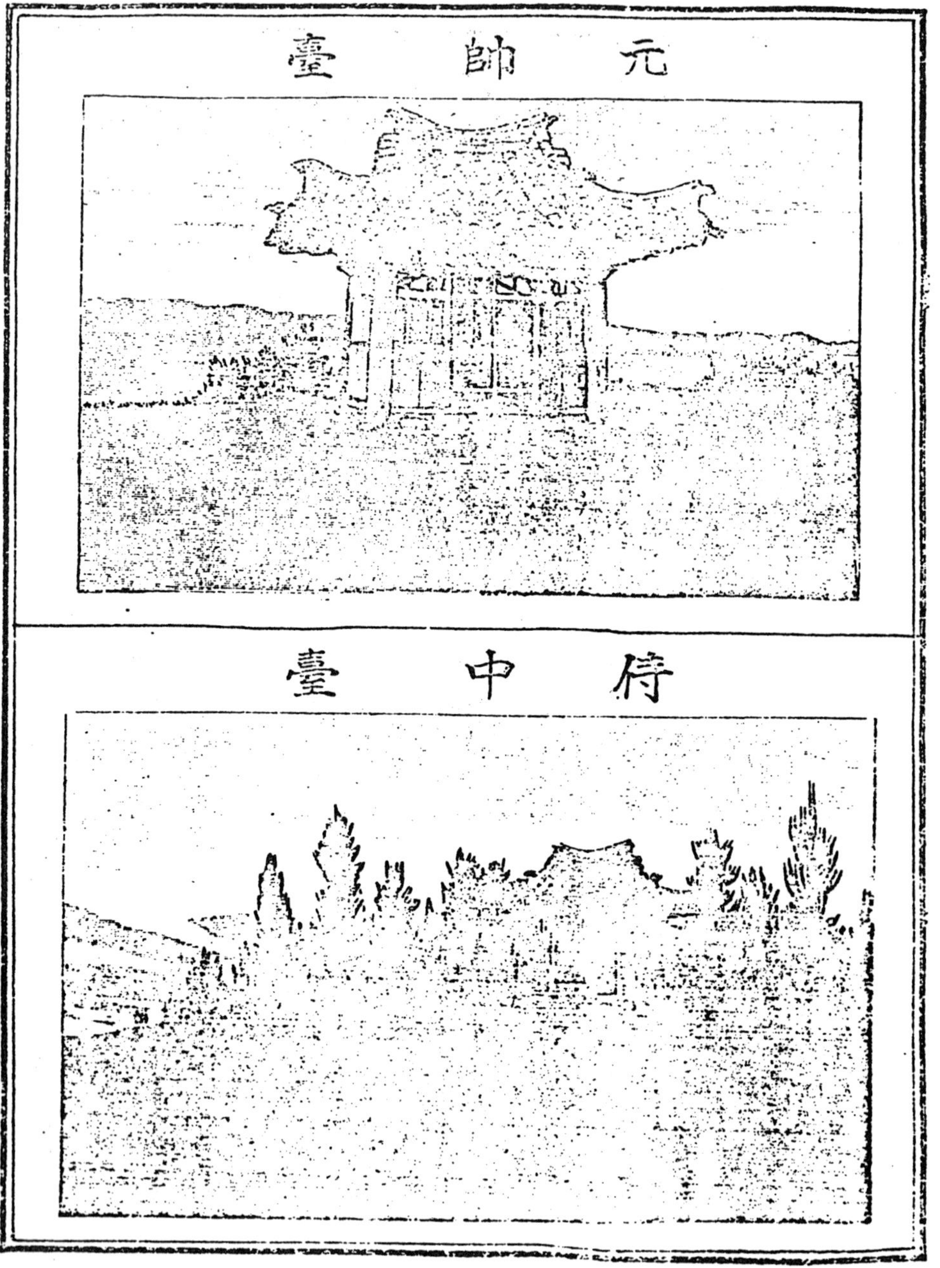

元帥臺
侍中臺

靖北祠沿革一覽表

世宗十九年丁巳에 節度使金宗瑞始創廟宇於鏡城兩僧廟下라

야獨享尹文肅公하니 後人이 稱廬堂이라하다

宣祖十六年癸未여 士民이 重修之하고 額曰侍中廟라하다

仁祖二十二年乙酉에 廟宇右墻外여 建淸德堂하고 獨享昌興君

成夏宗하다

顯宗七年丙午에 北評事李選이 因關北士論하야 啓請于朝하고

陞享吳文襄公할새 奚安東璧하다

肅宗二十九年癸未에 廟宇左墻外여 建興惠祠하고 獨享監司李

光夏하다

景宗元年辛丑에 都巡察使尹憲柱ㅣ 改建位室하야 領曰文會堂

廟宇하고 創建養賢堂及東西齋室하야 培養十州士子하니 蓋院制

自此始完하다

憲宗十年甲辰에陞享金忠翼公할새移吳文襄公位於西壁突安하야配食文蕭公하고忠翼公位則突安於主壁後東之北壁南向하다

憲宗十一年乙巳에陞享吳海城君하야配食金忠翼公하고額曰靖北祠라하다

高宗五年戊辰에本祠混入於毁撤令하야埋安四公位牌及濟德興惠兩公位牌於勝嵒南麓하다

高宗光武五年辛丑에復建祠宇及養賢堂東西齋室於舊址하야奉安四位하고額號는仍舊號靖北祠라하다（但濟德興惠二祠未復設하다）

純宗隆熙三年庚戌에吳海城君을賜諡爾憲하니是年秋享日에改題神主하다

靖北洞
世宗丁巳　宣祖癸未　仁祖乙酉　顯宗丙午　肅宗癸未　景宗癸丑
文廟公
廟庭
文廟公
侍中廟
成公
清德堂
文廟公
侍中廟
李公
興惠祠
文廟公
文廟公廟

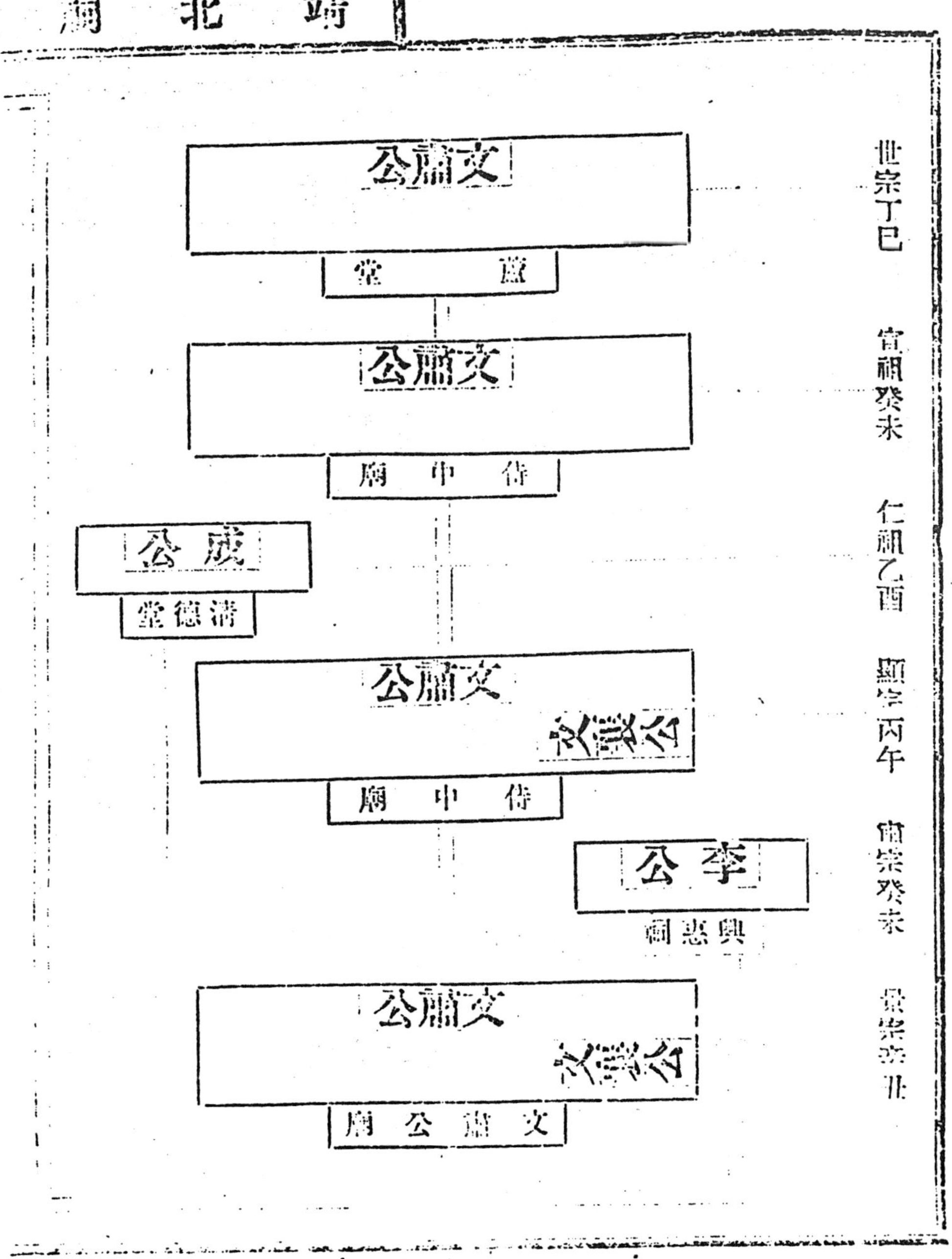

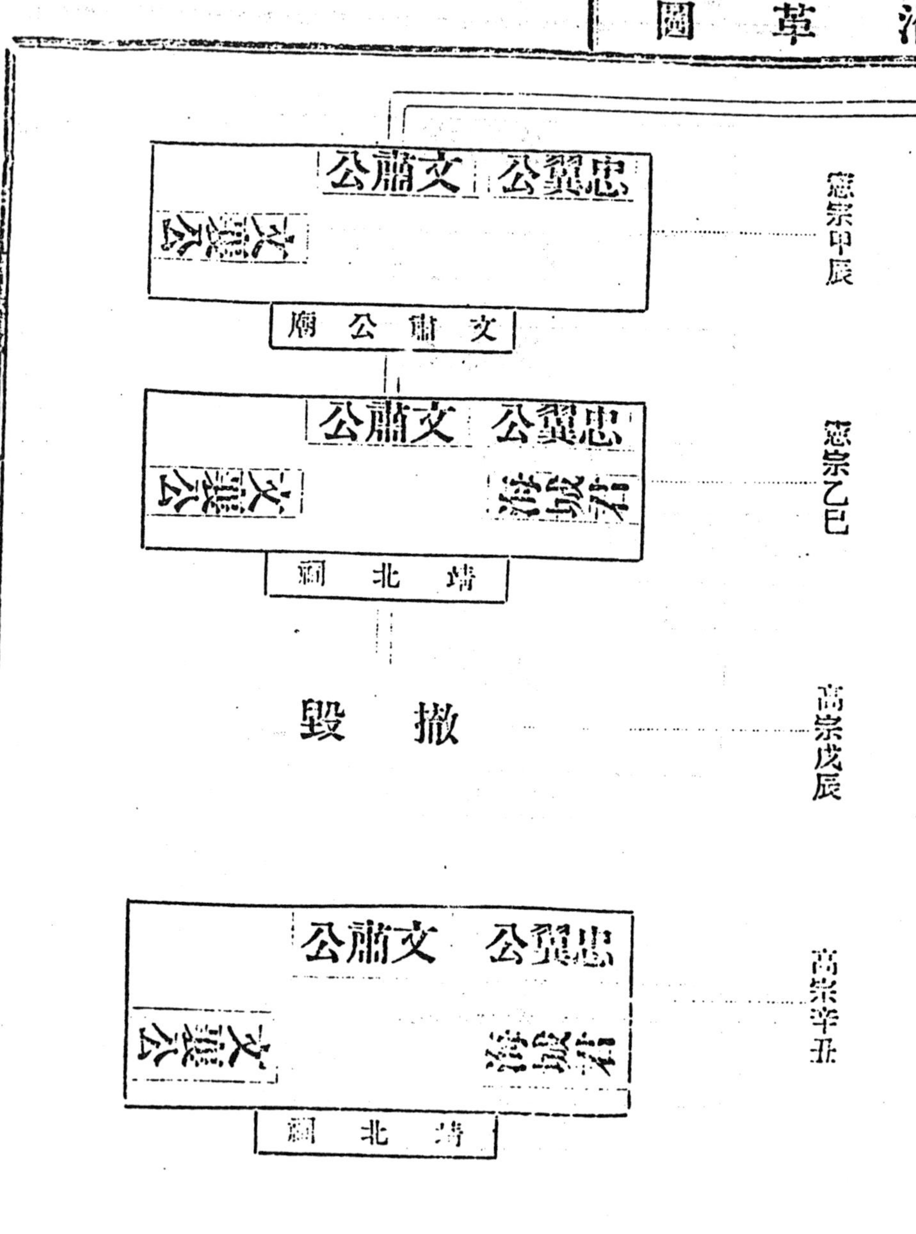

沿革圖
憲宗甲辰
憲宗乙巳
高宗戊辰
高宗辛丑
忠翼公　文肅公
文襄公
文肅公廟
忠翼公　文肅公
右贊政　文襄公
靖北祠
撤毀
忠翼公　文肅公
右贊政　文襄公
靖北祠

韓末官報實記卷之一

邊　文

尹文肅公賀宋哲宗登極箋文

承乾御極하며亙地彌率하니凡屬照臨이僉同忭躍이라皇帝陛
下는廬淵成聖하고宜裕容人이라天啓群心하니神器已歸於一
德하고日資多福하니靈圖必保於千齡이로다化被飛潛하며功
均覆幬라臣은邀居侯服하야欣遇帝初하니恭奉土宜하야賀修
國而將致라가因拘朝撿하야馳便傳而願稱로다仰惟撫育之仁
하야俯諒忠勤之懇하소서

兩元帥破女眞露布賀王表

聖人之德이允合於乾坤하야作仁義之兵이已平其莠稂하니雖
茅土이旣歡且呼라竊以東交眞이潛伏奧區하야冠繁醜類로대

遠從爾祖實之世로 嘗被我朝家之恩이로다 狼貪으로 使畜其叛

心하야 犬吠ㅣ類喑於戶外하고 使帙關塞하야 寇擾士民이라 狽

倒禦之寬而謂之易凌이오 肆盟覬之志而謂之莫禦라 先壟이

憤而欲伐하시고 陛下ㅣ方繼而爲圖하샤대 以兵從故로 始懼懺

施하고 以謀衆故로 終歸濘泥로다 然而籌勝負者는 在乎熟하고

知變通者는 貴乎時니 事機可乘을 聖智獨照하샤 先休吾士卒하

야以觀其可用하고 繼廣彼虛實하니 以指其必擒이라 乃俞元戎

하야 亟行大戮일새 而臣이 受簡鉞之制하야 舉征跋之行하니 氣

勤於軍하고 威加於敵이로다 江河走鑿애 寸膠로 不能以防之오

破石轉峯애 盧卵이 決然其破矣니 俘虜踰於半萬이오 斬獲近於

五千이로다 委積散於闈闔하고 奔走交於道路라 山川이 險阻하

니 城池를 因得以高深이오 原野菅沺하니 田井을 亦從而耕鑿이

로다 在昔人求而未得者를 今玆天與面旣頂之하니 上足以蘭宗

廟在天之靈이오 下足以雪朝廷積年之恥로다 彼周王獫狁之

俗과 漢帝凶奴之征은 所以拓土開邊하고 而得爲民去害니 比之

今日컨대 宜在下風이로다 此景微臣의 淺知駑材로 能成巨效미

오實由陛下의 聖謀廟算으로 坐定退服시니 荷非其然이면 孰使之

突이오 伏乞兪音史册하야 乘耀無窮하옵서 公子彦純奉表

按李益齋賢集에 曰公之文章이 不但露布一表어늘 而世遠

無傳이로다 麗睿宗이 問學延儒할새 公及吳延寵이 首預하야

布列朝著하니 中華之風을 靡塵復見云

詩句

尹文肅公朝宋時應製   當今三過帶御香

雜佩方辰廟誦揚 [以下판독불가]

51

廈信六月於洞渡　三索今日金祠八

尹文蕭公麗史本傳畧抄

睿宗이命公하야撰大覺國師碑文하니徵寫原傘之慈어늘南是

로不惬於時議하야至命金富賦改撰하다

進講無逸之篇하얀多所發揮어늘輒蒙歎賞하다　見年譜

奉使宋朝時에與河南程伊川先生으로互相唱闢하다　見麗史

坡州坡平山에有走馬臺하고臺邊에有鐵馬數枚하야伺今遺傳　見坡山邑誌

하니此皆尹公北伐時肄習戎事之舊蹟也리라

前朝舍人金天用碑를公이撰之하다

公이曾爲桂陽守故로載富平先生案하다

尹文蕭公本記遺抄

公이 初征女眞時여 入咸山이라가 遇伏兵敗走하야 臨宜德鎭廣浦하니 流澌無船이라 彷徨之際여 浦忽爲陸이어늘 因渡舉而經隊油然而散하니 軍中이 咸異焉이리라 人言尹氏始祖莘達이 門龍淵而始生이라 하더니 無乃英靈之默佑而然耶아 因名其浦曰都鱗浦라 하다

公이 且蹋火串家羅(今屬咸鏡德源)하니 時는 丁亥十二月也라 路險하야 馬蹄皆傷하니 不能行이라 古時여 以葛爲履하야 着馬足而行이러니 公이 遣鐵片藉馬足하야 以釘補之한대 馬離渡險이나 蹄足不傷이라 是以로 橫行於北路하야 成大功이러니 其後에 金方慶이 因其制而用之하야 代葛履故로 名之曰馬鐵代葛이라 하다

後孫이 無能作夢入舊闕하니 忽聞勑飮戱月臺여 一老用이 羅賜花하고 呼惠杜着三이어늘 有儒字呼賜莊很한대 老用이

此는 卽賜憲柱物이라하고 因賜表一句하니 曰珠履濟耳舊作

漢家之捐이러니 易水長城이 今非燕王之有라하더니 覺來歷

歷可記라 及後에 果因本朝雜臣이 賀開拓六鎭題하야 用是句

登第라하니 然則公之精靈不昧裕後無窮歟아

九城之役에 許載以中軍錄事로 來守吉州時여 女眞이 來攻이

어늘 載勵士卒하야 一夜에 更築土城以拒之하니 虜乃退하다

後에 又擊女眞于吉州關外하야 斬三十餘級하고 獲其鎧

니 以功으로 公이 奏遷雜謁하다

池錫宗은 以左營大將으로 隨公三踰摩天嶺할새 軍馬以

故로 不能行이어늘 公使錫宗으로 招致匠人하야 以鐵代

云하니라

英州廳壁記 今北靑

公이使兵馬鈴轄林彥으로記于英州廳壁할새曰孟子曰弱固不可以敵强이오小固不可以敵大라하니吾諷斯言이久矣러니而今信之矣로다女眞之於國家에强弱衆寡ㅣ其勢懸殊어늘而覦覦邊鄙라가於肅宗十年에乘隙搆亂하야多殺我士民하고其繫縲爲奴隸者亦多矣라肅宗이赫然整旅하야將欲仗大義以討之라가惜乎厥功을未集하고永遺弓劒이러니今上이嗣位하샤亮陰三載에甫畢祥禫하시고謂左右曰女眞은本高句麗之部落으로聚居于蓋馬山東하야世修貢職하니被我祖宗恩澤이深矣어늘一日背叛無道하니先考深憤焉이러시니嘗聞호니古人之稱大孝者는善繼其志耳라하니朕이幸終達制하고聽覽國事호니盍舉義旗伐無道하야一洒先君之恥리오하시고乃命守司徒中書侍郞平章事尹瓘하야爲行營大元帥하고知樞密院事翰林學

士承旨吳延寵으로爲副元帥하야率精兵三十萬하야俾專征討
케하니尹公瓘業이傑然이라管慕順儒氏之爲人曰陶信이六月
氷河에以渡三軍하니此난無他라至誠而已니予亦何人哉아하
니其至誠所感에靈異之跡을屢聞焉이오吳公은時之重望으로
天性謹愼하고臨事必正하야思其具圖大策이면施無不中이니
兩公이嘗有志於此러니聞命憤激하야擁兵東下할새出師之日
에躬擐甲胄하고未及誓衆하야洒淚麾顧하니莫不用命이라實
入賊境에三軍이雀呼하야一以當百하니摧枯破竹이何足喩其
易哉리오斬首六千餘級하고藏其弓矢하니來降於陣前者五千
餘口오其望塵喪魄하야奔走窮北을不可勝數라鳴呼女眞之頑
愚여不量其強弱衆寡之勢하고而自取於滅亡이如是로다其地
方이三百里니東至于大海하고西北은介于盖馬山하고南接于

長定二州하니 山川之秀麗와 土地之膏腴가 可以居吾民而本高

句麗之所有也니 其古碑遺跡이 尙有存焉이라 夫高句麗는 失之

於前하고 今上은 得之於後하니 豈非天賦아 於是여 新置六城할

새 一曰鎭東軍咸州大都督府니 兵民이 一千九百四十八丁戶오

二曰安嶺軍英州防禦使니 兵民이 一千二百二十八丁戶오三日

寧海軍雄州防禦使니 兵民이 一千四百三十六丁戶오四曰晉州

防禦使니 兵民이 六百八十丁戶오五日福州防禦使니 兵民이 六

百三十二丁戶오六日公嶮鎭防禦使니 兵民이 五百三十二丁戶

다選其顯達而有賢材하고 能堪其任者하야 鎭撫之하니 詩所謂

予蕃于宣하야 以蕃王室者也니 有以見其晏然高枕하야 無東顧

之憂矣로다 元帥告予曰晉에 唐相裵晋公이 出征淮西할새 及其

平에 幕客韓愈一 爲之碑하야 以廣其事故로 後之人이 知慇案의

英偉絶人之德하야 而歌頌之러니 子孝從事于此하야 詳其本末

하니 曷不作記하야 使吾聖朝無前之偉績으로 垂于無窮乎리오

하니 彦이 承命하고 援筆誌之하노라

按麗史호니 公이 凱還애 門下侍中太學士李頲(仁川人 金進士女) 一擧胆藿靖清

迎公於東郊有詩曰 臨軒授鉞兪東征 滿廷諫切眞長策 拓地

寨巳卒無古月 蔡人何苦築新城

功高是大名 從諫擧功誰最力 吾君聖制兩分明

按吉州邑誌호니 府使崔有海記事曰 按林彦所記는 乃當時實

蹟이니 其地界之遠近과 郡邑之大小ㅣ 皆有法制러니 後世여

失其地形之所定하야 訛傳無據하니 甚矣라

又韓公浚謙이 曰 定州는 即今定平府南長谷廢縣이 即其地也

오 咸州는 即今咸興이오 福州는 即今端川이오 二曰安寧軍英

州는英與靑이音相似하니即今北靑이오靑州는即今明川等

地오寧海寧雄州는在今吉州境內오公嶮鎭은即今會寧鍾城

等地兩慶源에亦有尹瓘築城遺蹟하고會寧에有公嶮鎭하니

在於豆滿江越邊蘇下江邊云하다

吳文襄公遺文

作龍堰宮不可奏劄 肅宗 六年

公曰今作龍堰宮이有三不可하니以文案明容으로도猶慾術數

하야作兩京左右하고旣而오悔悟以爲無應하야終不遊御며

시니虛賣財力하니其不可一也오近者에開創南京八年하야

而無靑應하니其不可二也오西京舊宮이與今所造龍堰으로

相去不遠하고地勢淸閒도未必有異은況無明殿可復하고

無觀宗舊宮하며別...하야興撤屋廬하고驅勞人公하니

其本朝王世이는伏야其所에奏하샤一依舊日所奏하시고還御舊官하야以謂麗朝長久之籍이니勿從謄錄하야裵與王役하야以致人物하소셔

吳文選公麗史本傳抄

公이年十五歲時여與衒辭王蝦로如來하야賀徵宗誕聖節時여셔皇宮秘藏太平御覽을上裵陽得하니宋人이覽其藏書하고親頭其文章이러니及還朝에應宗이大悅하야拜公中書하다

睿宗이以公으로謀禮讓할새其論讓明暢하니應講匠二十一八이부散間其前古所未聞하고王이又襃讓經하다

睿宗元年戊寅兵時여修軍役一表에自公輝以下로至士庶司無不悅服하고其傜役法이終麗朝施行은皆公之遺澤云하다

門下侍郞平章事林幹之敗績也에 臺諫이 請治其罪어늘 公獨不
然曰中樞別駕拓俊京이 兵器介馬를 結于林幹하고 入賊陣하야
斬其將一人하고 奪還俘二人後에 遂與校尉俊景德麟으로各殪
賊一人하니賊이少却이오又與大相仁占으로射殺賊將二人하
니以是로賊不敢前進하야我軍이遂入城하니以是論之則罪兵
敗오惟喪師耳라하니王이不治幹罪하고只以樞密院使尹瓘으
로爲東北面行營兵馬都統하다 出東史

吳文襄公贊逑

教公之忠殺德麟이洋溢中外하고王亦以耆儒舊德으로終始俱
用이러니及卒에朝廷이監護喪事하고百官이會葬하니公之文
武兼全之才와用將入相之望이少無遜於尹侍中公이

金黔翼公遺文

臣이 竊聞호니 威德廣被하야 曰闢國百里者ㅣ 不爲不多로대 而

莫盛於周文이오 窮兵黷武하야 拓地千里者ㅣ 不爲不多로대 而

莫拙於漢武오 又有暗弱襲荷하야 日蹙其地는 固不足道也라 然

以德闢國者는 易得難失이오 以力拓地者는 難得易失이니 事固

兩道不同일다 高麗始祖力能統合三韓이나 威不及於朔

只以鐵嶺으로 爲界러니 其在睿宗하야 謀臣聘智로 誘

야遂置九城이나 然旋得旋失이러니 太祖는 天縱聖武

方하샤 奄有大東하시니 南盡于海하고 西北은 抵于鴨

北은 至于豆滿하야 爰置孔鋸吉端菲洪咸七州하니 誠

以後에 未有之盛業也오 太祖繼世하야 道洽政治하니

에 夷化爲民하고 俗革於善하야 維持鞏固ㅣ 莫敢誰何

昇平日久하야守臣失禦로鏡城以北이陷爲賊藪하니太祖軫念
하샤始置慶源於會原하고徵未復舊之意하시니其變已衰狄
고恢復疆土ㅣ是在聖上繼述이어늘議者에在朝群臣이獻議曰
慶源於龍城하면則北方形便을得宜而民弊를盡去矣라하면
聖上이以爲하시되祖宗所部를雖尺地寸土도不可棄也라하
시나國報은以爲하되不可不繼講타하더니厥後에
하야瞻聽不已어늘乃今徵匪으로從議大臣하고加置寧北鎭
不慕하야以定界域이라하시나臣이今在此여야無處不見하
고無言不聞이로니富居有蔬은實非圖域之庸으로龍城도亦非關
塞之地어늘議者曰龍城은加蔘之關谷이니閒曠無此라하등矣라
此則朝人이不政開롫而行省이면도河以我施兩鎭等等
거니是늘大不爲하니無以同國이라하以護衛이며無國可讓어

는 何以爲固이며오 其所關用敎國門之理也라 者以同邑要衝으로
宜作大鎭하야 以爲主將之所라고 又以爲用通之要則然矣어니와
個如議者之言긴대 以龍城으로爲界하야 獨夫飾後之患則徒
之議者必以磨天嶺으로爲界오 而又來後則乃以鐵嶺으로爲界
而後已니 前朝之事에可鑑矣오 固이又用立니 歷代帝王이莫不
重肇基之地니 漢之於豐沛와 唐之於晉陽에 蓋可見矣라 棄先祖
之地而不守하고 忘肇基之地而不復이면 則謂之肯堂肯構而
其有後乎며 善繼善述而承其前烈乎잇가 抑以龍城으로爲界者
一有一不義하니 蹙先祖之地一不義也오 無山川之險이
一不利也오 無守禦之便이二不利也오 以豆滿江으로爲限者一
有一大義하니 復興主之地一大義也오 據長江之險이一
大利也며 有守禦之便이二大利也니 然則欲以龍城으로爲界者

는 偶未之思耳라 天相有道하샤 藥胡自竄하니 罪主ㅣ乘機하샤 不斃一兵하고 不傷一民하고 克復舊疆하야 爰暨四邑하니 可謂 菩繼菩述而增光于前烈矣오 臣이 又聞호니 成大業者는 不計小害하고 建大業者는 不計小害하나니 事互則弊必生하고 業成則毀相隨라하며 非獨今時라 曰吉爲終이니 今에 四邑之設이 非爲好大라 復先祖之地則 罪莫大於此矣오 繼先王之志則 業莫大於此矣니 何慮平生弊며 何患小害리오 況初年之罪이 雖一足며 而頭籍이 不甚斃損하고 次年之疫이 雖曰大斃나 而人民이 不甚死亡하니 若如議者之說則 農牛戰馬를 從何而用이며 從率之多야 役丁之衆이 個不減於舊額은 又何歟아 其說之遇ㅣ 不待明者而自知也오 此以去年之罪로 晝之컨대 其爲一雖 土木之興役과 沮洳之纖과 羅草와 開墾之大政이대 開有

오 九年之水와 七年之旱이 無損於堯湯之盛德이오 五十萬之囚奴와 四十萬之突厥이 何害於漢唐之大功이리오 況至不過於一年하야 賊會滿於數千이라도 則何憂何懼리오 臣이 又聞호니 古之豪傑이 築萬里之長城하야 以防胡하고 修千里之長塹하야 以防河할새 且其役民이 至於十年之久하니 此則過矣나 然後世여 有蒙其利어던 我國이 北連靺鞨하야 屢被侵凌하니 自前朝로 至于今히 其績不泯이라 城郭之修와 甲兵之鍊이 當百倍於他道可突나 雖今年에 築一城하고 明年에 又築一城하야 無城不築이면 何害於義哉리오 徃者에 以富居로 爲界而尙無數尺之城하니 殷邑이 如是온 況其龍城以南之州郡乎잇가 以今思之컨대 籌邊之籌이 旣失而華人之笑ㅣ 宜矣라 聖上이 軫念하사 謀臣獻議하고 庶民子來하야 旣築會寧하고 又築慶源할새 役不踰時하야 功乃

告訖ᄒᆞ고 且甲山慶興은 自能修築ᄒᆞ야 皆有堅城ᄒᆞ니 北方之憂

를 十已去七八矣오 臣이 又聞ᄒᆞ니 殷伐鬼方ᄒᆞ야 至于三年ᄒᆞ고

周之成役者乃曰自我不見이 于今三年이라ᄒᆞ고 又曰曷月予旋

歸哉ᄂᆞᆫ져ᄒᆞ니 若是則殷周之民도 尙不免成役之久也오 自此以

降으로 夷狄이 益張ᄒᆞ야 征伐이 益甚ᄒᆞ니 周觀其歸來컨대 頭白

還成邊之詩여 可知矣오 非獨中國이라 前朝亦然ᄒᆞ니 初以鐵嶺

으로 爲關이라가 後以雙城으로 爲界할새 出諸下道之軍ᄒᆞ야 遣

成於此ᄒᆞ니 成卒이 到老尙未歸家ᄒᆞ야 至於父子不相識ᄒᆞ니 其

道途之遠과 成役之久를 亦可知矣오 又以今日之事로 言之ᄒᆞ면 鄕

壞不偉矣타 臣이 又聞ᄒᆞ니 遷邑은 大事也니 起怨咨傷和氣ᄂᆞᆫ 古

人之所深慮은 況遷吾轄所之民ᄒᆞ야 移彼豺狼之域이

保縻者幾希矣니 第緣聖筭神妙ᄒᆞ샤 不鞭一策ᄒᆞ고 不刑一民이

라도數萬之衆이閱月而畢集於新地하니大事를易就오新邑을
永建하리니其與旋得而旋失者로不可同日而語矣오不幸浮薄
之徒ㅣ假托初年大雪하야次年大疫하고背動浮言하고煽惑人
心하야安者欲動하고止者欲行하니幾乎沮大事而傷前功矣리
니幸賴聖上之明斷하샤浮言이自殄하며民心이自安하고加以
至仁洪洽으로寒者以衣하고飢者以食하야民困於役而忘其勞
하고卒困於成而忘其苦하니古人이有言曰動民호대不出其土
則民懷敵愾之心이라하고又曰逸以使民이면民忘其勞是已라
하니今日之建四邑은專以藩屏北方也오今日之築城郭은以輩
固藩屏也오今日之成邊圖는亦欲禦賊而安我民也니然則今日
之事를非可已오不已而輕用民力也ㄴ非好大喜功而窮兵黷武
也라大民은至愚而神하니豈不知其意리오民有與臣言曰會寧

慶源은今已築城矣어니와所當築者는惟鍾城與龍城이니惟此

二城을築之則我輩는無憂矣라하니信斯言인대其他庶民之心

을從可知矣라去年慶源之禍ㅣ可謂慘矣로대面民無懼色하야

散者聚하고逃者復하야力農寔業을無異平日하고以今日之事

로觀之라도後日之効死勿去를可期也오或有不勝銳氣하야自

出赴敵하야能斬賊首者ㅣ有之하니以往日之勢로考之건대異

日之親上事長을亦可期也오以慶源一邑之事로推測컨대三邑

軍民之心을槩可想矣오匪이久在北方하야熟觀野人之情흐니

雖父子兄弟之間이라도有怨則相殘相害하야無異仇敵하니縱

使日費千金이라도難以結其心이오或結之以利라도利盡則故

肆其情矣리니莫若外示懷綏之恩하고內修備禦之事則我勢自

强하고彼勢自屈하리니以自强之勢로乘自屈之隙則可以得志

矣리다臣之欲汲汲於築城郭繕用兵하며調士卒蓄糧餉者ᄂᆞᆫ良
以此也ㅣ니若城郭이完固하고用兵이堅利하고士卒이訓練則四
鎭之人이足以自守自戰矣리니奚待他兵之助리오其賊變之永
息과賊心之永服을難以預料也ㅣ로이다臣이抑又思之호니新徙
之初에僅以數尺之寨로倘能固守온況今石城을旣築하니何憂
自守며民無所儲하고官無所蓄하고國之以饑饉하야도亦免饑
殍은況今連歲有年하야民有餘粟하고官有餘蓄하니何憂食盡
이며官無尺寸之求하고民無絲毫之出하니何由財盡이며民志
已定하고逋逃日減하니何由逃盡이며鍾城을畢築則民力이自
休矣리니何患力盡이며若龍城則勢非汲汲이니何必速成이리
오待其財力有餘然後에爲之라도未晚이니다臣이밋聞호니善
人이爲邦百年이면可以勝殘去暴라하니是ᄂᆞᆫ雖善人이라도未

百年則不可以言治은 況新邑之設이 未十年乎잇가 何可以一事
之得과 一事之失로 遽爲憂喜也리오 伏望聖上은 不求速成하시
고 不貴小利하시고 不計小弊하시고 不慮小患하시사 積以歲月
하야 持之悠久則浮言이 自息하고 民心이 自足하고 民弊自祛하
고 民怨이 自絕하고 民食이 自足하고 兵力이 自强하고 冠賊이 自
屈하야 新邑이 永固矣리다 然臣之所言을 似不可盡信이미니 利
年之雪로 言者는 以爲하되 頭匹이 盡死라하나 臣則以爲不然하
고 次年之疫으로 言者는 以爲하고 人民이 幾盡死亡이라하나 臣
則以爲不然이라하니 朝廷은 多以彼로 爲直하고 以臣으로 爲曲
이라하야 指彼爲忠하고 指臣爲邪하니 臣於是時에 痛心閔顇이
러이다 以今觀之컨대 事各有迹하니 卒不可有撓하야 未知孰爲
忠이며 孰爲邪며 孰爲公이며 孰爲私니 公私之分과 忠邪之辨은

惟在睿鑑之明耳시나다自古로在外建事之臣이必遭讒謗하야

不能脫禍者多矣니前朝臣尹瓘이蓋其一耳라瓘은以互宰大功

으로도幾乎未免이온況臣無尺寸之功하고又無建事之才오而

所爲多舛하니寧不寒心이릿가

按國朝史호니疏入애 上이卽遣中使慰論曰今見卿書하니

北方之事난予無憂矣라하거늘於是여劃定疆界하야列其堡

鎭하다蓋自尹瓘이逐女眞後로得失無常이라가至于本朝하

야先設四鎭 鏡吉源會源 하야爲十官하나라

金忠翼公遺事

按澤堂李植이記公事曰世傳에宗瑞初設六鎭할새專尙威猛

하야以憎獷俗하되將士燕饋를極豊腴하니以爲不如是면不

足以慰將士心이라하야늘吏屬이苦之하야嘗夜燕에有飛矢

中酒樽이어늘宗瑞不動曰奸人이試我也라하고吏屬이又行

蠱食中하되亦無恙은以其飲燒酒하고飯葱故로不能蠱也云

云하니라 出關北誌

金忠翼公本傳客抄

龍城은乃新設四邑要衝之地也라移置鏡城於此地하야以爲簡

都使本營은甚不便이라하야累累抗章이러니依乙卯降敎하야

築鏡城城郭하고且新設四郡에移龍城人戶以實之하고又徙慶

開道一百四十戶와忠清全羅道各一百二十戶와江原道五十二

戶하야以實龍城云하다

吳蘭憲公辭起復鏡城府使跡

吳蘭憲公遺文

伏以起復者는金革之變禮之而不可於平常無事之時也니臣玧

退万無識武夫로濫蒙天恩하야累歷邊將하고至叅勳列하니臣
이常感懼無地러니自容屢過之災로延及臣父하야上年八月에
竟遭終天之痛하니孌孌棘人이舍血無告로이다國家不幸하야
西警이遽起어늘南北兵使ㅣ領兵赴援하니從軍之列을臣不致
辭일새割情忍哀하고隨叅於尹軍中하야荷戈效力하야期死於
兩陣間은擬報國家如海之恩하며效臣子致死之節이러니適値
朝廷이輕許講好하니臣雖磨刀나志無所施라但於中夜에看劒
憤歎이러니誤恩荐及하야除臣以鍾城府使하니臣是何人이완
대濫荷天寵이至於此極耶잇가雎思一死라도更無所喩온第南
服이尙在身하니三年之愛在身하얀宜報囷穎이오負戈戒行에
雖不致辭以私喪이나掌印公堂하니臣이何敢冒哀臨民이렷가
且臣이伏見歷古兵革之奧廢濟時者호니有嘗從權宜하야雖或

釋義從簡者라도事定後에旋卽毀裂하니固非人愛惜之化

也라愚蠢無狀은固無可以稱塞職事而端起復이於賊退之

後에上以毀萬歲之人 〔以下缺〕

吳蕭憲公行狀抄

公이精神이明秀하고風度凝遠하니時人이每以闒帥로期之하

니라志好旋旗者는陶謙之童稚오性耽戈戟者는王濬之遊嬉리

니竟致射御之藝能하야咸許飛騰之骨相하고天柝嶷嶷一絹用

於流弊로대而謹愼自持하야未嘗有一毫矜高之色하고卒居에

彌彌若無所能하되有罪則奕氣稍發하야恢恢有遊及地하니其

力能扛鼎하고射必洞札은特其餘事耳오語其當世則藩閫籌策

하야攤彊巨測하니其猜然竊發之心이何當已於一日이미오만

主猶不敢加兵於彼境者는是誰之力也오倘非公之餘威면何足

以懵賊耶아 目今時事變危하니 儻得如公者數輩면 國其無患이

어늘 九原難作하니 奈何오 抑公之忠魂壯魄은 化爲雷電하

야 震撼擊撞이면 賊兵이 畏懾하야 而不政進則公은 可謂死而不

死云云하니라

按進士池天錫이 有言曰公之文獻을 不足以徵하야 使齊偉事

蹟으로 蓥乎無傳하니 豈非吾黨一大欠事乎아하니라

靖北祠四賢實記卷之一

靖北祠四賢實記卷之二

尹文蕭公先系

公의 姓은 尹氏오 諱는 璵이오 字는 同玄이니 系出坡平하다

高祖諱는 莘達이오 一諱는 莘莘이니 官至三重大匡太師하고 諡는 昭襄이라하다 新羅眞聖女王七年癸丑 八月十五日에 公이 生于坡州坡平山西菴龍淵하니 俗稱尹氏澤을 諡浮出玉崗故也라 獨享慶州杞溪縣鳳岡祠하다 配는 文化柳氏니 父는 月黑山長善林이오 祖는 海平山長茂先이니 柳車達之妹오 用崇讓夫人之娚오 高麗太祖之嬪러라

曾祖諱는 先之니 少從太師公하야 統合三韓이러니 兩用에 伐為하야 對緣璧上三韓翊賛功臣하다 配는 茂松庾氏니 父는 大匡政丞哙鷨이러라

祖諱는金闓이니官至尙書左僕射하다先妣는丁氏오繼妣는開
城王氏러라

考諱는執衡이니官至檢校少府少監尙書省右僕射하다諡를文
靖公이라하니道德博聞曰文이오寬樂令終曰靖이라妣는慶州
金氏니爻는侍中殷說이오祖는徽順王溥러라

文蕭公年譜〔在麗史洛圖而入 曰無傳故始記登第 〇生年條 月〕

癸丑高麗文宗二十七年〔宋神宗熙六年照〕에公이始發李蝦榜進士第하

다

甲寅二十八年에王이命世子覆試할새公이擢文科壯元이어늘

以例로受將仕郎秘書同正하다

甲子宣宗元年〔宋神宗元豊七年이〕에拜禮賓主簿하니爲試士也러라

乙丑二年에除左拾遺知制誥하다

丙寅三年에以殿中內給事로爲西京留守判官하다

辛未八年에除殿中侍御史하고賜緋金魚袋하다〔魚一作御〕

甲戌獻宗元年五月에爲試士라가拜吏部員外郎하고十二月에

加偏書吏部員外郎하다

乙亥肅宗元年十月에以左司郎中侍御史로奉獻宗表하고朝遷

하야 陳王이 病不視政하야 偃位新王之意하고 雖陳新王即位之表할새 任懿로 爲副使하다 十二月에 還朝하야 覆逆廷回詔하니 即除御史雜端하다 按官制하니 御史八人中에 擇淸望이 如雜事也니 自此以往으로 翶翔淸要하니라 戊寅四年[宋哲宗元年]에 選除東官侍講院學士하다 是年에 入朝宋할새 趙珝로 爲剛하다 公이 再以屬官으로 入朝故로 此際曙詩여 有誰道芳辰難再遇오 我今三過帝都春之句하니 華人이 至今傳誦之하니라 ○與程伊川先生頤으로 有明關詩[不詳]하니라 ○公이 及還朝하야 奏請設官鑄錢하니 時여 王이 欲行錢法하야 令百姓으로 通行이러니 叅政郭佝이 力言不可하되 王이 不從하고 從公議行之하다

己卯五年에拜翰林侍讀이라가未幾여爲翰林學士하다○王이
以道詵秘記여有木覓山下에立都之讖語로差公及崔公思諏
와任公懿하야開創都監官하다九月에公이以知奏事로相南
京할새公이奏하되以蘆原驛海村龍山等地는不合建都으懼
三角山面嶽(山今口)之南壬坐之地는山形水勢符合古文하니請
於此地여隨形建都라하야늘制曰可라하다又奏하되新作南
京할새請或依山取勢하며或約水表形하되先以內從山水形
勢하야東至大峯하고南至沙里하고西至岐峯하고北至面嶽
爲界하金서王이從之하야遂作仁政殿이러니遺制尚存하야
極爲奇巧하니라
庚辰六年에新闕이廐하니公이鑽翊壹戌하다
辛巳七年에公이仍帶翰林侍讀學士하다

壬午八年 宋徽宗元年 十一月에 拜樞密院副使라가 尋兼御史大夫

吏部尙書하다 是歲여 命公及李宏하야 試取進士하다

癸未九年에 以翰林學士承旨知樞密事로 兼殿中御史하고

三字啣 知制誥 하다

甲申十年에 叅知政事로 擢受東北而行營兵馬都統使하다 先是

여 林幹이 攻女眞이라가 敗績이어늘 王이 以公으로 代之하야

使討女眞할새 御重光殿하야 親授鈇鉞遣之하니라 女眞은 本靺

鞨遺種이니 隋唐間에 爲高句麗所並이라가 後聚部落하야

散居山澤하야 未有統一하고 其在定州朔州近境者는 雖或內

附나 叛服無常이러니 及盈哥烏雅束이 相繼爲酋長하야 頗得

衆心하니 其勢漸橫이라 伊位界上에 有連山하니 自東海岸으

로 崛起하야 至我北鄙하니 險絕荒翳하야 人馬不得度하고間

有一徑하니俗謂瓶項이라言其出入이一穴而已니邀功者ㅣ

往往獻議하되塞其徑則狄人이路絶하리니請出師平之라하

더니七年(肅宗壬午)에女眞이來屯定州關外어늘疑其圖我하야誘

執會長許貞及羅弗等하야囚廣州栲問하니果謀我也라遂留

不遣이러니會여邊將李日肅等이奏하되女眞이虛弱하니不

足畏라失今不取면後必爲患이라한대王命林幹하야往備之

할새幹이邀功引兵하야深入擊之라가敗績하야死者太半이

오女眞은乘勝闌入定州宣德關城하야殺掠無算이라乃以公

代之하다○三月에公이與女眞으로戰하야斬三十餘級이나

我軍이陷没하야傷者過半이오軍勢不振이라遂罷辭講和

야結盟而還한대王이發憤하야誓觀天地神明하되顯賜陵狄

하야精鍊戰鏡하다○遣公參知政事에佃偕刑部尙하고論太

子賓容하다○十二月에公이奏하되創立別武班이러니時여
公이自東還奏曰臣觀賊勢하니倔强難測이라宜依徒衆士하
야以待後日이오且臣之所以敗者는彼騎我步로不可敵也라
하고於是여始建議하야立別武班할새自文武散官東行으로
于商賈僕隸와及州府郡縣히凡有馬者는爲神騎하고無馬者
는爲神步라하야跳蕩勁弓精弩發火等軍이年二十以上男子
는皆屬神步하야四時訓錬하고又選僧徒하야爲降魔軍하고
鍊兵蓄穀하야以圖再擧하다
乙酉十一年에拜翰林院事太學士（文衛李頲）하고六月에拜太師太保
判尙書兵部事하다○十月에肅宗이薨하고睿宗이立하다○
十一月에拜公中書侍郎平章事하다時여女眞이屢擾北鄙하
되以邦喪으로未即興師하고至是하야公이拜相애復有征代

丙戌睿宗元年九月에公이以平章事로監督天壽寺役이러니賜

犀帶一腰하다○十二月에王이御文德殿하야命公講無逸하

고吳公延寵으로講禮記할새召儒臣崔弘嗣等二十一人하야

聽講하고賜酒饌公及吳公하고賜衣帶하야以褒講經하다

丁亥二年[在徽宗元年大] 冬十月에以公으로爲元帥하고吳延寵으로

嗣之하다時여邊臣이報하되女眞이强梁하야侵突邊城하되

其酋長이以一葫蘆로懸雉尾하야轉示諸部以議事하니其計

叵測이라한대王이聞之하고曲重光殿佛龕所藏蕭宗誓疏하

야以示兩部大臣하니大臣이奉讀流涕曰臺考遺旨深切若此

어늘其可忘諸아하고乃上書하야請繼先志한대王이猶豫未

決하야作命呈章事崔弘嗣하야籥于太廟하니遇坎之旣濟바遂

定議出師할새以公으로爲元帥하고知樞密院事與延寵으로副之어늘公等이受脈하고奏曰臣이旣奉先考密旨하고今에又承嚴命하니致不統三軍破賊壘하야拓我疆土하야以雪國恥이오하고公이慨然自任하니延寵이願以爲疑하야微語公이어늘公이慨然曰微公與我면誰能出萬死하야以雪國家之恥乎아策已決矣니又何疑焉이리오한대延寵이黙然하고讓議大夫金仁存이上書하야極言東征之不可하되王이不聽하다○十二月에王이幸西京하샤御威鳳樓하야親授鈇鉞公等遣之하야代安眞할새與吳公으로至東界하야市兵于長春驛하니凡兵이十七萬이라號를二十萬이라하고分遣兵馬制官崔弘正黃君裳等하야入定長三州하야給女眞衛長曰國家ㅣ將放還前日拘留蕃酋許貞羅弗等하리니汝等은可來聽命하

라 하고 十四日乙未여 設伏以待러니 酋長이 信之하고 古羅等

四百餘人이 至어늘 醉之以酒하고 伏發殲之하니 其中에 壯點

者五六十人이 至闕門하야 持疑不肯入이라 使兵馬判官金富

弼과 錄事拓俊京으로 分道設伏하고 又使弘正으로 率精騎應

之하야 擒殺殆盡하고 十五日丙申에 擊父見大破之하다 公은

自將五萬三千人하야 出定州（平今定） 大和門하고 中軍兵馬左僕

射金漢忠은 以三萬六千七百人으로 出安陸戍하고 左軍兵馬

使左常侍文冠은 以三萬六千九百人으로 出定州弘化門하고

右軍兵馬使兵部尙書金德珍은 以四萬三千八百人으로 出實

德鎭（宜今成典德前） 安海하야 拒防兩戍之間하고 船兵別監吏部員外

郞梁惟竦과 元興都部署使鄭崇用과 鎭溟都部署使甄應圖等

은 以船兵二千六百人으로 出郡鱗浦하다 公이 過大舟巳只村

할새 行半日에 女眞이 見軍勢甚盛하고 皆遁走하니 惟畜産이 布野러라 明日丁酉에 至文乃泥村하니 賊이 入保冬音城이어늘 遣兵馬鈐轄林彦과 與崔弘正等하야 率精銳하야 急攻破走之하다 左軍이 到石城下하야 見女眞屯聚하고 遣譯者戴彦하야 諭降한대 女眞이 答曰吾欲一戰하야 以決勝負어늘 何謂降欺아하고 遂入石城拒戰하니 矢下如雨라 諸軍이 不能前이어늘 公이 謂兵馬錄事拓俊京曰 日暮事急하니 爾可與將軍李冠珍으로 致之하라한대 俊京曰僕이 嘗從事長州할새 過誤犯罪러니 公이 謂我壯士라하야 請于朝宥之하시니 今日은 是俊京殺身報效之秋也라하고 遂至石城下하야 擐甲持盾하고 突入城內하야 擊殺酋長數人하니 於是여 公의 麾下와 與左軍이 殊死戰大破之한대 賊兵이 或自投巖石死하고 老幼男女는 轉于邸

鑿而殲焉이라公이賞俊京綾羅三十四하다又遣弘正富弼과
錄事李俊錫하야擊伊位洞賊逆戰하야久乃克之하니斬一千
二百級이오中軍은破高史漢等三十五村하야斬三百八十級
하고虜二百三十人이오右軍은破廣灘等三十二村하야斬二
百九十級하고虜三百人이오左軍은破深昆等五十一村하야
斬九百五十級하고公之軍은自大乃巴只로破三十七村하야
斬一千一百二十級하고虜五百人하다遣錄事俞瑩若하야
捷하니王이大喜하야賜瑩若을爵七品하고命左副承旨兵部
侍郞沈侯와內侍刑部員外郞韓皦如하야賜詔하야獎諭兩元
帥及諸將하고賜物이有差러라公이分遣諸將하야謹定地界
할새東至火串嶺하고北至乃漢伊嶺하고西至蒙羅骨嶺하야
又遣日官崔資顯하야相地할새於蒙羅骨嶺下에築城廊九百

五十間하고號를英州〈今北靑〉라

間하고號를雄州〈今吉州〉라하며吳林金村에築七百七十四間하

고號를福州〈今端川〉라하며弓漢伊村에築六百七十間하고號를

吉州〈今明川以北等地〉라하다又創護國仁王鎭東普濟二寺於城中이

러니女眞이復侵이어늘群臣이議還五城하니兵馬判官崔弘

正이主其議하고中書舍人朴景仁은寄書于公曰武功을已成

하고國威를已振하니宜戢師旅하야以圖萬全이어늘更深入

賊境하야列置城池하니今雖已成이나後恐難守로니惟公은

裁之하쇼셔公이深謝其言而業已成命이오撤內城材瓦라하

야以故로公이不從이러니後에卒如朴之言하니라

戊子三年二月에女眞이圍雄州〈今北靑〉하고三月에攻英州〈今北靑〉어늘公

等이擊却之할새與吳公延寵으로率精兵八千人하고出加漢

村瓶項小路러니賊이設伏護濠間하고候公兵至다가急擊之

하니軍士皆潰하야僅餘十餘人이라賊은圍公等數重하고延

寵이中流矢하니勢甚危急이어늘拓俊京이率勇士十餘人하

고將救之할새其弟俊臣이止之曰賊陣을牢不可破니徒死何

益이리오한대俊京曰爾可歸養老父하라我는以身許國하니

義不可止라하고乃大呼賊陣하야擊殺賊十餘人이러니會여

崔弘正李冠珍等이自山谷으로引兵來救하니賊乃解圍而走

어늘進擊敗之하야斬三十餘級한대公以日晩으로收軍還入

英州城하고流涕執俊京手曰自今으로我當視汝猶子하미니

汝난視我猶父하라고承制하야授閤門祇侯하다酋長阿老

晩等三十餘人은詣陣前講降하고男女一千四百六十餘人은

又降于左軍하민賊步騎二萬은來宙英州城南하야大呼挑戰

이어늘公이與林彥으로謀曰彼衆我寡하니勢不可敵이니但

當固守而已라한대倭京曰若不出戰면賊兵이日增하고城中

에粮盡하고外授이不至면將若之何잇고前日之捷을請公은

不見가今日에亦周死方以戰하리니請諸公은登城觀之하라

하고乃率敢死士하고出城與戰하야斬十九級하니賊이望奔北

라倭京이鼓笛凱還이어늘公等이下樓迎之할새携手交拜하

다公이與吳公延寵으로乃率諸將하고會于中城大都督府러

니時에權知承宣王字之自公鹼城으로領兵詣都督府라가卒

遇虜脅史顯兵하야與戰失利하야喪所乘馬라倭京이即引勁

卒하고往救敗之하야取虜介馬以還하다女眞兵數萬이來圍

雄州어늘弘正이訓勵士卒이러니衆皆思奮라即開四門齊出

하야掩擊大破之하니俘斬이八十餘級이오獲兵車五十餘兩

과 中車二百兩과 馬四十匹이오 其餘兵伇은 不可勝記러라 時여 俊京이 在城中할새 州守ㅣ謂之曰城守日久에 軍餉將盡하고 外援不至하니 公若不出城하야 收兵還救면 城中士卒이 恐無噍類일가하노라 俊京이 服士卒破衣하고 縋城而下하야 夜歸定州하야 整兵하고 道通泰鎭自也等浦하야 至靑州遏賊大敗之한대 城中人이 感泣이러라 又築咸州(興介成) 及公嶺等城하고 立碑於公嶺하야 以爲界하고 遣子彥純하야 背定亥 眞泰表(見上文) 稱賀할새 獻俘三百四十六口와 馬九十六匹과 牛三百餘頭하다 公이 又使都轄左副承旨禮部侍郎林彥으로 作記勒功하야 揭于英州廳壁(見記文) 하다 ○ 公이 旣築英、雄、吉、禍、咸、公嶺、六城하고 又築宜州(源介德) 通泰平戎三城할새 會諸軍하야 皆撤內城材瓦以築之하고 徙南界民六萬八千餘戶

以實之하고又於先春嶺에立碑定界하니行營兵馬使金漢忠

이固執不可曰如外城을未畢雨來有緩怠이면內無完城하니

民將何保리오元帥雖有命이나吾不敢從이라하되公이不能

用이러니後에竟如其言하니라○是月에王이遣內侍衛主簿

康英俊하야賜公等羊酒하고並賜軍人銀鉶鑼一面과銀瓶四

十事하다○四月에王이拜公雄思佐理平戎拓地鎮國功臣門

下侍中判尚書吏部事知軍國重事하고拜吳延寵協謀同德致

遠功臣尚書左僕射叅知政事하고遣內侍郎中韓皦如하야賚

詔書告身과及紫繡鞍具廐馬二匹하야至雄州分賜之하다凱

還애王이命具皷吹軍衛以迎之할새遣帶方侯俌와齊安侯偦

하야勞宴於東郊하다公等이詣景靈殿하야復命하고還納鈇

鉞한대王이御文德殿하야別見兩元帥할새鈇鉞上殿께하고

親問邊事하야 慰獎甚厚하고 入夜乃罷하다 七月에 復拜爲其

馬元帥하야 俊女眞하다 時여 女眞이 失其土地하고 寇後不止

타가 又圍雄州어늘 王이 遣吳延寵征之하고 命公助征하니 公

이 獻馘三十一級하다 九月에 拜公鈴平縣開國伯하야 食邑二

千五百戶하고 食實封三百戶 加延寵攝寇鎭國功臣號하다 公이 請辭

社及九陵하야 禱告兵捷하다

己丑四年에 女眞이 圍吉州어늘 夏四月에 遣副元帥吳延寵하야

復俊女眞하니라 公이 旣還애 女眞이 俊掠益甚이어늘 王이 命

延寵復征하다 ○王命宰樞하야 給祭米二石하야 設齋以禱兵

捷이러니 旣而오 公等이 遍禱于昌陵及諸寺刹과 洌南兩京制

院等處하다 ○五月에 吳延寵이 與女眞合戰이라가 官軍이 大

敗타가 延寵이 其狀自劾이어늘 拜公爲其馬元帥하야

六月에 會近臣하야 會于金郊驛하다 益興延體이 自定州로써 兵을 起靑州할새 行至那卜只하니 咸州錄事鑑元行一軀하되 女眞公兄暴乘史續等이 來開城門曰 我非哇罹罰阿只古付한대 太師盈哥烏雅束이 欲請和하야 使我로 傳告兵馬使나 然이나 兵衆로 不致入關하니 請遣人子我場이면 應以逾로 詳悉得告하리다 하거늘 公等이 聞之하고 還入定州城하야에 遣兵馬統某李符等於賊場하야 關女眞群兵令曰 講는 非兵馬使所得專直病便이니 遣公兄等하야 入奏大處하라 合一大悅이러라 顯非及願等이 復至咸州告曰 我等輒하되 時方交戰하니 疑懼不致入關이로니 請以官人交質하金써 公이 許之하고 以孔沃李等仲異賢等으로 爲質한대 裳弗等이 遂來朝하야 請還九城地러라 初에 朝議以得甁項塞其徑

하면 狄患이 永絕이라 하더니 及其攻取則水陸道路無處不通

하야 與前所聞으로 絕異오 女眞이 旣失窟穴이라 誓欲報復하

야 乃別選地擊酋하야 連歲來攻하니 詭謀兵械無所不至오 以

城險固하야 不可猝拔이라 然이나 當戰守하야 我兵喪失者亦

多하고 且拓地太廣하고 九城이 相去遼遠하고 谿洞이 荒深하

야 賊屢設伏하니 抄掠往來者에 國家調兵이 多端하야 中外騷

擾하고 加以饑饉疾疫으로 怨咨逐興이라 女眞도 亦厭苦請和

어늘 至是하야 王이 又集群臣議之하니 皆曰可라하야늘 竟以

九城으로 還女眞하고 輸戰具資糧于內地하야 撤其城하니 女

眞이 誓하야 以其牛馬로 載還吾民遺棄하니 老幼男女를 一無

所傷이오 遣便來貢하야 歲歲不絕이러라 ○冬十月에 平章事

判樞 金景庸과 叅知政事任懿와 樞密院使李瑋等이 入對宣

政殿할새 極論公與吳延寵敗軍之罪하고 宰相崔諫은 請治其
罪하고 諫官金緣李載等은 伏閤固爭曰 瓘等이 政興無名之兵
하야 敗軍辱國하니 罪不可赦라 請下吏하쇼셔 王이 命流侯宜
諭曰兩元帥는 奉命行兵이라 自古로 戰有勝敗하니 贊爲罪戴
리오 緣等이 又爭不已어늘 王이 不聽이라가 最後에 不得已하
야 此免官하고 削功臣號하다

庚寅五年五月에 宰相崔弘嗣等이 與羣諫으로 申請하되 論尹瓘
吳延寵償師之律하야 請下吏한대 王이 不聽하고 赫怒振衣入
內어늘 弘嗣等이 固請不允이라 宰相諫官이 皆歸私第하야 不
出하니 中書省諫院이 一空이라 王이 召平章事李顏等하야 令
直中書하되 弘嗣等이 厥旬不出이어늘 王이 遺近臣하야 敦諭
起之하니 諫官이 亦起視事어늘 時人이 議之하고 惟金緣은 獨

不□하다 〇七月에 師還할새 在於中路어늘 王이 遣丞相沈侯
하야 收其鈇鉞하니 公等이 悼懼하야 不敢復命하고 終還私第
하다 〇十二月에 拜公等太保門下侍中判兵部事上柱國監修
國史하니 公이 上表辭讓한대 王이 不允曰 朕聞호니 昔에 李廣
利之伐大宛也에 僅獲駿馬三十四이로되 武帝以陋里征伐
不錄其過하고 陳湯之誅郅支也에 矯制擅興師로되 宣帝以威
振百蠻으로 封爲列侯라하니 卿之伐女眞은 受先考之遺志하
고 艱寞人之遯事오 身冒鋒鏑하고 深入賊藪하야 斬馘俘虜를
不可勝計오 闢千里之地하며 築九州之城하야 以吾國家之宿
恥하니 則卿之功이 可謂多矣라 然戎狄은 人面獸心으로 叛服
不常이오 厥有餘奮하야 無所依據故로 衛挺이 斷隆博覽이늘
□□이 背以爲便이라하고 朕亦不然하야 遂從其議謂리니하

는守法이라頗有論劾하야遽棄其職이나朕이終不以卿爲咎

하노니庶幾有孟明之復濟也하라今朕之授卿者는抑卿之舊

職이니何足以辭리오當體眷懷하야速就乃職하라하되公이

再表讓하니又不允하다

辛卯六年 宋徽宗政和元年 五月初八日己巳에公이卒하니諡를文蕭이

라하다諡法에曰不耻下問曰文이오範圍天地曰蕭이라史臣

이書卒曰公이自少好學하야手不釋卷이러니及爲將相하야

雖在軍中이라도常以五經自隨하고後生이有才學者면慶加

稱導하고又好接嘉客하며蕭廟時여大臣樂善者를以公으로

爲稱首故로好賢樂善이冠於一時也라하니初諡文敬이러

니仁宗이追尊母后李氏하야爲文敬하니改以今諡하니라○

配는國夫人仁川李氏니父는上將軍成幹이오祖는大將軍訥

이오曾祖는尙書左僕射上柱國卲城縣開國伯許謙이오外祖

는高麗王太祖러라

庚戌仁宗八年（南宋高宗紹興元年）에以公으로配享睿宗廟庭하다

癸酉朝鮮李太祖二年（明太祖洪武二十六年）에立高麗八王廟于麻田郡仰

嚴寺基하다

丁巳世宗十九年（明英宗正統二年）에節齋金忠翼公宗瑞守北闢一紀여

開拓六鎭하고築城鏡城府之時여置公廟于府城西二里勝巖

南麓城隍壇東하다盖其創造之歲여巨務浩繁하야屋制를不

遑盡美故로重蘆以盖之러니後人이稱蘆堂하니라

按立祠年表는取之于後孫兢周記史中하고又取員外郎李

羲錫改建記하고又探關北誌하다

辛未文宗元年（明代宗景泰二年）에賜麗王廟號曰崇義殿이라하고祀高

麗四王하다

壬申二年에 交宗이 採麗朝名臣十六人하야 蹟麗廡廳할새 公이

並堕享하다

高麗四王　太祖　顯宗　文宗　元宗

高麗十六臣、卜智謙（西川人太師諡武烈）　洪儒（諡忠烈）　申崇謙

庾黔弼（平山人太師諡忠節）　裴玄慶（慶州人太師諡武烈）　徐熙（利川人太保諡章威）　姜邯贊

尹瓘（坡平人侍中諡文肅）　金富軾（慶州人侍中諡文烈）　金就礪（彦陽人諡威烈）　趙冲

金方慶（安東人中書平章事諡忠烈）　安祐（書中平章事）　李芳實（成安院使）　金得培

鄭夢周（延日人侍中諡文忠）

癸未宣祖十六年（明神宗萬曆十一年）에 都巡察使 鄭彦信이 欲改建廟宇라

가 適會箕興하야 不遑及焉이러니 士民이 重修之라고 額曰 侍

中廟하다（出尹安性序中謁）

按公之後孫評事安性이 至乙未歲하야 謁待中廟序中에曰

受符再入塞則廟貌稍完하고 修守有方하니 實由邦人之好

義也라하다

己巳仁祖六年 [明毅宗崇禎二年] 四月에 公之後孫觀察使兼都巡察使毅

立이 修葺改瓦하고 新其丹臒하다

乙酉仁祖二十二年 [明毅皇帝洪照元年] 에 公廟宇右墻外에 建淸德堂하고

享昌興君成夏宗하다

歲公이 爲兵使時여 有淸德이러니 卒於營하니라

丙午顯宗七年 [淸康熙五年] 에 吳文襄公이 踵享于公廟하다

事李選이 因關北士論하야 啓請于朝하고 其儀節은 領府事

庵宋時烈이 主之하니라

癸未肅宗二十九年 [淸康熙十二年] 에 冬에 公廟宇左墻外에

고 監司 李光夏하다

李公이 肅宗二十三年丁丑夏에 始設養士廳하야 靖獻業北土

하고 又當丙丁大無之歲하야 竭誠救荒하니라

辛丑景宗元年〔淸康熙六十年〕에 公之後孫都巡察使燕岐一改建

養賢堂東西齋舍하고 廟庭에 又建文蘭公廟碑하고 碑陰에 與

擧公之本傳文而記之하고 號를 尹文蘭公廟碑라하다 又於鏡

城府南六里에 公이 蕩掃女匪凱還時 犒饗將士處에 立元帥壇

而有碑銘幷序하고 北靑府東六十八里 蔓嶺上에 立碑記圓하

야 號曰待中壇라하고 有碑銘幷序하니라 其時여 仍待中而

之하고 設講堂會儒生하야 爲肄業之所할새 捐廩買得畓拾結

拾參負하야 付之本洞하야 以奉春秋炎盛之需하고 備作朝

薙鹽之資하니 其養士廳節目一部와 奴婢案一件과 鎭城細用

偶舊基田六結四十八負四束文劵은今藏傳本祠中하다

甲申英祖四十年〔淸乾隆二十九年〕 五月에尋公墓於坡州焚修院하니上

이俞禮官致祭〔祭文見下 祝文頹〕 하다

乙丑純祖五年〔淸嘉慶十年〕 六月에創立祭閣於轎塚傍하고改竪墓表

하다

丁卯純祖七年〔淸嘉慶十二年〕 八月에坡州儒生李集秀辛師魯等이以請

建文蕭公書院疏事로聯名하고判書金相休應敎時여代撰來

徹하니라

癸未純祖二十三年〔淸道光三年〕 에元帥蠻風起閣撼어늘現時館城僱

官朴公長與以公議로搆材命匠하야重新而增其制하고翌年

九月에設謙以落之할새公之後孫城津僉使永瑀請朴公의

讓之方하니朴公이遂決付處下一鄕徒하야除其月役而轉夕

看護爲하고 成給簡目하야 以爲永久遵行之規이며 傳藏尹氏家하니 其簡目에 曰雨磨風洗여 徭多橋桷之易撓하고 體聲牧場에 或致萌蘗之無幾하더니 從今以往으로 縣醫之雜費를 拔墻穴而用之하고 永雪之凍積者를 操柄鉬而除之하며 見失과 寸垣之將頹를 自該鄉으로 補茸之하고 有樹木花草之剪伐이어든 即爲告官懲贖事로 爲定할事成給하다

乙酉純祖二十五年[淸道光五年]에 端川將士臺를 改建하니 鈴孫에 鈴原君行直이 撰其事實하고 繫之以銘하니라

庚寅純祖三十年[淸道光十年] 四月에 後孫聲大爲端川府使하야 莅任未幾月에 以將士臺修繕之計로 命工師하야 經營就訖에 謹識其事하니라

其事하니라

甲辰憲宗十年[淸道光二十四年]에 士林이 以爲節齋思翼金公宗瑞開拓

六鎭이 同僚尹公이라 하야 追而配享公廟하다

乙巳憲宗十一年(淸道光二十五年)에 士林이 以爲海城君吳珀이 有本嶺

築城之功하고 且有適亂之勳하니 配食簡齋無僭汰之嫌이라

하야 配享於文簡公廟하고 改額號曰靖北祠라 하다

癸丑憲宗四年(淸咸豊四年) 三月에 侍中蠹를 重修할새 後孫初元潤大

等이 協同經營하고 及其告廢하야 公之後孫北道兵馬水僉簡

度使護儉이 逃重修記하다 ○五月二十一日에 護儉이 又於本

祠修葺時여 地衣四十一立과 木籠을 買置하고 又改築壇坮하

고 重修碑閣하고 補葺西齋하다 ○七月에 元帥蠹를 重修作成

하니 護儉이 又逃重修記하니라

壬戌哲宗十三年(淸同治元年) 夏四月에 公之後孫北道兵馬水僉簡

使等鳳이 謂元帥廟할새 齋齋新閣하며 用祭葬坮하고 仍逃元

帥臺奉審記하니라

戊辰高宗五年（同治七年）에 本祠混入於毁撤令하야 埋四公位牌於

本祠後麓하다（淸德堂與惠祠位牌도並埋安하다）

丙子高宗十三年（光緒二年）에 公之後孫本府判官琓이 立遺墟碑於

位牌埋安所하고 已所售舊址間을 還爲買付하고 安置守道

하야 俾勿荒廢하니라

戊寅高宗十五年（光緒四年）夏에 元帥臺閣을 重修하다 其時工事를

五衛將李憲逃과 後孫基鎬與燁이 董治하고 現時鎮城府使成

鎮이 遞重修記하니라

甲午高宗三十一年（光緒二十年）四月日에 元帥臺閣을 重修하야 竣

功落宴할새 其時本道按撫使閔種默이 來臨하야 落成詩一絕

을 唱酬于臺下孫하니 其詩에 曰 文蕭公碑碧海限여 登臨箭皷

晚天開라君家勝事를人爭慕하니千古蹇仍宴此讓라하다

戊戌高宗光武二年閏三月三日에北靑郡良家面에創建萬賴朏할새公之後孫에北靑守滋高과利原守兪五一俱囚士論하야請于掌禮院하고遂奉陪靈幀于端川道德寺하야始擇丁薦否하다

辛丑高宗光武五年이라往年庚子에士林及裔孫이以靖北祠復建事로遣尹熺天于京城하야呈狀鳴寃하야承其不可蔡不可許題旨하고是歲四月六日에仍舊開基하고八月六日에奉安四位하고八月八日에設宴落之하다其時에進士南桼楨通政鄭鎭喬董其役하고祠孫에尹炳哲吳昌泳은幹士事하고吳爾駿尹熺天은收誠金하고爲奉尹鳳柱는掌其財하고具僉郞孝義錫이製祝하고進士南桼楨이題主하니라

丁未純宗隆熙元年에元廟慕閣을改建하다變於甲辰乙巳年間

西露之變에慕閣이傾頹故로是歲七月二十四日에變緯하야

八月日에竣工하니後孫에總巡泰游이董治其役하고小楄院

議官鳳柱와本道觀察使性幹ㅣ俱述上樑文하다自是之後로

逐年八月이면臺下孫이齊會修理를如常例하다

己酉純宗隆熙三年正月六日西巡時여傳詔勅하고四月二十九

日에遣地方官洪禹觀하야致祭于公墓하다

辛酉（大正十年）四月日에本院을重修하다辛丑復建後에歷歲滋久하

야咒階墻垣이頹敗故로士林及裔孫이協力修繕할새士林에

主事全福龍과祠孫에通政鳳瑞董其役하다

壬申昭和七年四月에本院을重修할새丹艧을雕餙하고垣墻을

修治하고階砌를以石灰築之하고軒壁及瓦角을以灰堊塗之

하고 廟碑閣도 亦改修丹艧하니 於是에 廟制煥然重新하니라

于此之役은 祠孫에 炳鈜用殷이 幹主之하고 士林에 姜載淳이

董其事하다

癸酉昭和八年八月에 士林及裔孫이 編修院誌할새 公之討平開

拓事實은 詳乎國史하고 年譜及本傳는 藏在裔孫家나 然散在

自家裡篋하야 殆八百年에 尙無剞劂氏之梓傳일새 院監哀

鳳郁이 幹主之하고 裔孫在命泳瑀相役之하야 額分上下六卷

하고 編成一帙二册하니 卽傳變爲記也라 至同年十二月하야

正本이 告成하고 翌年甲戌에 刊行于世하다

吳文襄公年譜　配先系

公의 姓은 吳氏오 諱는 延寵이오 字는 錫年이니 海州人世라 高
麗成宗二年甲申에 宋朝學士吳仁裕ㅣ 東渡鷄海州하고 仕國
朝하니 海東之吳氏가 於基始焉하고 而於公에 爲六世祖也오 五世祖
의 諱난 周裔니 內庫副使오 高祖의 諱난 民政이니 文科秘書省
監이오 曾祖의 諱난 扎이니 文科太子詹事러니 追封右僕射오
祖의 諱난 界이니 大悲院錄事러니 追封吏部尙書오 考의 諱난
孝純이니 知白州事러니 追封上柱國門下侍中同平章事라고
諡를 文惠公이라하다 妣난 兆興府夫人兆陽趙氏니 吏部尙書
泳의 女러라〔崔沖이 高麗集賢殿大提學王命으로 題公墓誌中하니라〕
乙未高麗文宗九年九月丁亥〔宋仁宗至和二年이〕에 公이 生하다
公이 家世襲蔭하야 少發顯하야되 力學善屬文하고 有聲譽하니

라 登文科하야 累遷起居郎兵部郎中하다

乙卯肅宗五年[宋哲宗二年 元]에 公年이 四十五歲라 是歲에 與倚書三[大慈恩年 無傳]

殷로 如宋하야 賀發極하고 以朝旨로 贖太平御覽할새 宋人이

秘不許어늘 公이 上表懇請而乃得이러니 及還애 王曰 此等을

文考嘗求之不得이러니 今朕이 得之는 使者之能也라하고 使

副僚佐도 並加爾賞하고 拜公中書舍人하다

其後에 公이 乞外補어늘 時에 王이 欲擇人하야 授金淸虔三州

令하야 迎候宋使할새 以公으로 有輔相材하니 將大用이라하

야 欲試臨民할새 遂出知金州牧하니 爲政호대 寬平不苛하야

吏民이 便之라 以最로 聞한대 召拜樞密院左承宣刑部侍郎知

御史臺事하고 轉尙書左承翰林侍講學士하다

庚辰肅宗六年에 遷檢校司空刑部尙書하다 初에 衛士一以識으

로 勸王就西京龍堰하야創立宮闕하고以時巡行이어는 畿內

人鄭克恭과與司天少監崔資顥와太史令陰德全吳知浩와注

簿同正金謂磾等하야相龍堰舊墟하고命西府及長齡膳傳候

儒臣하야會議케하니皆以爲可라하되公이獨曰南京之役을

甫畢에民勞財匱하니不可起新宮이오如欲巡御ㄴ대英如舊

宮이니다不報하니라平章事崔弘嗣等이又奏하되懷太史官

狀호니稱自御松都ㅣ今二百餘年이니欲延基業인대宜下西

京龍堰舊墟하야創新闕하고移御受朝하야須下新令하소셔

公이上奏하야懷論不可하되王이不聽하고孝從弘嗣

等所言하니時議惜之러라

丙戌睿宗元年十二月에王이御文德殿하야命尹瓘講無逸하고

以公으로講殿記할새刑部尙書崔弘嗣等二十八하야偕講케

하고 賜酒饌尹瓘及公하고 賜表帶하야 以臺講經하다○是年
에非知樞密院事御史大夫翰林學士承旨하고 出爲東北面兵
馬使兼行營兵馬使하니 奏하되 東界여 徵發內外神騎軍하샤
대有父母年七十以上獨子者를 聽免하고 一家에 三四人從軍
者를 減一人하고 宰臣樞密之子ㅣ非自應募者를 亦免하쇼셔
王이 從之하다
丁亥二年冬十月에 女眞이 侵我北鄙어늘 遂出師할새 以公으로
副尹瓘하니 時여 大臣이 皆贊成之하되 公이 願以爲疑하야 微
語尹瓘한대 瓘이 曰策已決矣니 又何疑리오 公이 默然遂出師
하다○十二月이 王이 幸西京하샤御威鳳樓하야 親授鈇鉞公
等하야 伐女眞하니 公與尹瓘이 至東界하야 屯兵于長春驛하
니 凡兵이 十七萬이러라 時여 分遣諸將〔詳伐女眞 年譜小瓘〕하야 擊女眞

大破之하고 告捷한대 王이 賜詔하야 獎諭兩元帥及諸將하되 賜物이 有差러라

戊子三年二月에 女眞이 圍雄州하고 三月에 攻英州어늘 元帥로 率精兵八千人하고 出加漢村瓶項小路라가 賊이 設伏邀擊之하니 軍士挫潰라 賊이 圍公等數重하니 公이 中流矢하야 勢甚危急일새 拓俊京等이 引兵來救하니 賊이 解圍而走어늘 遂斬大破之하고 俊京이 凱還애 公等이 下樓迎之하고 犒軍稱賀하다 公이 與元帥로 乃勞諸將하고 會于中城大都督府하다 公等이 城英福雄咸吉州와 及公嶮鎭하고 遂立碑于公嶮하야 以爲界하고 遣尹瓘子彦純하야 來表稱賀하니 王이 遣內侍하야 賜華洞하다 公等이 及候林彦으로 記其事하야 書于英州廳壁할새 其記中에 曰吳公은 時之重望이오 天性이 愼重하야 臨

事에必三思하니其良圖大策을施無不中이라하니라 ○是月에王이遣內侍衛主簿康英俊하야賜公等羊酒하다 ○四月에拜公協謀同德致遠功臣衛尉左僕射參知政事하고謂內侍曰中韓儆如하야發詔褒賞身과及紫繡鞍具廐馬二匹하야州分賜之하다凱還에王이命其鼓吹軍衛以迎之할새侯備와齊公侯爵하야勞寶於東郊하다公等이蕭殿하야復命하고還納鐵鉞한대王이御衣德殿하샤明見兩元帥할새劍履上殿케하고親問邊事하야入夜乃罷하다 ○七月에女眞이又圍雄州어늘王이遣公征之하고又命尹瓘助征케하다 ○九月에加公推忠鎮國功臣號하다己丑四年夏四月에遣公하야復侵女眞하다時예尹瓘이旣還애女眞이侵掠益甚이어늘王이命公復征하니라 ○王이命蜜槪

하샤 爷設齋以禱兵捷이러니 又公等이 遍禱于昌陵及諸寺刹

西南兩京祠院等處하다 ○五月에 女眞이 復來爭地하야 復圍

雄州어늘 王이 授公鈇鉞하야 往救之할새 雄州被圍二十七日

이라 都知兵馬鈐轄使林彦과 都巡檢使崔弘正等이 率諸將하

고 分兵固守하야 與戰日久에 人馬困乏將潰라 公이 使文冠金

曖王字之等으로 率精銳一萬하야 分爲四道하고 水陸俱進하

야 至烏音志沙烏二嶺下하니 賊이 先據嶺頭어늘 我兵이 爭登

急擊하야 斬百九十一級한대 賊이 奔北라가 欲復結陣拒戰이

어늘 官軍이 乘勝하야 力戰大敗之하고 斬二百九十一級하니

賊이 遂燒柵而遁이라 公이 入城하야 責城中將士ㅣ 不待援兵

하고 輕出戰하야 多被殺傷하야 使士氣로 沮喪이라하고 罰이

有差러라 ○加樞密鎭國功臣守司徒延英殿太學士하니라

왜 王이 引見于文德殿하야 開邊罪하고 賜宴以勞之하니라

女眞이 復聚遠近諸部하야 圍吉州數月에 去城十里여 築小城

立六柵하고 攻城甚急하니 城이幾陷이라 兵馬副使李冠珍等

이訓勵士卒하야 一夜에 更築重城하고 且守且戰이나 然役久

勢窮하야 死傷者多어늘 公이聞之하고 憤然欲行한대 王이復

授鉞鈒選之러니 行至公嶮鎭하야 賊이遮路掩擊하니 我師大

敗하야 將卒기投甲하고 散入諸城하니 陷歿死傷을 不可勝數

라公이具狀自劾하고 六月에 與尹瓘으로 勒兵하야 將再建吉

州할새 會여女眞公兒異那史顯等이 請和어늘 至是하야 王이

又集群臣議之하니 皆曰可라하야늘 竟以九城으로 還女眞이

러니冬十月에 宰相이 請治敗軍之罪어늘 王이不得已하야

免官하고 削功臣號하다

庚寅五年五月에 宰相蕚諫이 申論論公等償師之律하고 論下迪한대 王이 不聽하다 ○七月에 師還에 在於中路어늘 王이 遷宣沈侯하야 收其鈇鉞하니 不得復命하고 各還私第하다 ○十二月에 拜守司空中書侍郎平章事하니 公이 上表辭讓한대 王이 不允曰才雖衆이나 循名責實則可與謀其政將ㅣ有機하고 罪雖重이나 不曰欺其心者를 猶或救之故로 曹沫이 割剝而得公이 不責之하고 孟明이 敗軍而秦穆이 復用之라하니 的者에 東夷不恭하야 歷世爲害어늘 先皇이 有憤而欲伐之하시고 寡人이 繼之以興兵일새 卿以文武之才로 爲將帥之任하니 初若遲疑而猶豫라가 後能征討以蕩平하야 斬馘既多하고 俘虜亦彩하며 拓開封境하고 築設城堡하니 雖論議之倫暗이아나 勞之可亂아ㅣ 愛加籠侖하야 俾復繕賚하노니 當體眷懷하야 勿

煩讓遜하라하고累加守司徒守太尉監修國史上柱國하고歷判吏禮兵部事한대以疾로累上章乞退어늘王이以耆儒舊德으로欲終始倚用하야不許러라

丙申十一年十月一日에卒하니公年이六十二러라訃聞于朝하니謚를文襄이라하고兪近臣하야監護喪事하고禮葬于金川小南而弘化里酉坐原하니從先兆라命百官會葬하니其優禮特殊勳赫一世러라○公이飭躬謹行하야怕怕然以思德으로自許하고不干譽하며當官持論에務祉時弊하고未嘗以私害公故로王이重之러라○公之事蹟이載在麗史東國通鑑東人列傳名臣錄名將傳하니라○配난慶陽府夫人慶州李氏니尙衣直長得堅之女也라育五男하니長은潘이니今承實이오次난權이니今僕射오次난克正이니今司正이오次난正國이

니 今護軍이오 次난 汗幼러라 梃의 子난 綱이니 今學士러라 按公之先系와 配位姓氏及子孫諱字ㅣ 詳出於高麗集賢殿大提學王思昌撰公墓誌中이러니 暴於乙丑六月에 後孫鼎根이 因壤襄之變하야 發見墓誌于長湍郡小南而弘化里（金誌文이 藏于鏡城）하고 飜謄墓誌하야 頒傳于十三道諸宗하니라 配난 順興安氏니 父난 集賢殿太學士興寧君諡文簡公宗源이（公之後孫輔卿家潤 郎朱乙溫而溫川潤）오 祖난 三重大匡領藝文館事諡文貞公軸이오 曾祖난 密直學碩이오 外祖난 金輝南이러라 ○墓난 失傳而楊州眞窩面塔（氏派諡中 川關北吳）養洞에 有世德壇하니라 丙午李朝顯宗七年（高宗五年 康熙）에 陞配于鏡城府西二里勝殿下崇文蕭公廟하다 時에 諸彦李選이 因關北士論하야 啓請于朝하고

其儀節은 領府事尤菴宋時烈이 主之하니라

戊辰高宗五年(淸同治七年)에 靖北祠混入於毀撤令하야 埋公位牌於

本祠後麓下하다

丙子高宗十二年(淸光緒二年)에 本府判官尹琬이 立遺墟碑於位牌埋

安所하다

辛丑高宗光武五年에 士林及裔孫이 以本祠復設事로 呈願于禮

院及宮內部하야 承不可禁不可許之旨하고 改建祠宇於舊址

하야 依舊安享하다

乙丑大正十四年六月十九日에 雨水壞襄하야 長湍郡小南面弘

化里에 公墓誌石이 發見이어늘 後孫鼎根이 往觀誌石하고 即

日通告于各道諸宗한 대 於是여 裔孫이 鳩財代石하야 竪倔隧

道하고 以每年十月一日로 行時享하니 即公之卒日也리라

癸酉昭和八年八月에士林及裔孫이編纂院誌할새探取麗史本

傳東史闕北誌하고又博考祠譜牒好古之家纂하야編成一

愀하니傳變爲記也라是役에院監安鳳郁이幹主之하다

　附　林忠壯公事實

都帖左部承旨禮部侍郞右諫議大夫兵馬鈐轄使贊成事林彦

이從尹瓘吳延寵兩元帥하야討女眞築九城하고立碑於先春

嶺下야以爲界하고記功於英州廳壁하야以耀史하다〔輿地勝覽〕

睿宗三年戊子二月에王이幸奉恩寺하야宴羣臣할새酒酣애

命左右舞之어늘承宣林彦이佯醉而退曰東蕃이未寧하니可

忍舞乎아하다　麗史

北輿要選序에曰高麗林彦所誌英州廳壁記는咸北題詠之一

初古文의所應이洛鼎周跋之比로다今咸興端川吉州孔州之人이

常說麗代之咸州福州雄州公嶮故事하되徽林公이 런듯 庶幾

無徵矣라하니라

公이生于高麗文宗十四年庚子하고以贊成事로致仕而卒하

니諡를思壯이라하다 配는坡平尹氏니父는判圖判書니諱는

執奎러라

公이與兩元帥로叅謀討平事實은昭載文蕭文襄二公年譜

中故로今不贅하고英州廳壁記는見上文蕭公遺文中하다

公之功烈이如是卓卓하니今特附兩元帥年譜下하다

公의 姓은 金氏오 諱는 宗瑞오 字는 國卿이오 號는 節齋니 順天

人이라 世宗朝에 登文科하다

庚戌 世宗十二年 明宣宗宣德五年 先是太宗이 廢讓寧大君하야 放于廣

州러니 大司憲 元肅等이 論其罪하야 論下攸司鞫問이어늘 王

이 不允하고 謂公曰卿이 數言讓寧罪하니 此는 不度予之本心

이로다 讓寧之失은 不過於女色狂悖어늘 太宗이 以大義로 廢

之나 以天倫言之면 位在讓寧이오 今予代此하야 奉莩一國하

니 以匹夫兄弟로도 猶爲隱惡揚善하야 立無過之地어든 況此

予以一國之王으로 反不如匹夫하야 不能庇護其一兄이리오

卿等은 知得此意하야 諭及於諸人하라 予將召還其簡하고 當

以見之하야 以盡友于之道하리라

癸丑世宗十五年(明宣宗宣德八年)에 王이 召黃喜孟思誠權軫等하야 以
移寧北(今鍾城) 慶源兩鎭之事로 議之하고 遂以公으로 爲咸吉道
都節制使하다 ○是年十一月에 公이 敬奉下敎하다(見敬下)
甲寅世宗十六年(明宣宗宣德九年)에 公이 以同副承旨로 爲都節制使하
야 先設二鎭하야 置土官後에 復設四鎭하고 行貢法하다 又抄
南道無土地壯丁하야 分布入居하고 使之耕牧할새 輕徭薄賦
하야 以厚其生하고 叉作全家徙邊律하야 募嶺濶富豪家三千
戶하야 屬一千五百戶于幹木河하고 叉屬一千五百戶于寧北
할새 良人은 賞居土官하고 又抄公私賤人口하야 入屬四鎭하
되 吏習는 免役하고 公賤은 放良하고 私賤은 還給하다
乙卯世宗十七年(明宣宗宣德十年)에 兀良哈七千餘騎가 來圍閭延하니
郡守金允壽와 都鎭撫李震과 水軍僉節制使金成烈等이 捍拒

及退하고李滿住忽剌溫이侵閭延하야殺掠以歸하고野人二十騎가又渡江하야掠閭延하니小童頭地鎭撫驥思俗가率軍追躡하고郡守金允壽도亦率兵要路하야盡獲所掠하다(九月에忽剌溫家隱禿等이來冠會寧이늘節制使李澄玉이令麾下察孝思로率兵追之하니凡察管下ㅣ亦從이라盖無見溪하야執家隱之弟湯其愁古等하야盡還所虜人馬하다都觀察使鄭欽之와都節制使金宗瑞斬家湯其等하고凡察下에賜(茂山)衣各一襲하고幹朶里之從行者도給綿布各一匹하다

丙辰世宗十八年(明英宗正統元年)에陞鏡城爲都護府하고以公으로兵馬都節制使하야兼判府使하다是時여野人이連歲來冠하니令公으로欲得其實한대公이啓云幹朶里又水와兀良哈兒哭等이言忽剌溫兀狄哈沙弄哈乃伊豆毛禿万等은於五月

五日에 出婆豬江하고 沙弄哈閘個位開延하고 乃仍于杂尸開掠

滿住居廬라하니 王曰必如宗瑞所書然後에 或守或討를 可以

得施其策이라하고 因與觀察使鄭欽之와 李澄玉等으로 熟論

便否하야 備細啓達하라하다

丁巳世宗十九年（明英宗正統二年）에 王이 以璽書로 密諭于公한대公이

以密書啓하니 王이 即遣中官하야 慰諭曰 今見卿書하니 北方

之事는 全無憂慮라하고 賜御衣一襲하다 ○是歲여 逐野人於

豆滿江北하고 開拓六鎭하고 築城本府之時여 置尹瓘祠宇于

鏡城府西勝嚴下할새 奏曰自古在外建事之臣이 必遭讒謗하

야不能脱禍者多矣니 前朝臣尹瓘이 盖其一耳라 瓘은 以百室

大功으로도 幾乎未免이온 況臣無尺寸之功하고 又無雄事之

才오 所爲多舛하니 寧不寒心哉리오하니라

戊午世宗二十年（明英宗正統三年）에 王이 諭公署에 曰四鎭之建이 將有效乎아 民之財力이 將必盡乎아 民之怨聲이 日益盛乎아 四鎭民心이 將有安乎아 野人之變이 終有瘦乎아 昔日道內愚民이 虛造浮言하야 以驚人心者ㅣ非一이오 近日之事大於前하고 民勞於前하니 予尤以爲慮하노니 今必無此事乎아 卿은 商度하야 以密啓하라하다

辛酉二十三年（明英宗正統七年）에 王이 諭咸吉道體察使皇甫仁과 鄭陟使鄭甲孫과 與公하야 移鍾城府治하고 又設穩城郡하고 重會寧慶源慶興富寧하야 稱六鎭이라하고 徙南民하야 充於此地하라하다 ○王이 諭公하야 設六鎭할새 朝議多有異同이라公이 力主其事하니 議者ㅣ闊하되 宗瑞는 以有限之力으로 開不成之役하니 羅可誅也라하거늘 王曰 有寡人이라도 無宗瑞면此

事를 不足辦이오 有宗瑞라도 無算人이면 此事를 不足成이라

하니라

壬申文宗二年（明代宗景泰三年） 五月에 王이 薨하고 世子卽位하니 年前

十二니 是爲端宗이라 公이 以右議政으로 與領議政皇甫仁과

左議政南智로 受顧命輔佐하다

癸酉端宗元年（明代宗景泰四年） 時여 公이 與皇甫仁鄭苯으로 爲三公하

니 其中에 公이 最多智畧이라 人稱大虎라하다 ○十月十日에

首陽大君瑈（世祖） 一率楊汀柳洙柳淑林芸等武士하고 乘昏往公

家할새 使權擥韓明澮等으로 守敎義門하되 以鍾體時로 不得

閉門케하다 公이 迎拜하야 閑話已畢하고 出門送之할새 大君

이立庭中하야 閑話良久에 公之子承珪 一不離左右하니 首陽

大君이 假落紗帽角於地上하고 請曰暫借政丞之帽角하노이

다 公이 使承珪로 入內取角케하니 於是여 汀芸等이 擊公仆地

어늘 承珪奔走救之하야 偃伏其上이라 끗擊殺之하고 大君이

馳還하야 預以巡將洪達順과 相約하고 率軍之御所하야 立門

隙告政院하되 宗瑞謀反이어늘 已爲急하야 不啓而先誅라하고

且曰皇甫仁宗瑞等이 連結하야 乘王幼冲하야 謀危宗社라하

고殺諸宰하다 公이 再艱하야 使元矩로 叫于城門하야 告政府

하되 政丞이 爲人擊傷하니 速爲上啓하야 賚藥來救하라하되

應者全無라 公이 裹瘡乘婦人轎하고 歷崇禮敦義門到하니 鎖

門不得入하다 首陽大君이 盧公之再艱하야 早朝에 佇審하니

公이 慮居承珪房中이라 曳出한대 公曰我何以步乎아 持來昭

軒하라 言未畢에 遂被斬하다

庚戌顯宗十一年[明永曆後二十五年] 에 創建講武堂於行營頭門外하고 公

與永川皇甫仁과 遼東伯金應河로 並曜享하다

按鍾城邑誌호니 永川皇甫仁은 以體察使로 有汇邊에 築行城之功하고 簡齋金宗瑞는 以簡度使로 有設六鎭之功하니 二公은 並히 未復官前位로 題主하고 贈領議政金應河는 光海六年甲寅에 來北虞侯하야 撫恤士卒하고 敎誨將校오 且 光海十一年己未여 遼東建州役에 邀擊淸兵이라가 殉國立節故로 並享于此라하다

又曰郡之東南에 有禁山者하니 歷臨城池라 試上其頂하면 蟻虫之行을 歷歷可知니 殊非防禦之處라하야 築行城하다 行營號는 伯顏愁所寧北古鎭也니 在昔潘胡之偏强也에 簡度使金宗瑞驅逐潘胡하고 開拓六鎭하고 且建永嘯堂하야 以壯藩屏하고 體察使皇甫仁은 築長城하고 界夏夷하며 虞

侯金應河는 撫恤士卒하니 遺惠大矣라 北人이 爲二公하야

建祠於行營之東門外가 已過百年에 未蒙恩額이라하다

丙寅肅宗十二年에 復皇甫仁金宗瑞官爵하다

戊辰肅宗十四年春에 皇甫仁은 改題領議政하고 公은 改題右議

政하다

戊寅肅宗二十四年(清康熙三十七年)에 成三問等六臣의 忠節을 褒하고

魯山大君의 廟를 追上하야 端宗이라 號하고 太廟에 奉祔時여

公을 賜諡忠翼이라하다

甲辰憲宗十年(清道光二十四年)에 公이 配享尹文蕭公廟하다 世宗朝에

公이 爲咸吉道節度使時여 營在吉州일새 公이 居兵營이凡十

三年이라 體揣逐瀋胡하고 築本府城하다 初에 朝議以本府之

龍城으로 欲定界어늘 公이 慶抗爭力爭하야 遂沿江兩設六鎮

障하고 丁卯에 移營於本府하니 其功烈이 與尹公으로 並駕歟

로 是歲여 從士庶其公之論하야 陞享하니라

乙巳憲宗十一年（清道光二十五年）에 海城君吳公珆이 有遹亂之勳하고

且有本府築城之功하니 與公配食이 無僣汰之嫌이라하야 追

以陞配하고 改額號曰靖北祠라하다

戊辰高宗五年（清同治七年）에 靖北祠ㅣ 以朝令으로 毀撤時여 埋四公

位牌於本祠後麓하다

乙亥高宗十二年（清光緒元年）에 七月에 行營將校等이 立紀蹟追慕碑於

講武堂舊址하니라（見碑文下）

丙子高宗十三年（清光緒二年）에 本府判官尹琥이 立遺墟碑於理安所

하다

辛丑高宗光武五年에 士林이 以本祠復設事로 呈願于朝하야 承

依士論施行之旨하야復建祠宇於舊址하고安靈하니라

本祠屢經修葺事實은詳載于璿年譜하니라

癸酉昭和八年八月에因關北士論하야編修寶誌할새 [illegible] 二月하야正本이告成하고翌年에刊行于世하니是役에 安鳳郁이探詢幹主之하니라

公之立朝以後事實則探取李朝史及關北誌하야略修年譜하야 叶然先系及生年月日과墓所又난配位姓氏與立朝以前事實믄無可考處하니吾北文獻無徵이可恨也라庸俟後月博攷君子하노라

吳蕭憲公年譜　並先系

公의姓은吳氏오諱난泊이오字난幼止니仍紅牌所書하야從

玉邊爲珀하다世居海州하니라

高祖諱난仁允이니與其弟義允禮允으로始以鄕豪로分配穩城

鎭管永達와會寧鎭管豐山과甫乙下三堡러니伯仲은俱未震

放하고甫乙下之禮允이獨得放還하야歸海州하다

曾祖諱난進元이오

祖諱난起平이니啓功郞이오先配는金氏니生一男憶春하고后

配는曺氏니生一男景春하다

考諱난景春이니從仕郞訓尊오又以子貴顯으로贈純忠補作功

臣嘉善大夫戶曹叅判碧城君하다自幼時로聰穎하야經史子

背를無不通習하고壬辰之役에保護判官府使妻子於藩胡家

139

라가 冠退後에 具人馬하야 載送京中하니라 曜는 獜蹄朴氏니

贈貞夫人하다

乙亥李朝宣祖八年 明神宗萬曆三年 九月二十日戌時여 公이 生于穩城

府南長谷村第하다 生有奇像하고 身長이 過人하며 英勇이 絶

倫하고 而如翠裏오 眼有赤電하고 自童孩로 屹然히 疑然

人之氣하고 嘗於嬉戲여 設坍場坐其上하야 招聚隣兒하고 使

執紙幟하야 羅立于前曰某也는 賞이오 某也는 罰을 一如大將

然이러라

性又好學하야 博涉經史하고 字畫이 道硬하며 下筆이 神速하

야 雖講業書生이라도 莫能及也러라

性習騎射하고 夜讀軍書할새 未嘗有惰慢之氣하니 其奮勵自

期者ㅣ不在小也러라

辛巳十四年(萬曆九年)에 公年七歲여 出入公門할새 能曉達官府之事하

니 顯有聲稱하다

丁亥二十年(萬曆十五年)에 公年이 十三歲라 北兵使李鎰이 巡到慶興

하야 遣虞侯金遇秋하야 乘冰渡江하야 襲楸島叛胡하야 斬三

十級하고 繼續하야 發吉州以北鎭兵二千餘騎할새 會寧穩城

富寧府使로 爲將領하야 潛師渡江하야 襲叛胡之時여 公이 結

髮로 挺身杖鈒하고 從主將하야 行大漠之野할새 已無人於阿

童目下矣러라

壬辰二十五年(萬曆十年)에 公年이 十八歲라 當壬辰之役하야 敵이

充斥京中하니 臨海順和兩王子와 大臣金貴榮黃廷彧黃赫等

이 以勤王兵募集으로 入北道할새 日軍이 窮追躡後라 穩城領

民曹水弘寶謙美伸李雲老等이 爭執官長하야 投降於倭어늘

公이 護府使 李萱와 判官 李彥秀하야 隱於府南德明站하고 公

父碧城君은 護府判之妻子하야 隱藩胡之家러니 一日에 公이

以府判之命으로 徃省于藩地할새 叛民等이 已拘執碧城君하

야 逢于慶源敵中突라 公이 卽馳徃慶源하야 嗍本土人하야 使

之代點하고 竊負而行하야 向德明站할새 路中에 又聞叛民等

이 搏殺府判之變하고 憤惋雖激이나 進無所歸라 父子潛行하

야 夜至府判妻子之所하야 率衞屬하고 自藩地로 避竄山谷이

다가 俟其寇退하야 具人馬하야 護送府判妻子于京中하니 公

의 孝親之誠과 濟人之心이 不失於顚沛之際者를 可見於此로

다

乙未二十八年[萬曆十三年二]에 公年이 二十一이다 趨事於北營幕下할

새 兵相 鄭見龍이 一見之하고 大異之曰 此人之像이 奇偉하니

必不虛老於蓬蒿之下突라하더라

丙午三十九年(萬曆三十四年)에公年이三十二라是歲여中武科第二十

六하니榜中人이皆以公을人中龍으로稱之러라

丁未四十年(萬曆三十五年)에公年이三十三이라往在乙巳에聚內人雜

種이來陷潼關하고沒掠居民而去하니一鎭이巳邱墟突라是

歲여朝延이募北道壯士하야俾以物價로入胡中하야贖還人

物할새時여魯花赤은屯回坡하고下此耳는屯豐溪하고聚內

丫는屯賀蘭하야連兵撓亂하니戰爭이不息하며恐喝我境하

고掠我地將ㅣ無歲無之하야五相窺覘存恤이러니

擧九官하되無一人應募者어늘公獨奮然而起하야直到寨內

丫營中하야啗之以利하고惕之以威하니諸酋ㅣ羅拜於前曰

此는高麗眞將軍也라하고許令贖還其人物하되以其所持者

獟故로只贖三分之二나而未得贖者幾半矣라公이謂諸州俗
하야再來贖歸한대卽答曰敢不從將軍之命이릿가惟恃於道
而速來하라公乃受約하고領所贖諸人而返한대兵相李時言
이迎勞大驚曰置之死地而後存者ㅣ果驗矣니何威德之遠著
ㅣ乃至於此乎아하더라是年秋에當令養寶入送하야贖還餘
人할새慕下諸將이見公無事有功而還하고謂人人可當此任
이라하야爭相願去어늘兵相柳珦이眩於取舍하야不察前日
贖還之物이不在於物而在於公威德하고遂擇其所親信人孫
文孝하야齎重寶하고入送豪內人部落則胡人等이相語曰吾
輩誠悅吳將軍威稜하야與留後約이러니吾輩不欲與如汝人
으로成言이라하고盡奪其所持之物하고將欲害已하니文孝
一脫身逃走하야僅得生還이라公之平生忠義는雖蠻貊之人

이라도 亦知之矣어늘 惜乎라 兵相之昧於用人也여 竟不슈公

으로 再入贖還하야 使吾屯守之民으로 半役於罷裒之賊하니

寧不痛哉아 自是之後로 公之聲名이 洋溢于中外하니 人之見

之者ㅣ莫不稱歎이러라 ○春秋將才之試와 弓馬較長之間에

無出公之右者矣러라

癸丑光海五年(萬曆四十一年)에 公年이 三十九라 巡察使李時發이 批其

武才하고 嘉其英勇하고 龍擧前日贖還之功하야 啓聞于 上

하니 上이 始知公名하고 深歎北方에 有人하야 十一月二十五

日에 除豐山萬戶하다

乙卯七年(萬曆四十三年) 五月에 兵相金景瑞築鏡城城할새(金景瑞는)

以赴防軍使虞侯孟孝男과 公은 以營執事로 分掌築城(至是하야 改築石城)

董하니 始自南門西邊으로 至北門西邊築하다

丁巳九年 萬曆四十五年 九月에兵相李守一이繼金公事하야 使公及孟

孝男으로亦分掌監董하야自南門東邊으로至北門東邊히畢

築告訖애公이被孝男이猶短於主將이라主將이返歸上功於

孝男하고遂立孝男碑於南門外하되公이終不屑於辭色하니

人이尤器之하더라○是年冬에本府謫居人柳郁이以么麿罪

로打傷同謫人李鳳吉하야幾至於死라公이與把總申鶴連으

로往救之러니鳳吉이常懷怏怏於柳라가逮家宥하야先歸京

中하야告郁謀叛하되公及申이爲看證이라한대朝廷이大驚

하야府使判官과公及申이並爲拿推하야及閭處實하니則乃

誣告矣라事歸冰釋하다仍以寓居洛中할새無所聊賴러니適

與前宣傳官姜翊相으로遇於路라姜이素服公之義勇이러니

借及人馬하야護送于南兵營幕下하니公之取信於朋友를亦

可知矣로다

己未十一年(萬曆四十七年)에公年이四十五라吳判書允謙이以同族으

老로深知公之謹厚하고正月二十九日에薦爲永達萬戶하니

觀公後日甲子之功이與謝玄淝水之捷으로相符로다

癸亥仁祖元年(明熹宗天啓三年)에公年이四十九라秋에都元帥張晩이

以平安道防秋事로請抄北道壯健者四十五名하야編爲元帥

軍官하고留鎭平壤할새公이以前萬戶로擢爲北軍哨官하야

使之指揮北軍케하다○先是여公이欲得良馬하야高價로遍

求之際여雖駑走馬라도一見皆斥之리니一日에不知何許人

이牽一瘦馬而來하니體骨이雖壯이나甚瘠似病이로대公이

一見即喜하야給厚價以買러니撫養月餘에日益肥騰이러라

牽用橇上하야恤脫發道하야先步後走하되終日不解라

如是者ㅣ已過月餘에公乘此馬하고任意所之하니正所謂天
賜良馬也오劒亦偶然得之山谷云云이러라
甲子二年[天啓四年]二月에平安兵使李适이與龜城府使韓明璉으
로潛謀共叛하야自安州로起兵할새變已上聞하니大駕ㅣ南
狩公州하다都元帥張晩과副元帥鄭忠信이率所領防秋軍士
하고追攻其後할새使北軍四十五名으로爲先鋒하니公實領
之라至黃州架插橋하야合戰하야适이大破副元帥軍한대臨
津守將李貴는望風奔潰하고坡州牧使李孝는失守口灘하고
防禦使李重老는赴水而死라适等이直向京城이어늘公이不
勝憤惋하야與四十五名으로擐甲面行하야遇賊於猪灘이라
引所率諸人하고奮擊大呼하야衝突賊陣하니賊陣이大亂이
어늘公이大呼賊衆曰汝等은獨非吾君休養之民乎아何背順

從逆耶아하니賊衆 一千五百餘人이遂泥首納降이어늘公이

仍撫而率之하고望見山上한대有旗幟라馳往見之하니乃兩

元帥也러니忠信이曾於架挿橋戰에大敗失軍하고欲領公之

受降軍卒이어늘公이卽許之하고追至臨津江하니水深無船

이라騎兵은庶渡하되步卒은難渡일새於是여令騎軍으로各

繫石하야懸於馬鞍兩邊하야使鞍䭾으로不得搖揚하고列陣

于江中하야環以三疊하니水準而下流淺하야一軍이利涉이

라進至鞍峴而陣하니二遜이已犯京關하야望見軍孤하고敗

生破趙會食之計하야遂空壁出戰하니主客之形이旣別이오

强弱之勢ㅣ懸絕이어늘公이顧謂北軍曰兵家勝敗는不在多

少니今日之事는惟在吾輩之思不思如何耳라하고遂上馬鏖

戰할새患彼我物相混하야令崔渭崔潔崔淵〔第三兄〕伸男〔子〕膺大

應立[字世業] 金秀男韓鬪金大聲李昊昇辭[四十五名中壯健者]等으로 各挿松枝於藜鞭하야 以自別焉하고 賊이 亦挿松枝하야 以自別이어늘 又換挿他物以表則 賊亦如是故로 旋抽旋挿하니 如是者屢次러니 時여 大風이 震作하야 自我吹彼하니 賊矢飄返이라 於是여 公이 發一矢하면 斃三四賊하니 射殺이 不知其幾러라 射矢且拾하며 且射且拾하니 無不應弦而倒者어늘 賊等으로 收拾賊矢하야 下馬負隅而立하야 使許誠一金秀男崔渭等으로 兵이 大潰라 二逆이 前進而呼曰 北道吳萬戶ㅣ 豈忘前日相識之義乎아하니 公이 使許誠一과 旗正崔渭로 大聲數罪曰 汝今作逆하니 方且食肉之不暇온 敢發相識之言乎아한대 是時여 前虜侯韓某ㅣ 立於公前이라가 忽中丸而倒어늘 公이 射殺放丸之賊이러니 又一賊이 放丸하야 正中公額이라 崔渭即時破

裂하고左右ㅣ扶護之하니公曰出血乎아渭答曰否也ㅣ라한대

卽引彎而射中放丸之賊하니賊이殊死而走러라俄而오都元

帥大軍이追陣於後하니二逆이落膽失措하야獨與十餘騎로

馳入南大門이어늘公이與四十五人으로追躡之할새八馬ㅣ不

食이已踰日矣라因不能奔馳어늘令諸人으로各啗釖頭血하

마한대諸人이啗之하니果惺々然이라即入南大門하야搜二

逆所在하니二逆이已自水口門으로直向里夫峙矣라公이令

四十五人으로入京營庫하야各持見糧하야立促療饑하고躡

蹤追躡하야至漢江則榷船은逆竪ㅣ已爲乘渡而繫于越邊矣

다公이溯波湟灘而渡하니日已昏黑하야迷不知去路어늘下

馬結陣하고行待日明이러니時여公之帶行奴山伊失公所在

已七日矣러니是夜에公所乘馬ㅣㅣ嘶號數聲이어늘公曰是馬

也ㅣ며山奴之所嘗秣也ㅣ라曾於山奴之來也엔是馬ㅣ必作求飼

聲이러니是鳴也는無乃爲山奴之來耶아言未訖에山奴果至

하야出其長俗中所得熟食하야進呈于公이라盖馬知人恩하

고奴懷報主하니人物效順이吁亦異哉ㅣ져天將向曙어늘渡

定安橋하야未及崐珠阿垓路憩할새聞二逆이爲其慕下育盆

獻李守白所斬하야潛詣行在所하고遂還軍하야就都元帥慕

下다가引爲罷兵而歸觀할새行過鏡城애如諿客吳令人煥과

柳檢祥活은俱以公之登科同年으로曾未識而이러니出山候道

傍이타가見公大驚曰古聞燕領虎頭電目猿臂眞將軍像也다

하더니此人이有之라하고歎服不已러라到家未幾여巡察使

李昌楨이招致慕下하야留與信任하니記室은得何遜이오翰

輪은迎子荊者ㅣ可謂兼之矣로다○是年十二月十七日에除

潼關僉使하다噫라觀公前日立節之高컨대卓然不可及也라

雖擧於上將하야不得展布其材力이나其所奮勵自期之思은

一軍이咸服이러라九重이遂遠하야報施卑微나然赫赫丹忠

은直與日月爭光이니豈不偉歟아

乙丑三年[天啓五年]春에上이策修會盟錄할새公及北兵使申景珹이

時在外任으로不得赴會盟이어늘上이命遣醫師하야來圖公

像及申而去하다是年四月十七日에成會盟祭禮하고下送敎

旨勳錄과及招資封君職帖儀物할새加賜伴倘四人과奴婢七

口와邱史二名과田畓六十結과銀子二十兩과表裡一段과內

廐馬一匹하야特表其忠勳을異數焉이어늘奴婢則推川하야

或便喚하며或徵貢하고田畓則公有闢南之志하야欲爲目錄

所居庶受用之計散으로不爲決折焉하니라

153

丙寅四年（天啓六年）에丁外艱하다

丁卯五年（天啓七年）에滿將貝勒阿敏等이率兵三萬하고以降將姜弘
立으로爲嚮道하야渡鴨綠江하니朝庭이震駭라是時여三道
巡邊使尹瑄ㅣ啓請하야使公起復하야促領關北軍兵하니公
이釋喪하고即戎馳到安州則已講和矣라公이先自辭歸하야
期盡私哀러라當此之時하야匪如之形이已其하고革面之心
을難信이라輦上이願有乙丙之慮하야四月二十五日에除鍾
城府使어늘以喪封章하되不允하시고仍爲起復하야使不得
解官하니嗟呼라素冠棘人으로變變欲赴則三春之輝를莫及
이오不赴則九重之命을斯違니沈思古人하야俯免過讀인대
奈何오同儕皆來慰曰聖人도既有起復之禮하고君命을不可
不順受니速起之하쇼셔於是여懸見容貌하고强起赴任하야

抗疏乞遞하야卒返喪服하다噫라公以馳馬試劍之身으로遭

人事變節之日하야處之를絪々然有餘裕하니雖有不知者之

辰否이라도何傷乎忠孝之並行乎아

己巳七年(明毅烈崇禎二年) 春에爲北兵營中軍이라가五月二十五日에

移除平安道僉吐僉使하니咸鏡監司李溟이上番하되以本道

空虛로請公留鎭北方이라하니上이許之故로還帶中軍하다

庚午八年(崇禎續三年) 四月二十日에丁母夫人朴氏憂하다

壬申十年(崇禎續五年) 에服闋하고繼五日에遂除五衛將이라被召上京

하야九月二十八日에還爲羽林衛將軍하다十一月十六日에

以軍政事로左拜明川府使하니土俗人情을習所慣翫오興

咨嗟를務從簡易한대民皆悅之러라廳東客舍營址를圮

毁之後에不爲復建이러니公이病之하야乍鳩財蓄粮하고

責成할새 不煩民力而丹艧을 一新하다

甲戌十二年(崇禎七年)에 會寧府高嶺鎭이 江水汎濫하야 圮壞我境故로 發民築防以禦之할새 明川役夫도 以束伍軍으로 亦點送하니라 時여 轄胡來喝하야 軍情이 不安이라 監司閔聖徵이 奏聞公之威名하고 乃令公으로 入徃善諭어늘 公이 挺身馳徃轄閒所하야 啗利愒威여 無不聽從이러라 公이 還到南嶺하明川役夫而勞之曰 巡相이 欲令各官烟軍으로 替番立後하니 烟軍이 亦束伍오 束伍가 亦與烟軍으로 已無區別이라 往返之際여 彼此俱疲하니 汝輩若爲因役則汝輩役價는 從當償於烟軍하야 使之給汝하리니 汝輩欲之乎아 衆皆樂從이어늘 公이 遂留束伍軍하야 准役而還하다

乙亥十三年(崇禎八年)에 公이 與聖徵으로 有么麽不平之事也러니 以

公이 偏役東伍라 하야 巡到明川하야 執賞生梗하야 하니 邑人이 衛立訟寃하야 乃得伸焉하다 公이 柔思風病이러니 至是하야 因憤添劇이라 舍城外民家러니 公之長子ㅣ 以防垣萬戶로 並行來到하야 親供湯藥할새 一夜에 公之所乘馬ㅣ 哀嘶櫪上하고 所佩釖이 悲鳴匣中이어늘 公이 開目하고 曉日에 命突夫하야 [余之死也]라 하고 言訖長逝하니 乃九月十五日戊時러라 訃聞于朝하니 上이 震悼하샤 弔賻如儀하시고 進贈資憲大夫刑曹判書兼知義禁府事海城君하고 又命 [禮曹]府事朴守弘하야 爲祭官하고 輪城察訪金鼎勳으로 爲觀而하야 致祭하시고 遠近聞者ㅣ 無不傷瞑痛惜이오 沿江防民이 [illegible] 致奠賻하더라

丙子十四年 九○○年 三月日에 葬于隱城長谷村負兒峴하다

天錫氏記公行狀畧에曰立朝二十餘年間에匪躬盡悴면何能不擇險夷하고能使夷狄으로服其盛德하며又使遊畏로探其函鋒하고牢威賛襄返正之大業이오可謂功存社稷이로다語其才能則當爲大將面做其鞴釋하니何能展其志며語其膀勇則有折衝千里之威而其不能躪躒褐之壃하고挲老兎之庭하야勒燕然之石者ㅣ卽公遺恨耳나然菊朗不敢加兵於我境者는非公之餘威면伺以懾蹴耶오하니라○十一月에上이又譔穩城府使朴守弘과鞊城察防金鼎勳하야致祭于公之墓하다配는貞夫人興陽吳氏니慶立之女다有四男二女하니長은授南이니十八歲戊辰에中武科하야萬戶防垣하고僉使漁游澗하고通政大夫護軍이오次난挺南이오次난摄南이오次난撥南이니皆幼學이오女난朴佑裴南惟吉妻니皆幼學이러라

公沒後에 士林이 建尙烈祠于明川邑傍[年代未詳]하고 享公及崔公

渭金公秀男韓公祠金公大聲李公景祥而籩豆之리니 [英廟]

酉에因禁令撤享하다辛

乙巳憲宗十一年[淸道光十五年] 二에 士林이 以爲하되 公이 非但有適亂

之勳烈이라 有本府築城之功하고 又有籲胡威服之德하니 區

食金忠翼公이 無僭汰之嫌이라 하야 墮享於文簫公廟하고 改

額號曰靖北祠라 하다

其後에 公之子孫이 來居鏡城할새 朱南面花隅上戰場九味여

建影堂奉安이라가 高宗己巳庚午間에 其宗孫이 移去明川할

새 並毀去材瓦하니라

其後에 公之雲仍이 在穩城하야 本邑永瓦面永谷에 建影堂矣

靈하고 至今如前丁享焉하다

戊辰高宗五年（清同治七年）에 以朝令으로 毀撤本祠時여 埋四公位牌

於勝巖南麓下하다

丙子十三年（清光緒二年）에 本府判官尹 琯이 立遺墟碑于埋安所하

다 辛丑光武五年에 士林이 以本祠復設事로 呈願于朝하야 承其

題旨後에 改建祠宇於舊址하고 是年八月에 奉安하다

庚戌隆熙四年에 賜諡蕭慧하다

乙丑大正十四年三月에 士林이 建菊烈祠于明川郡下古面水龍

洞塔峴之陽할새 安享公及開寧崔渭益山金秀男淸州韓嗣大

邱金大聲全州李景祥하고 於是年十月에 落之하다

癸酉昭和八年八月에 士林及裔孫이 編纂實記할새 是役에 院監

安鳳郁이 探詢幹主之하다

靖北祠四賢實記卷之二

靖北祠四賢實記卷之三

附錄　詔勅　下敎文　致祭文　各位祝文

尹文蕭公祭文

致祭文　英廟四十年甲申　坡州焚修院尋墓豎碑時

朝鮮國王은 遣都承旨尹東暹하야 致祭于高麗侍中文蕭尹瓘之墓하노니 吁嗟惟公은 坡山大族으로 前朝樹功하니 六鎭恢拓이다 自古迄今에 歲已八百이오 後孫蕃衍하야 今代喬木이로다 沙龐有慶하니 四光譜牒이오 公墓焉在오 汾水之北이로다 世稱橋塚을 塋域之側이나 傳聞難憑하야 眞僞莫得이러니 乾道昭ᄉ하야 咋皎然此日하니 不覺興愴하야 爰命修飭하고 親綴其文하야 近侍奠酌하노니 曠世感子다 庶幾來格인져

詔勅

隆熙三年己酉正月日

皇帝西巡狩時여勅曰斥疆勒石하니勳績卓塋이라難路西指에

松杉入塋이로다

致祭文　己酉四月二十九日

皇帝遣地方官洪禹觀하야致祭于高麗侍中尹瓘墓하노니山河

鍾精하야間世生公하니坡平華閥이오前朝元功이라出將入相

하야佐理推恩하고恢拓六鎮하야宣武諧戎하니北方賴安하고

續垂無窮이라爰紀旅常하고追報斯崇하니睿廡義殿에一體祀

同이오雲仍蕃衍하야喬木我東이로다四彧沙麗하시니郭簶綿

洪이라曰篤不忘하야啓佑眹躬이로다睠彼汾圃하니松杉樺護

이오剋玆嶠塚은寔表坤宮이로다粤在　英廟하샤恩侑特隆하

시니禮官繼述이오今古感通이라追此西辛하야與愴由中일새

侔官奠觶하니庶歆予衷하다

祭侍中廟文 景宗元年

維歲次辛丑四月辛卯朔初七日丁酉二十二世孫資憲大夫行咸
鏡道觀察使兼兵馬水軍節度使都巡察使咸興府尹䎬柱嚴昭告
于
先祖高麗門下侍中文蕭公府君伏以於休我祖여天降麗國하사
出將入相하야功烈巍赫이라受鉞關外하야盪掃女眞하니鐵嶺
以北에封疆遠拓이오先春立碑하야庸袤區域하니靑海波晏이
오白山烽息이로다千秋事業은雲水共白이오牽號元帥하니地
存遺躅이라金火雖遷이나遺珉欽德하야於焉安驪하고永薦血
食이로다不肖承麻하야忝爲道伯하고宗人一夢에巳驗魁攄하
니一氣相感이理果靡惑이로다乘簡牒非하니感慕彌極이라敢
巖洞酌하오니庶冀歆假하쇼셔

廟宇改建時告由文 景宗元年

維歲次辛丑八月己未朔十一月己巳通訓大夫行鏡城都護府判

官李萬維敢昭告于

高麗侍中尹文蕭公하오니伏以手拓關朔하니功著銘彝라剛鳥

精麗하니雖不替於報德이라廟制狹隘하니寒有歉於父寢일새

涓吉募工하고鳩材肇役이라謹以牲醴脯醢로玆告厥由하오니

以 平章事吳文襄公配侑饗

再謁侍中廟時祭文 英祖七年

維歲次戊申五月辛亥朔初六日丙辰二十三世孫正憲大夫行龍

驤衛副護軍憲柱敢昭告于

先祖高麗侍中文蕭公府君하오니伏以於赫我祖여拓玆關北하

니功高左海오威振大漠이로다邦人曰咨따微公左袵이러니祠

以崇德이越至于今이로다不肖承麻하야頓按某邦할새駐節膽

願하니老屋頹榱하야寧不稱功이오士民增慨어날於焉拱捧하야

經始改攆하니巋巋簪廡오殖殖陛庭이라廟貌再新하니永世癸

靈이로다　繪하야八載重尋하니願得便遂오榮興幸深이

로다武蕪菲薄하고蕭薦文襄公하오니俯鑑微誠하시고庶歆一

觴　尙饗

謁文蕭公廟時祭文　英廟十六年

維歲次庚申五月庚子朔十一日庚戌二十三代孫嘉善大夫關北

兵馬水軍節度使光莘敢昭告于

二十三世祖高麗門下侍中開國伯文蕭公府君하오니伏以猥承

我祖여天降吾東하샤粵在麗朝하야德業魏隆이라出將入相하

니以文以武오授鉞關外하니大拓境土로다邊彼棘相하야定我

區域하고 岸彼先春에 有碑斯勒이라 惟玆一路ㅣ微公被髮이리라 功名赫赫은 照人耳目이로다 有靈元帥하니 可徵遺蹟이라 世代雖遠이나 流澤罔極가 于以立祠하니 雉城之西오 薦以血食이 數百年兮로다 人曰敬止은 矧爾後孫가 先庥攸祜로 俾簡北門하니 才慚肯搆오 感切追先하야 乘簡祗謁하니 于廟之前이라 撫念遺躅하고 敬薦洞酌하오니 一氣相感이라 庶幾來假 尙饗

靖北祠陞享金忠翼公時告辭　尹文肅公〔羲陵叅奉 尹大淳作〕

平戎闢國하니 公功疇侶오 報祀千齡하니 本朝肯許라 後三百年에 宅相來述하니 界民進退오 野無侵軼이라 矧伊徃城할새 建廟是地로다 築九拓八하니 後先何異오 士曰躋享이 自古在昔이라 一室容與하니 庶幾鑑格하쇼셔

靖北祠復建時開基祝文

光武五年四月六日巳時

土地之神伏以高麗侍中諡文簡尹公邦國爲感이오乃文乃武로

廊擔脅廉하고奐厥生靈이라玆地雄祠一開經毀撤하니恢我門

土一待以齊魯하야食報在古러니遜胡不齊오神人共慈로다理

或不派하야叫閣得徹이라今將復建일새曖我焦黎로다興論

起하니王曰咨爾라仍誉開址하고玆以涓吉하야致謁敢告로이

다

復建後奉安祝文　辛丑八月六日

文武余才로勳戚專征하야關土定界하니塞無王庭이라遺民頌

德하야立祠海城이로다

靖北祠兩丁祝文

高麗侍中尹文肅公伏以詩傳御穀이오文武吉甫라平藩新門과

니功赫千古라玆値仲丁하야粹麗是宜라謹以牲涓馫晶으로式

陳薦하노니以平章事吳文襄公으로配 尙饗

萬賴祠兩丁祝文

高麗侍中文肅公尹先生伏以名大宇宙하고才全文武라拓土寬

居하니功在生民이라玆以仲丁謹具牲幣하야式薦 尙饗

吳文襄公泰安祝文 光武五年辛丑八月靖北祠

協贊元戎하고紆合籌策이라箕樹大功하야龍享血食이로다 義陵奉事尹大淳作

陞享金忠翼公時告辭吳文襄公

忠翼金公을追享一宮이라移東오西하니保艾無窮이로다

金忠翼公咸吉道都節制使時下敎書 世宗十五年癸丑十一月

自古帝王이莫不重興王之地하야以爲本根은考諸史册컨대班

班可見이오且我國家ㅣ北界豆滿江하야雄藩衛而限封疆일새

太祖始置慶源府于孔州하시고 太宗이移于蘇多老하시니皆

所以重肇基之地러시니歲在庚寅에冦盜草竊이라守臣失禦하

야退守富居站하니 太祖嘗有命하되若胡人이來居則便行屠

遂하야勿便爲窟穴이어늘今蘇多老孔州十鞠爲茂草하고 卽騎

踐踝하야恣爲遊獵之場하니予每念此컨대痛切於懷오且幹衆

河는直豆滿江之南하야在吾境內하야土地沃饒하니宜于耕牧

이오正當要衝이니合設巨鎮하야以壯北門이로다 太祖之世

여孟哥帖木兒ー效順來歸하야請爲藩籬어늘 太祖ー参守在

四夷之慮하야姑庸許之러시니玆者에自底滅亡하야藩籬一空

이라事會之來는機不可失일새伊欲紹述先志하야遷移慶源府

于蘇多老하고移寧北鎮于幹木河하야募民以實之하고謹守

祖宗天險之封疆하야以寬邊民迭守之勞苦하노니非好大喜功

하고開拓北境之比로니咨爾兵曹는宜體此意하라時여公이曰

納機宜하고大被器遇하니라

金忠翼公都節制使時諭文

諭音 世宗十六年甲寅 時在鏡城

今政府大臣이獻議云龍城은乃新設四邑要衝之地也라移置當鏡
城於此地하야以爲都節制使本營하야以鎭四達之要衝이此合
事宜요且此地는昔日에人居稠密하고禾稼豐登이러니自新設
四邑之後로民皆移徙하야沃壤이反爲草莽하니野人이來見都
節制使者ㅣ道經此邑이니不宜虛疎오況今鏡城에城子低微하
고營廳官舍界隘하니今宜改營이나然工役이煩重하고且有水
炎하니莫若移都節制使本營於龍城하야以爲鏡城府也니라然
則軍士人民奴婢ㅣ自然徙居하야人物이將盛이오且令移徙各
道軍民하야並令散住龍城之野則其殷阜를可指日而待리라然

이나 邊國之事를 難以遷渡이니 商確以陳하라

又 世宗十九年丁巳

初에 富居慶源之民이 僉告于朝曰古慶源之地는 宜牧宜耕이요

且有江易守하니 謂遷居之하고 又有轉對者ㅣ 言曰古之爲國이

務廣其地니 公嶮鎭以南을 未可棄也오 癸丑之冬에 適有兀狄哈

이 破殺管禿父子而幹木河에 無酋長矣라하니 時에 議臣之言에

曰疆域를 不可棄也오 機會를 不可失也니 宜沿江設鎭하야 高其

郭郭하고 多其軍民하야 以耕以守則起防往來之弊를 亦可除矣

오若大明이 聞無酋長하고 或別有處置則後無及하리라하고 前

者孔州之城高ㅣ 不過一人之長이요 民居ㅣ 不過四百戶로 되猶

能守數十年하니 今日之計는 必無所慮요 但後世에 綱紀緩弛하

야邊將이 非其人이 是可慮也라 雖然이나 治亂이 相爲消長하야

無百世之遠은 理之常이니 至于季世하야 破敗之罪ㅣ豈特邊境
而已哉아 亦不足論也오 小小冦攘을 雖不可永絕이나 大段之罪
난 勢不能爲니 何者오 嫌眞之人이 本不多也로되 其居ㅣ與本國
으로 不過六七日之程이라 且必聞婆猪之事하리니 豈不寒心이
리오 만은 亦無所慮也라 予亦以爲庚寅之變에 諸議臣이 或曰孔
州는 四散之地也라 防成極難하니 不如革罷之爲愈也라하고 或
曰 境內數百里之地를 棄而與之夷狄이 可乎아 必相率而入處突
리라하니 太宗曰 疆域之內에 夷狄이 居之는 固不可也라 隨即蹢
之니 何患乎리오 於是에 從革罷之議러니 其後에 風聞大明이欲
建衛於孔州之地하니 朝議大驚하야 即復慶源於富居하니 以此
言之면 太宗之不棄其地明矣라 近年以來로 兀良哈數百戶ㅣ駿
駿入於孔州等處하니 予欲黜之하야 議諸大臣한대 皆曰野人을

不可強驅요因存而撫之可也라하니議臣之言이如此하니其於

太宗隆卽黜之意에何如오不過數十年에野人之居ㅣ必復突

리라近又有張內官이嘗於孔州等處하고留連過冬하야打捕海

靑土豹面歸하니繼而幹木河에無酋長突라往者風聞之言이如

彼하고今日張內官幹木河之事ㅣ又如此하니威制野人과打捕

海靑은朝廷之所欲也라若或欲乘其無酋長之際하야置術於此

하고以威野人하며以捕海靑則我國이旣已棄之하니又何辭而

請乎아機會를不可失之言이甚合我意로다若曰太宗不用之策

을今不可行也則不然하니太宗卽黜之敎를不能奉行하고但爲

此言이其可乎아況太宗已成之事를今但奉行耳라若曰龍城은

極要害之地라以爲關塞則我可以高枕而臥로되則又不然하니

龍城을以爲寨則野人之居ㅣ亦以龍城으로爲限하고吉州로되

爲寨則野人之居ㅣ亦以吉州로 爲限하야 無有窮極也ㅣ라 況龍
城之南에 入寇之路ㅣ非一二乎아 予之取舍本末에 如此는 卿所知
悉하라 去年九月之事는 非地勢使然이오 鎭將이 非其人所致也
니 假言以龍城으로 爲界면 非一夫當關이오 乃四散之地也니 居
民이 必布於野矣리니 如此之事는 難書其必無也니 庚寅之事是
已라 據此而言하면 今日開邊이 其爲上策也ㅣ無疑矣어날 不意
初年大雪하고 次年大疫하야 人口頭畜이 多物故矣오 去年賊變
에 被虜被殺이 亦不少矣라 雖然이나 予意는 以爲成大罪者는 其
初에 必有不諧之事로 되 後日之効는 必可望也而又有可慮之事
故로 書以諭卿하니 今之備賊이 非昔日之比也라 賊不來則已어
니와 來則必千萬爲羣하야 恣行無忌하리니 我軍이 欲但守城뿐
하야 勿與之校則益張盜賊之心하야 後日之患이 無窮矣리니 必

須懲艾하야 沮其後日之心이 筭之上也라 雖然이나 近日出賊雙

者ㅣ 或曰正月 或曰五月 或曰八九月 或曰冰凍時 或曰忽刺溫或

日愁濱江 或曰黑龍江 或曰數千 或曰數萬이라하야 如此紛紜이

無歲無之하니 聽者ㅣ 以爲虛言則固不可也오 以爲實言而不論

四時하고 發兵南道면 不減千數오 又有築城之擧이 二三萬矣더

니 如此不已면 不及十年에 財力이 竭矣오 民力이 殫矣라 怨怒遷

散은 必然之理也니 咸吉一道ㅣ 地窄民小하야 賦役이 素輕하니

深感先王撫恤之政이 至矣盡矣로다 及予之身하야 利益之政이

無聞焉이오 煩擾之事ㅣ 日以多矣니 予甚愧之하고 予甚懼之하

노라 元魏孝文은 雖曰夷狄이나 其仁孝慈詳하야 才備文武하고

德洽化內하니 誠難得之賢主矣라 其言에 曰先祖ㅣ 專事用武하

야 不暇敎化하니 敎化之責은 在於朕身故로 禁胡語胡服하고 遷

都洛陽하야欲其漸革舊俗하야比擬於成康也하니前史美之라

然이나太子勳臣이皆以之不終으로臣民이不安厥居하니自此

以後로曰以襄微라帝每日朕於洛陽에不成이로라帝崩之後에

終於不振而已하니蓋其意必以已之爲로爲蠱善也로되其劾乃

如此하니予每念此에良增兢懼로다前日慶源人金貴男이啓曰

賊徒ㅣ後益至면大城小堡를皆不能守ㅣ必矣라하니以此人之

言으로觀之면四邑之人이心不土著을亦可知矣라四鎭之初建

也에河敬復沈道源이回啓曰李澄玉宋希美言이以如此之兵으

로何難乎懷服이며何畏乎盜賊이리오하고厥後에又聞慶源等

處의士馬精强하야爲東方之最하니將士ㅣ猶恨無用兵之罪라

하고又聞慶源이在富居之時에賊徒ㅣ越江而入하야累日及至

하고我軍이追之에亦不過二三息故로賊이安然而行하야還而

越歸러니今則不然하야還路莫難이라我軍이趨之至江이면賊
之奔敗必矣라하니予深用嘆之하야不以爲虞러니至于今日에하
야自守且不足이온況其得志乎아未建四鎭之前에南道之兵이
赴於富居하니道路近於今日이요軍數小於今日而谷山君延嗣
宗等이猶啓曰赴防之軍이賣馬하고步來者十之八九니非長
策也니하니以今觀之면伺如오況歲有築城之役乎아此予之目
夜祗懼者也로다初建新邑之時에諸臣之議頗有不同은卿所知
也라今也不然하야大臣曰西北之鴨綠과東北之豆滿이孶有輕
重之理乎아建立藩鎭하야以固封疆은義之盡也라其或輕議之
者난皆無識之人也라하니大臣之言則如此矣나然이나予獨以
爲深憂하노라蓋築城을不可緩也요民弊를不可顧也요來作賊
變者를不可謂慮나豈可謂實矣라南道之兵을不可不多發矣而

財盡何衣며粟盡何食이며力盡何爲며逃盡何使오況乎向化異

語之人이多預徑役하니尤宜憐恤이라予每每思之에無計奈何

하니予深居九重하야道內之事도遙度而已요未詳其悉也니卿

於如此之事에熟慮久矣라四鎭之雄이將有效乎아民之財力이

將必盡乎아民之怨望이日益盛乎아四鎭民心이將有安乎아野

人之變이終有攘乎아昔日道內愚民이虛張浮言하야以驚人心

者ㅣ非一이오近日之事ㅣ大於前하고民勞於前하니予尤以爲

慮노니今必無此事乎아商度하야以密啓하라

教諭咸鏡道巡邊使李浚慶書　李朝明宗時

王若曰夫居安慮危는所以備倉卒之變이오設險守固는所以壯

悍衛之規니廟筭은宜定於平時오邊事는蓋難於逾度이라洪惟

國家三面受敵이나百年昇平而關北一道舊爲氈裘之鄕하고迪

近豺狼之窟하니 築者尹瓘之所懷拓과 宗瑞之所經營이 可嗣討

固萬余이오 智無遺筭이라하다

墮配靖北祠祭文　憲宗十年甲辰　義陵奉事尹夫渟作

天賦純剛하고 地位堅確이라 敦詩說禮하고 無萬式百이라

一紀여 城方三載하고 奠厥民居하니 波晏北海라 時有野

侵潃我圍어늘 不可武競이니 王曰往汝하라 北按面下하

疆界하니 不咸片石이 那堪共誅리오 先春烏喇와 郵讖陽

周千里 我川我山이라 地非不美언만 以此虜塵이라 劃鴻

하야 爲安斯民이라 道常割記하니 誤哉不武오 金城半幅

外府라 不勞天兵하고 山高水潚하니 邪岐舊疆이 萬世太

歷事四朝에 脂膊柱石이오 思實星月하니 可托六尺이라

廟하니 左右北宸이라 尺椎無眼하야 遽至成仁하니 怳比

오迹先露梁이라人有乘弊어늘孰不嗟傷가聖朝雪寃하사思翼
贈諡라閔老按簡하야俎豆鍾地로다戎服將邊하니恐虧儀文이
오若或見之면懷愴高蓑이라仰公大勳하니不下待中이오太守
曰噫라士林齊同이로다道章一宮하니精靈是其이오瞻慕有感
하니功義並頌

復建後奉安祝文　　光武五年辛丑八月六日

詩書命帥오山嶽毓精이라收復旣失하니惟國之楨이로다

靖北祠兩丁祝文

左議政諡忠翼金公伏以青春千城이오白首棟樑이라魏勳貞忠
은亘古彌光이라玆值中丁하야精禋是宜라謹以牲酒庶品으로
式陳明薦하노니以　贈兵曹判書海城君諡莊憲吳公配　侑饗

講武院祝文　鍾城　　老峯閔鼎重作

冠時偉器오蓋世英風이라新驅御戎하니茂績崇功이라

吳蘭蕙公竹帛敎書 〔李□□撰〕

王若曰官雖尊卑나而殉國之忠은無間이오時不過板蕩則殷領
之才를何知리오惟殊勳之皎影이오故顯號之戒揚이라言念玆
竪之狼獄에遽見宗祧之播遷이라馴致亂階是誰之咎안대直覬
京闕이乃至於斯오顧逆順之理는辨明하니而向背之理를可見
이라天寶助宋하고人皆爲劉ㄹ다惟爾早懷南圖하고初叅北闕
일새編名行伍하니曾稱投石之豪오拔跡草萊하니已有鳴劍之
志라屬玆傳檄於楡塞하고慨然赴難於關河로다丹心을質神明
하니皎如若日이오赤手로糾義旅하니從者如雲이라至於臨津
之渡兵하고終據鞍覘而作陣할새身先士卒하야六步七步不愆
이오日無兩鋒하니千夫百夫之長이라砲雷震岳하니川堅이爲

之沸搖하고 載霜이 閃空하니 天地爲之排蕩이라 忽迅掃其腥犧

하니 爰蕭淸平都城이라 玆雖帥府之神謀나 抑亦爾輩之死戰인

져 紀庸三等하고 備繪事而跪恩이오 超資一階하고 將物彩而示

賞하노라 肆篆勳爲振武功臣三等하고 圖形乖後하며 超一階爵

하고 其父母妻子도 亦超一階爵하고 無子則甥姪女婿를 加階하

고 嫡長은 世襲하야 不失其錄하고 宥及永世하며 仍賜伴儻四人

과 奴婢七口와 邱史二名과 田畓六十結과 銀子二十兩과 表裏一

段과 內廏馬一匹하노니 至어든 可領也니라 於戱라 予無忘乎顔

沛하노니 甘苦是同이오 爾倍殫其精誠하야 終始勿改어다 勒밂

弉面昭典이오 誓山河而敷心하라 故玆敎示하노니 想宜知悉하

라

初喪致祭文 ·仁祖十四年

維崇禎九年歲次丙子十一月癸丑朔二十三日乙亥

國王은 遣臣穩城府使朴嶔弘하야 諭祭于卒前府使奬珝之靈하

노니 惟靈은 生長北鄙하야 早事弓馬라 跡混行間하니 人無知者

러니 名發庭榜하니 始通仕路라 歷官邊堡하고 服勞防戍일새 克

擧乃職하니 頗有譽聲이라 逮夫甲子하야 逆臣稱兵하니 兩鋒夾

過하야 國王荅黃이라 爾時間變하고 膽激勤王할새 誓死主辱하

고 千里從征하니 桓桓武夫오 烈烈忠誠으로 執父戮力하야 破竹

功成하니 策勤進秩이오 帶礪伸盟이라 若汝予嘉하야 曰篤不忘

이라 分符典册하니 地近故鄉이라 恪勤奉公하고 淸白持身하야

及爪解綬하니 遺愛在民이라 云何一疾이 竟至莫愈하야 訃聞子

朝하니 良用傷悲라 葬之以禮하고 遣官致祀하上니 靈其有知어

든 庶幾歆饗하라

靖北祠復設後奉安祝文 光武五年辛丑八月六日

遘适犯日하니大義赴兵이라遠救勤王하야强梗是平이라

靖北祠復建後四位一體奜安祝文 光武五年辛丑八月六日

卓哉二忠이여進蹟一案이러니時步塞屯하야舊址蕪沒이라

方興情이久而彌慟하야秉彛圖墜로嗚徹九閽이라繼斬允合하

나廷議惟均으로縟儀再擧하니廟貌再新이라朝旣穀令여儼然

次第라蕭蕭靈宮에祀事一體로다我將我享하니維牲曁醴라多

士跰濟一偁匄拜稽로다英靈不昧여陟降歆斯하사鑑我悃愊하

며鎭我邦基어다

靖北祠行祭式

祝及諸執事開檻啓方圓盖○學生就門外位〔皆北向西上〕○贊者謁者

贊引入自東門先就階間拜位○北向西上四拜○各就位○贊引

引學生入就位○謁者贊引各引獻官以下就門外位○贊引親

及諸執事入就拜位○北向西上○祝以下學生皆四拜○祝及諸

執事詣盥洗位○盥手○拭手○各就位○執事者詣爵洗位○洗

爵○拭爵○置於篚○奉詣尊所○置於坫上○謁者引獻官入就

位（西向北上）○謁者進獻官之左白有司謹具請行事○退復位○獻官

皆四拜

行初獻儀

謁者引初獻官詣盥洗位○北向立○搢笏○盥手○拭手○執笏

行初獻禮

○引詣尹文蕭公神位前（謁者云）○引降復位

謁者引初獻官詣文蕭公尊所○西向立○執尊者酌酒○執事者

受酒○引詣文蕭公神位前（謁者云）○引出忠翼公尊所○西向立○

執尊者酌酒○執事二人受酒○引詣金忠翼公神位前（云酹）○引

降復位（亞獻禮終獻禮如行初獻禮）右贊者笏

北向立○跪○搢笏○三上香○奠爐于神位前○執笏○俯伏
興○平身○次詣吳文襄公神位前○跪○搢笏○三上香○奠爐
于神位前○執笏○俯伏○興○平身○次詣金忠翼公神位
前○跪○搢笏○三上香○奠爐于神位前○執笏○俯伏○興
平身○次詣吳簡憲公神位前○跪○搢笏○三上香○奠爐于神
位前○執笏○俯伏○興○平身（執禮云）

行初獻禮

爵獻禮

北向立○跪○搢笏○執事者以爵授獻官○獻官執爵○獻爵
以爵授執事者○奠于神位前○執笏○俯伏○興○少退北向跪

○祝進獻官之左東向跪○讀祝文○俯伏○興○平身○次詣吳

文襄公神位前○跪○摺笏○執事者以爵授獻官○執爵

獻爵○跪○摺笏○執事者以爵授獻官執爵○獻爵○以〔執禮云〕

爵授執事者○奠于神位前○執笏○俯伏○興○平身

○祝進獻官之左東向跪○讀祝文○俯伏○興○平身

憲公神位前○跪○摺笏○執事者以爵授獻官○獻官執

爵○以爵授執事者○奠于神位前○執笏○俯伏○興○〔云云〕

亞獻禮終獻禮如行初獻禮（但無祝）右謁者笏

飲福受胙

執事者詣文蕭公尊所○以爵酌福酒○執事者持爼進減胙肉○

謁者引初獻官升詣飲福位○兩向立○跪○摺笏○執事者持進獻

官之左北向以爵授獻官○獻官受爵○飮卒爵○執事者受虛爵○復於坫○執事者北向以俎授獻官○獻官受俎○以授執事者○執事者受俎降自東階出門○執笏○俯伏○興○平身○引降復位○獻官及學生皆四拜○祝撤籩豆○

謁者引初獻官升西階○北向立○〔贊者立西向〕祝以篚取祝板降自西階焚祝文○謁者進獻官之左白禮畢○引初獻官以下出○〔贊者迴本位〕○祝及諸執事俱復拜位○立定四拜○出○學生以次出○〔贊〕者謁者贊引就拜位○四拜出○掌饌者撤饌而退

靖北祠春秋享陳設圖 同配位

神位

豆二右　　　　　籩二左

籩稻

鹿醢　籩黍　　　鹿脯

菁菹　俎腥豕　　栗黃

燭臺　爵坫 爵坫 爵坫　燭臺

香爐　　　　　香盒

象尊 清酒尊 文廟公所
象尊 清酒尊 忠翼公所

189

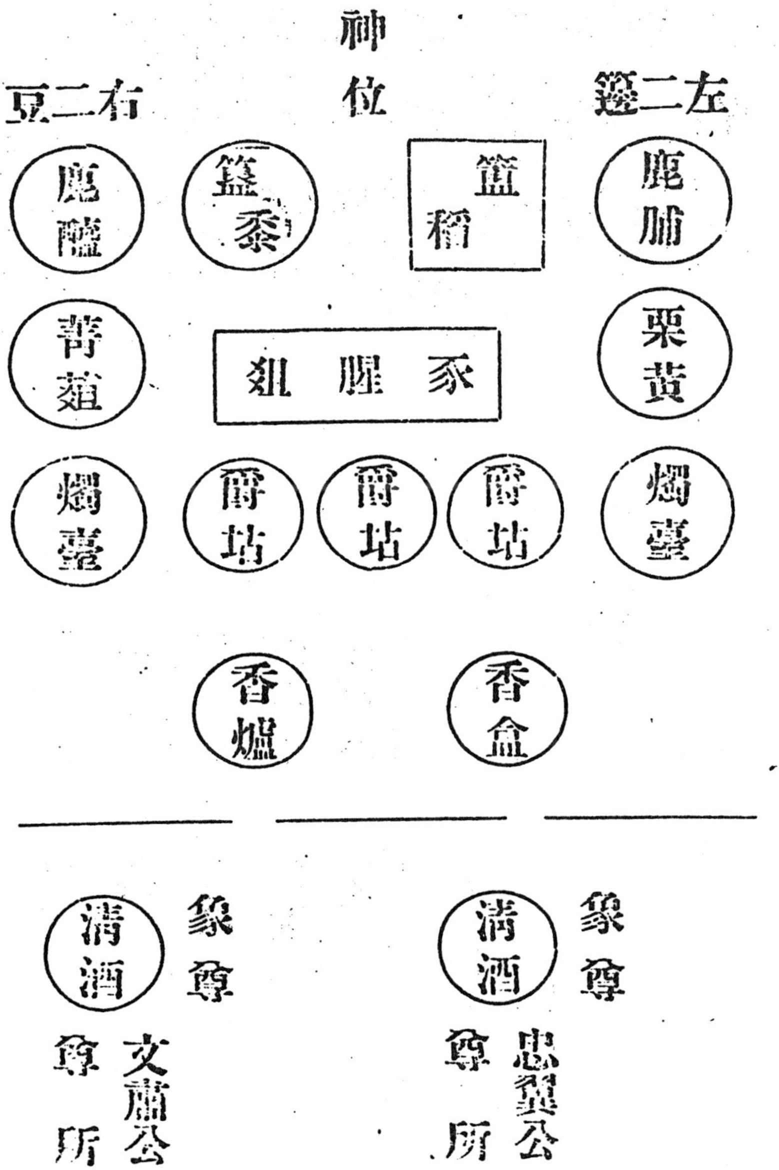

依圖祭用應品式　四位合計

稻米　八升　　酒俗布　二尺
黍米　八升　　祝文紙　二張
酒白米　八升　筆墨　各二柄
黃栗　四升　　洗巾布　二尺五寸
菁菹　四升　　食袱布　二尺
鹿脯　十二條
鹿醢　四塊
黃燭　四封
香　四封
豕腥　二體
眞麵　二升五合

補遺

祭侍中廟祝文　　咸鏡監司體素李春英北巡時

厥初嘖漠無垠之絕域兮여肇自勿吉與挹婁로다紛蜂市蟻聚而
雜處兮여爭奪恠而睢肝하다時緣間而寇壤兮여燼熒至而風驅로
다執鋤刈而開創兮여展三韓之版圖오惟坡岳之高峻兮여實挺
生于文蘭이라當麗運之方盛兮여克左右乎明辟이라虔乘鐵而
專征兮여振天威於沙蹟이라蒸豺狼之醜類兮여競解辨而講服
이라既禽獺而草薙兮여亦貌撫而字育이라變左袵之凶徒兮여
成禮義之美俗이라發先春而登混同兮여代豐碑而記蹟이라
人尙猶致敬兮여儼威靈之如昨云云（金許以下叙）人至今猶永賴兮여
頌前烈而嗚呼로다慨國步之方艱兮여悶四郊之多壘로다
藩臣相繼而就縛兮여亦何有於百二之咸泰가坐令胡酋睥睨而

輕視兮여豈謂國有人고云余奉命而北來兮여聊按轡於狼荒이

다過祠宇於空山兮여蕭瞻拜而彷徨이라啄日酸於開雅兮여緝

遺風兮不可忘이라物有簿而誠切兮여庶來格之洋洋이라靈皇

皇兮騎箕尾하니折旄頭兮射天狼이라蠚雷靈兮洩不平하고泪

泌氣兮報明王이다跪敷袵而陳辭兮여髮衝冠而激昂이라

按李公春英이壬辰亂後에以奉使之臣으로祭于廟宇할새并

祭金相宗瑞許相璟(璟一云)이라하니考據年表則金簡齋는未陞

享前이오許相璟을並祭尹金二公이甚疑訝故로今編入補遺

하야姑俟後日博考君子하노라

靖北祠四賢實記卷之三

靖北祠四賢實記卷之四

附錄

先春嶺定界碑銘　一

先春嶺歌　二

尹文肅公廟碑文　二

元帥臺碑文　七

元帥臺記　七

元帥臺碑閣重修記　八

侍中臺碑文　九

侍中臺碑閣重修記　十

將士臺碑文　十

將士臺記　十一

將士臺重修記 十二

尙書臺銘 並熊潭銘 十三

靖北祠遺墟碑文 十三

萬賴祠廟碑文 十四

坡州儒生辛師魯李集秀等請建尹文肅公書院疏 十四

尹文肅公墓誌銘 誌文異 十六

吳文襄公墓誌文 並銘 十七

金忠翼公紀績追慕碑文 十九

吳肅憲公尙烈祠紀功文 十九

吳肅憲公影堂記 二十

養賢堂事實 二十一

養賢堂接需劃付諸公頌德碑 二十二

諸賢贊慕詩

先春嶺詩 九首 ………………………………… 二十三

元帥臺詩 五首 ………………………………… 二十四

侍中臺詩 五首 ………………………………… 二十五

尚書臺詩 二首 ………………………………… 二十六

追慕金忠翼公詩 三首 ………………………… 二十六

卷之五

附錄 記、序、文

文蕭公廟宇重修記 …………………………… 二十七

與惠祠記實 …………………………………… 二十八

養賢堂重修記 ………………………………… 三十

靖北祠復建記 四通 …………………………… 三十

謁侍中廟序　三十八

靖北祠改建序　二通　三十九

文蕭公祠宇改建上樑文　四十三

靖北樓上樑文　四十五

靖北祠宇復建上樑文　二通　四十七

養賢堂上樑文　二通　五十

萬賴祠上樑文　五十三

卷之六

靖北祠復建顛末　五十五

咸鏡北道十州儒生呈經畧使魚允中儒狀　五十七

呈按廉使金宗漢儒狀　五十九

吳按覈使李南珪儒狀　五十九

呈平理院長曹潤承請願書　五十九

呈警務使請願書　六十

呈議政大臣請願書　六十

疏

呈平理院裁判所長請願書　六十一

呈掌禮院卿李胄榮請願書　六十二

呈內部大臣李乾夏請願書　六十三

靖北祠重建時通文　六十三

靖北祠四賢實記編纂時十州通告文　六十五

關北沿革總論　六十六

關北客誌　六十七

跋　七十二

靖北祠四賢實記卷之六目錄終

靖北祠四賢實記卷之四

　附錄

遺躅碑誌銘　諸賢贊慕詩

先春嶺定界碑銘〔此碑今作滿洲吉林省延吉縣公署內而只有戊子二字〕

永世로다歲徐五百에子孫跡美라勒石彩先하니煌彼大字로다

光天大筆로銘曰文武維尹이여杜石子麗라功樹北邊하니德流

按慶源邑誌호니縣城北九十里여有石城하니名曰於羅站이

오其北三十里여有盧乙孫站하고其北六十里여有留善站하

고其東北七十里여有土城古基하니即巨陽城이니城內여有

兩石柱에懸鐘이라鐘이高三尺이오圍四尺餘러니昔에慶源

人康成者一碎其鐘하야用九馬駄來할새纔十分之一이라從

者三十餘人이並皆死하고遺鐵草中이러니久後人不覺其하

다此城은寇尹瓘所築이오兩距先春嶺이六十里地라하다

按鍾城邑誌호니公嶮鎭은自富嶺鎭으로渡豆滿江하야踰古法羅耳하고歷吾弄站하야至蘇下江이면江邊에有公嶮鎭古基하니南隣貝州하고北接堅太라하다

東史에云尹瓘이拓地于此하야築公嶮鎭하고立碑爲界하니先春嶺은在鍾城豆滿江西北七百里라尹瓘이拓地至此하야築公嶮鎭하고遂立碑于此嶺上하고刻曰高麗之境이라하다碑之四面에皆有識러니胡人이剗去라後人이掘其根하니只有高麗之境四字러라

龍飛御天歌에云拒陽城은西距先春嶺이六十里니是尹瓘所築而南距鍾城이二百里니疑是黑水部로爲界라하다〔唐初에黑水에有熟靺鞨粟末靺鞨皆附于高麗其後黑水部靺鞨爲熟女眞〕

慶源郡廳軒에揭金鶴峯誠一詩하니其詩中에曰碑成沒字橫

森嶺이오 鍾作五陽이라하다

尹文蕭公이 石梁雲棧에 崎嶇北伐하야 拓盡數千里之地 三百里 하고 堅碑耀武하니 功則大矣어늘 而卒聽讒毀하고 斥而
不用하며 終爲敵誘하야 還與九城하니 可謂浪費兵力이오 授
賊以丸也라 若使文蕭으로 因其得勝之勢하야 按而有之하고
以襲朝廷之風化런들 則可享至今之利而失此機會하야 終爲
彼土하니 惜哉라 蕭宗己丑三十七年 清聖祖康熙 四十八이 에 淸이 遣烏
喇總官穆克登于北道하야 定兩國境界할새 我國은 以朴權으
로 爲定界使하야 同爲立標에 我國人이 不爭而退하니 於是여
失其舊有之土라 文蕭은 能拓未拓之土하고 而後人은 坐失旣
拓之土하니 良可慨也로다

踊盖馬句 築不戒하고 築九城驀白巖이로다 先春嶺北海底

에 南望北斗何迢遞오 將軍이 鐫斫石하니 石破碑千世로다 金德

兵意不愜하고 崔平章謗盈篋이라 空然費力公嶮嶺하야 斂手還

他舊城牒이로다 弓漢嶺西少人到하니 南民北去無回道라 誰哉

更見鈴平碑오 宰見穆登疆堡라

尹文肅公廟碑文〈今在踊北院位 室內墻少西〉 景宗元年

公의 姓은 尹이오 諱는 瓘이오 字는 同玄이니 坡平人이라 高祖는

莘達이니 佐高麗太祖하야 爲三韓功臣하고 父는 執衡이니 檢校

少府少監이라 公이 文宗時에 登文科魁하샤 歷拾遺補闕하고 蕭

宗時여 累遷東宮하고 官御史大夫와 吏部尙書와 翰林學士承旨

하다 女眞은 本靺鞨의 遺種이니 隋唐間에 爲高句麗所幷이라가

後에 聚落이 散居山谷하야 未有統一이러니 蕭宗七年에 女眞이

來屯定州어늘王이命林幹하야徃擊之러니敗績이라女眞이乘
勝하야殺掠無算이어늘乃以公으로代幹하야爲東北面行營都
統하고授鈇鉞遣之하다公이與戰하야斬三十餘級이나我軍이
陷沒하야死傷이過半이오軍勢不振이라遂講和而還하니라旣
遷叅知政事와判尙書와刑部事하고兼太子賓客하다奏曰臣이
觀賊勢호니偏限難測이라宜依徒義士하야以待後日이오且臣
之所以敗者는賊騎我步로不可敵也니라하고於是여建議하야始
立別武班할새自文武散官遣行으로至于商賈僕隸와及州府郡縣
히凡有馬者를爲神騎라하고無馬者를爲神步라하야跳盪梗弓
하며精弩發火等軍과與諸鎭府軍人을四時訓鍊케하고又選有
徒하야爲降魔軍하고遂鍊兵習戰하야以圖再擧할새雞林佐事
邢冏平章事하다容宗이卽位하사以圖恢復으로來迪罔備리니

에 邊將이 報하되 女眞이 侵突邊境이라 하니 乃以公으로 爲行營
大元帥하고 知樞密院事翰林學士承旨 吳延寵으로 副之하다 公
이 奏하되 臣이 嘗奉密旨하고 今에 又承嚴諭하니 敢不竭
軍하야 破賊壘하며 拓我疆土하야 以雪國恥릿가 王이 幸西京하
야 御威鳳樓하시고 賜鈇鉞遣之하다 公이 至東界하야 屯
兵于長春驛하니 凡十七萬이라 號를 二十萬이라 하고 分遣崔弘正黃君
裳하야 入定長二州하야 誘女眞酋長하야 擒殺殆盡하고 公은 自
以五萬三千人으로 出定州大和門하고 中軍左僕射金漢忠은 出
安陸戍하고 左軍左常侍文冠은 出定州弘化門하고 右軍兵部尙
書金德珍은 出宣德鎭安海하야 拒防兩戍之間하고 船兵別監梁
惟悰과 鄭崇用과 甄應圖는 以船兵으로 出道鱗浦하다 公이 過大
乃巴只村할새 女眞이 見軍勢甚盛하고 皆遁走러라 至文乃泥村

하니賊이入保冬音城이어늘公이遣兵馬鈐轄林彦과與弘正과하
야率精銳하야急攻破走之하다左軍이到石城下하니賊이入城
拒戰이어늘錄事拓俊京이突入賊中하야擊殺酋長數人하니公
麾下與左軍이合擊大破之하고又遣弘正과金富弼과李俊陽하
야擊伊位洞賊할새逆戰克之하야斬一千二百級하고中軍은斬
三百八十級하고虜二百三十八人하고右軍은斬二百九十級하고
虜三百人하고左軍은斬九百五十級하고公軍은自大乃巴只로
斬二千一百二十級하고虜五百人하다遣錄事兪瑩若하야告捷
하니王이命左副承旨兵部郎中沈侯와內侍刑部員外郎韓皦如
하야賜詔하야獎諭兩元帥와及諸將하되賜物을有差케하다公
이又分遣諸將하야盡定地界할새東至火串嶺하고北至弓漢伊
嶺하고西至蒙羅骨嶺하니라又遣月官崔資顯하야相地하고築

城廊於蒙羅嶺下하야 號를英州라하고築火串嶺下하야 號를雄
州라하고築吳林金村하야 號를福州라하고築弓溪伊村하야 號
를吉州라하고又創護國仁王鎭東普濟二寺於英州城中하다明
年에公이與延寵으로率精兵八千하고出加漢村의瓶項小路라
가賊이設伏急擊之하니軍이皆潰라賊이圍公等數重이러니俊
京弘正冠珍이引兵來救하니賊이解圍而走어늘追斬三十六級
한대曾長阿老喚等四百二人은詣陣前請降하고男女一千四百
六十餘人이又降于左軍하다公이又城英福雄吉咸州와及公嶮
鎭하고遂立碑于公嶮하야以爲界하고遣子彥純하야奉表稱賀
하니王이遣內侍하야賜羊酒하다公이又使林彥으로記其事하
야書于英州廳壁하고公이獻俘三百四十六口와馬九十六匹과
牛三百餘頭하다城宜州하고通泰平戎二鎭과與咸英雄吉福州

公嶮鎭으로 爲北界九城하야 皆徙南界民以實之하니 王이拜公

推忠佐理平戎拓地鎭國功臣門下侍中判尚書吏部事知軍國重

事하고 延寵은 協謀同德致遠功臣尚書左僕射叅知政事하고 遣

韓皦如하야 齎詔書告身과 及紫繡鞍具인 廐馬二匹하야 分賜之

하다 凱還할새 王이命具鼓吹軍衛하야 以迎之하되 遣帶方侯佶

와 齊安侯偦하야 勞宴於東郊하다 公이與延寵으로 詣景靈殿하

야 納鈇鉞하니 王이御文德殿하샤 引見하고 問邊事하야 入夜乃

罷하다 未幾에 女眞이又圍雄州어늘 王이 遣延寵救之라가 復遣

公征之하니 公이獻馘三十一級하다 尋에 封公鈴平縣開國伯하

고 食邑二千五百戶하되 食實은 封三百戶러라 加延寵攘寇鎭國

功臣號하다 又明年에 女眞이 闢吉州어늘 延寵이與戰大敗타 王

이又遣公救之할새 勒兵赴吉州하니 女眞이 請和하되 願以官人

으로交質이어늘 公이 以孔沃李管仲異覽等으로 爲質하다 女眞
이 旣失窟穴이라 請還九城하고 誓欲報復하야 乃引還地築附하
야 連歲來爭하니 我兵이 喪失者ㅣ亦多오 且拓地太廣하고 九城
이 相去遼遠하고 谿洞이 荒深하야 賊屢設伏抄掠하니 國家ㅣ關
兵多端하야 中外騷擾하고 加以飢饉疾疫으로 怨咨遂興이라 王
이 集群臣議之하야 竟以九城으로 還女眞하고 輸戰具資粮于內
地하고 撤其城하니 平章事崔弘嗣金景庸과 叅知政事任懿와 樞
密院使李瑋極論公과延寵의 敗軍之罪하니 王이 遣承宣沈侯於
中路하야 收其鈇鉞한대 公等이 不得復命하고 歸私第러니 臺臣
臺諫은 請治其罪하고 諫臣金緣李載等은 至請下吏하되 王이 命
沈侯하야 宣論曰 兩元帥는 奉命行兵이라 白古로 戰有勝敗하니
豈爲罪哉리오 緣等이 爭不已어늘 王이 不得已하야 止焉하고

創功臣號라가尋拜公守太保門下侍中判兵部事上柱國監修國史하니公이上表辭어늘不允曰卿之伐女眞은受先考之遺旨하고軆寡人之遑事이오身冒鋒鏑하고深入賊壘하야斬馘俘虜를不可勝計오而闢百里之地하야築九州之城은以雪國家之羞恥니則卿之功이可謂多矣라然夷狄은人面獸心이니叛服不常이오厥有餘醜하니無所依處라故酋長이納降請和하니群臣이以爲便이어늘朕亦不忍하야遂還其地러니有司는守法이라願有論劾하야遽棄其職이나朕이終不以卿爲咎노니今에朕之授卿者는抑卿之舊職也니何足以辭리오當體眷懷하야遽就乃職하라公이再表讓하되又不允하다六年에卒하니諡를文敬이라하니라公이少好學하야手不釋卷이러니及爲將相하야雖在軍中이라도常以五經自隨하고好賢樂善이冠於一時러라仁宗

八年에配享宗廟庭하고避綏陵諱하야改諡文肅이라하다 子

彦仁은閤門祗侯오彦純은南原府使오彦嚴은祝髮하고天資高雅하고好賓客하고官至守司空하고彦植은政堂文學判戶兵刑部事上柱國이오賜金魚袋하다致仕하고諡는文康公이오彦頤는聰悟過人하고善辭令하야仁宗朝에爲尙衣奉御하다我朝하야尤大昌하고誕降王妃至於四位하샤瓜瓞綿延하야公之子孫이繁衍하고卿相이代出하되而彦頤之派最多하야入繼繩承이式至于今日하시니於休盛哉샷다嗚呼라公之勤勞ㅣ最著於北征故로北路遺蹟이甚多하야而鏡城에有廟宇하니邑人所建也라世之相後ㅣ五百有餘年이로대而春秋事祀를至今固缺하니威德之入人深을此亦可見이오若其北征時事實은詳載東史와及興地誌하니此可以不朽로대而等遺墓는在坡州分

水院이나 而無碑誌文字의 可傳者하니 此爲後孫之歎恨이로

다 不肯適泰按本道할새 立石廟傍하야 前刻尹文蕭公廟碑六字

하고 取本傳及麗史하야 畧加刪節하야 刻之於三面이로니 廬變

覽者는 因此하야 得其大器爾리라 廟在鏡城府西三里許하니 配

以吳公延寵하고 府東南六里許에 又有臺하니 公이 凱還時여 犒

師于此로 後人이 因名以元帥하고 又北靑府에 有侍中臺하니 公

이 嘗發臨이러니 而亦後人이 名之云하니라

元帥臺碑文 在鏡城東南六里許

崇禎紀元後九十四年辛丑孟冬尹文蕭公二十二世孫資憲大夫

行咸鏡道觀察使兼兵馬水軍節度使都巡察使咸興府尹憲柱謹

撰書

高麗尹文蕭公이 以行營大元帥로 巡撫女眞하고 凱還時여 登臨

于此하야犒賞將士하니後人이因以元帥臺로名焉하다銘曰功

蓋海東하고威振漢北이라千仞高臺여萬古遺蹟이로다

崇禎九十四年辛丑季秋尹文蕭公二十二世孫憲柱書

元帥臺記

從古禦戎이無上策하야以周室之隆焉으로도只止禁過使掠

하고固我邊圉而已오漢家之盛焉으로도而費師竭財하야直搗

巢穴하며矯龍城之績하고勒燕然之石이로대而弱附強叛하야

竟爲中國患故로古人이有言曰周得中策하고漢得下策이라하

더니粵在麗朝하야女眞이以鞨遺種으로因其微弱하야雖或

內附나乍臣乍叛하야擾攘邊鄙非一朝一夕之故러니自文宗時

로漸肆倔強하야狼貪犬猘하니關以北이駸駸然爲罷裳所據하

야而不可制矣러니猗我先祖文蕭尹公이以文武之全才로貞將

相之宿望하고 慨然以經濟自任하야 使鐵鉞統三軍하고 深入不測하야 躬冒鋒鏑하고 掃盪百年之蟠結하며 開拓一方之淪棄하야 遂令醜酋로 撤壘하고 定界築石하야 快雪前王之深恥하고 範成嗣君之逃事하니 其豊功偉烈이 奚翅爲當世之榮耀而已哉아 式至我聖朝하야 驅土鑿窩하며 民安厥居하야 乘五百年間에 遂烽息警하고 六鎭晏如하니 以此論之컨대 禦戎上策을 公이 享於有天之後歟ㄴ저 然則銘鼎竹帛하고 爭光日月而其食報之興이 又將與天壤으로 悠久而不之斃矣라 惟上帝ㅣ 俾爾昌熾하샤 子孫繁衍하고 將相世出이로다 雖以余之無似로 不足以髮號繩武로 대厥侗棡鈙하야 翺翔乎南北之間者ㅣ 뵙甫爾也미오 余資賴는 倚彼世德而然已矣라 北靑府에 有侍中臺하니 公이 行嘗大元帥로 征羯之路에 嘗休軍于此故로 州人이 因以名焉하니

侍中은公之寶卿也라裔孫靈杜ㅣ按道時여以侍中露三字로碑
而識之하고雉城西三里地여有靖北祠하니後人이食其功而慕
其德하야炎靈享祀之所也라松杉은芬欝然如守하고峯巒은騰
踔而如挄焉이오城之東南六里許에有元帥壘하니卽公旋凱犒
師之處也라一麓이伏野하고行脈이斗起渤口하니其頂이平而
固하고窿而傲하야可以坐數十百人이오臺上에竪碑閣而護之
而刻以元帥壘三大字하니風雨不磨오螭龜如新이라所謂天書
雲篆이歷萬古而不泯者ㅣ非耶아余於莅玆後에栽數宿하고祗
謁廟宇할새攀慕遺躅하니況若英靈臨只오咳唏是承이러니次
詣元帥臺하야泰審碑閣하고周察基址할새審請宗人晉州士民
이精草而坐하고詞及當時여殲賊凱還駐節饗士之簡今流傳者
하니夫夫가願詳之를歷陳如昨日事하니嗚呼異哉ㅣ저何其然

也오 所以無是利澤이 汝人菁溪하야 父詔其子하고 兄告其弟하야 自有永世不可諼而然歟아 噫라 余以鹵姿로 生晚于世하야 來曾講究先烈之萬一이러니 而今茲土之來여 益知其所不知하고 益聞其所不聞하니 緬昔撫今에 是旴與感일새 敬爲闡揚之義하야 以備我子孫觀瞻爲去初로다

文蕭公後孫簡度使尹等風謹譔

元帥臺碑閣重修記

鏡之城南距五里許에 有碑元하니 曰元帥臺라 我先祖文蕭公紀蹟碑在焉하야 閣以庇하고 墻以環하니 閱幾百年이 如一日이라 公이 於勝國時여 以大元帥로 闢拓하야 至先春嶺하니 功蓋海東하고 威振漠北이라 國史와 簽薨에 炳然昭載하니 公之德은 有非一片石으로 所可輕重而有所明必不可以無記오 有龍閘文不

可以無碑也라公之後ㅣ大繁昌하야在在處에爲雲爲仍하야
或貴而簪纓焉하며或竄而下焉하니譬如一木之枝葉이
瘁하되其根則同也라吾宗一派之流落北土者ㅣ擧皆貧
倘從事儒業者ㅣ多하니此亦公之德所種也라北之人이
德하야尊倘之하며愛慕之하야以至婦人孺子히而靡然
ㅣ어든況爲公之後하얀而追遠報本之心이當如何哉아
浸後에旁剝上漏하고碑上之蓋ㅣ有以墮傷하야見之者ㅣ莫不指
點而嗟歎하니斯乃吾宗中先尊之不可緩也ㅣ라於是여召石工
計는直先從鏡始할새文通莅會ㅣ二三邑하야聚族而出力焉하니
是役也에並閣而重修하고改甃墻而護之하고棬栖之朽橈者를
易之하고赤白之漫漶不鮮者를新之하며蓋瓦級甊之缺者를補
之하야母修前規하고母廢後觀하야功告訖而落之할새屬余爲

記하니 余之糜鎭紋이 適時也라 執筆而言曰吾祖之德之烈이與

此石而不泐則是閣之隨毀隨補를 亦與世世萬子孫而勿替하라

하니 諸宗曰諾하다

高宗十五年戊寅維夏 二十五世孫成鎭謹記

徃在甲申에 余先君奉事公이 與城津節制使宗人永培로 共

議建閣矣러니 是歲여 偶有此事하니 不佇一感古慕先하야

文通諸宗하야 鳩財董工而亟修焉하노라

二十五世孫鳳柱謹書

侍中臺碑文　　在北靑鞍嶺

維我先祖文簡公은 坡平尹이니 公의 諱는 瓘이오 字는 同玄이라

高麗文宗朝에 登文科壯元하고 睿宗時에 以門下侍中으로 爲行

營大元帥하야 征討靺鞨할새 時嘗登臨于此러니 後人이 因以侍

中으로 名焉하고 鏡城府에 有元帥臺하니 亦因公而名也라 後五

百有五十五年에 不得一忝按本道할새 立碑于臺上하야 刻侍中

臺三字하고 而若北征時事蹟은 詳載麗史及本傳이오 雜出地誌

傳記等書일새 不復記하고 遂作銘하노니 銘曰 於休我祖여 天降

麗國하샤 出入將相하야 蔚爲柱石이로다 授鉞關外하야 蕩掃女

眞하니 鐵嶺以北에 境土大拓이로다 先春勒碑하야 庸裝歸域하

니 靑海波晏하고 白山烽息이로다 功蓋游東하고 威振漠北이라

金火雖遷이나 尙留遺躅이로다 有臺屹然하야 俯臨陽谷이라 名

以侍中하니 公所登陟이로다 松杉鬱蒼도 人猶愛惜이온 不竹巡

過애 感慕靡極이로다 堅玆片石하야 三字大刻하니 千秋萬代여

過者必式이로다

景宗元年辛丑孟秋二十二世孫資憲大夫行咸鏡道觀察使兼兵

馬水軍節度使都巡察使咸興府尹憲柱謹撰書

侍中臺碑閣重修記

禮에日先祖有美而弗知는不明也오知而弗傳는不仁也니惟我

先祖文肅公이在麗朝하야平北偉烈이式至于今은雖童孺라도

皆知니固不待後孫之稱揚而傳之也라然而峴首片石은尙寓後

人之思은則公所駐節之地여子孫之來官于此者ㅣ卽事與感而

思所以表顯之는亦人情之所不能已也라靑海之侍中臺는相傳

謂公征北時所登臨이니與端之將士臺와鏡之元帥臺로並稱이

오而鏡에又有公之廟宇하니公之後孫重臣憲柱ㅣ按節北路時

여立碑于鏡之廟庭하고又竪石菁之露하야大書侍中臺三字而

銘而識之하고閣以葆焉이러니今余ㅣ亦以公之裔孫으로最不

肖나猥霑國恩하야使鉞玆土할새瞻仰顯刻하고彷徨怵惕하야

慨還躅之無徵이오懼先烈之有忝이라顧藏碑之閣이歲久傾頹

어늘卽命工葺而新之하니丹雘改觀이라韓碑所稱堅嶠之後에

達夫廓之云者를雖不敢比擬나而其進遠顯美之義는一也니倘

不至如禮所云不明不仁之歸也歟아繼此而毀壞修治하야碑斯

石之永壽其傳을有望於後來吾宗人之官于此者云이라

哲宗十一年庚申仲春咸鏡道兵馬節度使尹義儉謹記

將士臺碑文　在端川

此는我先祖文蕭公이北征時古蹟碑也라公의姓은尹이오諱는

瓘이니高麗睿宗朝에以門下侍中으로爲行營大元帥하야開拓

六鎭한豊功偉烈이俱在麗史하야照人耳目하니於休盛哉ㄴ져

讃蹟之在於關北者는鏡城에有院宇及元帥露하고北靑에有侍

中臺하고端川에有將士臺하니端之臺也ㅣ卽此也니遂以將士

로名은 蓋以犒饋士卒而稱焉者也ㅣ라 舊有碑하야 以表遺蹟이

러니 後爲愚民輩의 犯葬하야 亦湮沒矣라 我尹之在北者ㅣ適告

京宗하고 將欲訟官이러니 適宗人前府使永培ㅣ在北關任所하

야別定有司하고 與鄕中諸宗人으로 訟于營邑하야 掘其犯塚하

니 於是여 端之宗人이 鳩財代石하야 復堅遺址하야 以爲永久之

圖하니 主其事者는 府使永培와 端川宗人尙鉉大明과 咸興宗人

昌壽德烈이니 以不佞之忝在都有司로 送昌壽하야 來告하니 誰

叙顚末하야 而俾刻焉하고 系之以銘曰 猗我先祖여 在麗緯降하

샤才兼文武하고 出將入相이로다 授鉞靑冥하야 栟瀡女眞하니

威拓六鎭이오 功蓋三韓이로다 瞻彼福州하니 有鬱葱盺如라 名以

將士하니 犒饋遺址로다 睨嵌羊功과 燕然寶績 는二字 大刻하니

永垂千億이로다

尹文蕭公後孫后曹叅判經筵春秋舘鈴原君行直譜撰書

將士臺記

此는紀我先祖文蕭公北征時事하야仍舊址而立新石者也라有
碑無閣하야殊欠尊敬이라爲人咨嘆—厥惟久矣러니不佇莅此
一似非偶然이로다男自下車之初로已有建閣之意나適値公務
之鞅掌하야雖未遑於私事라도若或今日之荏苒이면恐未進於
後悔일새爰命工師하야載營棟宇하니豈但觀瞻之斯美리오抑
爲風雨之攸除니生晚之歎이倍切은只憑父老之古蒼이오爾展
之墓一窣深은悅若桑梓之舊鄉이라旣蒙裕昆之澤하고庸展報
本之微誠하노니惟我諸宗은式相敬護하야天長地久로傳亞
其傳하라
庚寅四月日文蕭公後孫通政大夫行端川都護府使學大譜識

將士臺重修記

端川府西十里許에有將士臺하니卽我先祖文蕭公이麗朝에行
營大元帥로征討女眞開拓六鎭時여駐軍於此하야犒賞將士之
所也니於乎라文蕭公豐功偉烈이具載史册하야照人耳目於千
載之下하니以若餘裔로何敢贅焉이리오幸忝本邑師儒之長하
야苓玆未幾여居州之宗人相奎ㅣ來余言하되將士臺之碑閣修
葺이年久하야風雨를莫掩하고棟瓦頹圮하야將有不日之虞일
새諸宗이齊發重修之論云矣어늘余ㅣ聞而不覺竦然하고馳往
看審則碑閣이頹圮하야果不爽前聞이라欽歎諸宗之慕義하야
於是乎使宗人相奎로主其事하야不幾日而功告訖하고因卅朓
之儼然하야有追遠之誠矣라諸宗이仍囑余而述其事어늘余雖
韓之品으로所學이蔑如나至於此事하야義不敢辭일새累進

顚末하야以付劂劂焉하고系之以銘하노니曰惟我先祖시여麗
朝文蕭이라三韓偉功이오六鎭咸拓이라遺蹟不渝하니有蹙蹙
然이라凡我諸宗은式相敬遵하고守以勿墜하야永乖後昆하라
高宗十六年己卯十二月下澣尹文蕭公後孫通訓大夫行端川
都護府使咸安錫莘謹識

尙書臺銘　並熊潭銘

屹然斯臺는惟我世守라蔚彼坡山이여種德是茂로다克禋五代하니庶永其後라

五代는文康侍郞으로無所留守故로錄依宋朝程氏하야廟戊戌祀之所에設墻於坡山하다坡山熊潭下累에臨休退遊하야有盡賞之하니文康公이卜築釣遊之地而居人이有名其女眞也라有女妓熊耳가鷲前栽來之러니下及公行에熊妓가枕栽하야投潭而死이라하니後人이愛其節하야名其潭曰熊潭이라하고因爲洞名曰熊洞이라하니라

銘熊潭曰　熊兮熊兮여志決從容이라歷他貞簡하니論因洞名이라

潭淸石老하고花落愈香하니熊兮熊兮여百世流芳이로다

尹文肅公後孫　珪謹撰

靖北祠潰墟碑文

靖北祠는我先祖文肅公公靈之所也라公雖耆績蓍薦로되兩廟

齋金公宗瑞ㅣ實踵其事故로創建公廟하야配以吳公延齡하고

額曰蘆堂이러니其後에公之二十二世孫憲柱ㅣ按節本鎭할새
稍恢拓而改建之하니廊廡庖湢이具焉이라以爲十州多士肄業
之地하고另竪碑記續하다逮炭廟甲辰하야以簡齋는開拓六鎭
하고海城君吳公珣은改築鏡城하고且有适亂之勳이라하야並
配而改額靖北이러니上之戊辰에有不宜輕享之令일새公廟ㅣ
混而與焉이라木主를瘞於祠後할새配享諸公이亦從之하니此
則建撤之實也니余以霎仍으로來于是邦하야瞻拜瘞所하고歷
尋遺址하니已陵夷하야幾不辨이오而僅一碑閣이巋然於天荒
之中하고舊址는已售賣屬他라雖事在旣往이나不勝愴懺하야
爰築墻堺하고壇以綠之하야俾勿踐履하며還買舊址하고定置
守直하야俾勿荒廢케하고誌其藥를如右오至若勳屑하얀炳
如史乘하니何煩贅티오

崇禎紀元後五丙子季秋文蕭公二十八世孫本府判官琓謹書

萬賴祠廟碑文　載靖北祠廟碑文者는不豋

上畧　端川山城道德寺는亦公鍊兵之地니舊有影幀이러니歲久儀襲이라靑海諸宗이聞而興感하야議欲移奉할새坡平後孫北靑守滋高과利原守命五一時莅兩郡하야幹其事하니闔境常前一協助之하야歲丁酉에請于掌禮院하고建祠于宗人所居良家之晩松洞할새經始辦理을士林是賴而遂定享祀之議하고是歲十月十八日에奉陪影幀而還하야遂移安妥享하고名之曰萬賴祠라하니盖萬世永賴之義也라越四年에不肖一適守兹土할새感慕瞻仰而記實之文이尙闕焉하야酪鳩財伐石而豎之하노니噫라世之相後ㅣ八百餘年而後人之追慕享祀를今爲罔缺하니豈止君子之澤이五世而斬而已哉아若其北征實錄은詳載於東

227

史與輿誌하니斯可以徵信而百世不朽也夫ㄴ저

光武庚子閏八月辛酉帶方后孫通訓大夫行北靑郡守憲燮謹撰

書

坡州儒生辛師魯李集秀等請建尹文蕭公書院跪 _{判書金相休代撰}

伏以我東名臣碩輔之有德業功烈者를率皆棟宇而俎豆之하니

稽諸八路에芬苾相望은所以樹風聲於一代하며쯤觀瞻於四方

이니使聖朝聲明之治로得以張皇炫耀而儒風武略之能鼓發而

風動焉者ㅣ功亦不少矣로이다昔周盛時여治法政規ㅣ非不㣥

然俱備而崇獎賢能을尤致意焉하니武王이封微子애曰崇德尙

賢이라하고.周公之戒成王에曰悖宗將禮라하니盖人臣之有德

有功者ㄴ非但禮相酬報ㅣ마其在風勵之道에亦非少補故其니

다且臣等이竊伏見高麗睿宗朝名臣門下侍中文蕭尹瓘호니卽

三韓偉人也라事ㅣ在勝國하야其詳은雖不可得聞而以雜出於史
乘者로觀之컨대有曰自少好學하야雖在軍中이나常以五經自
隨하야手不釋卷하고好賢樂善이冠於一時라하며又有曰承命
撰大覺國師碑而微寓斥佛之意하니由是不惬於時議하야至命
金富軾改撰하고及其進講無逸之篇하얀多所發揮라槪蒙歎賞
하고嘗奉使中朝하야與河南程子로互相唱酬는史筆所載라雖
其簡約이나創此數事而璀之經術學業이豈不得與麗朝名儒之
已躋算祠者로相上下乎잇가至若開拓六鎭하야創置九城하야
는乃吾東方萬世之功也라方女眞이猖獗하야勢甚強大하야
牷我疆土하고殺掠我民物하야靡天以北이幾盡入腥穢之中일
새璀이於是여率十七萬軍하야分道並進하며出奇廣捷하야使
幾萬強虜로奔走喙息於漠外荒莽之地하니北闢一路之保有今

日이 伊誰之爲니고 論瓘之功者ㅣ 只見其震耀於麗朝而不知遺

勳餘烈之與東方으로 相始終하니 良亦可慨니 嗚呼徵諸德善而

旣如彼하고 考諸勳業而又如此로대 獨於崇報之典에 蔑乎無

聞하니 此난 非但擧世之缺欺이라 在國家崇德悼宗之道에도 不

其有欠乎잇가 昔에 我英宗大王이 特起曠世之感하야 賜以恩襯

할새 親撰祭文하야 旣示褒功之意하샤대 兼有曰沙瓘有慶하야

四光譜牒이라하시니 蓋瓘之厚德偉功이 愈久而不泯하야 途至

感發宸衷於屢百年之下而雲章이 焯煌하며 褒襃隆墊하시니 此

足爲今日請祠之兆耳라 或者以爲하되 世代澗遠하야 難保其獲

施라하되 此有不然者하니 如文憲公臣崔冲과 文忠公臣李齊賢

과 仁憲公臣姜邯贊과 壯節公臣申崇謙은 俱是前朝名碩이로대

而各以德業功烈로 獲蒙我朝之腏享하니 如尹瓘者는 可謂功與

德이 並美而獨乃以此爲嫌乎잇가 而況闢國千里하고 畫定疆城
하야 定堵數百年하니 使我聖朝龍潛舊基로 無烟塵之警而得以
潛發其祥則其爲功이 尤豈不有光於我朝而襃崇之興은 當加隆
於勝國이 明矣로소이다 本州坡平山下에 有地名熊潭者는 聞瓘
生長之鄕而杖屨遺蹟과 臺址完然하니 樵蘿蓋叟ㅣ 至今傳說하
야 呼之曰尹侍中臺라하고 山之上에 有走馬臺하고 臺邊에 有遺
馬數枚하야 尙今遺傳하니 此皆北伐時肄習戎事之舊蹟也오
蓁芿之地여 又有衣履之藏而俗所謂轎子塚이 在其前하야 行旅
之過此者ㅣ 莫不指點而起敬焉하니 然則瓘之英魂毅魄이 思必
眷顧於此而建祠妥靈을 烏可已乎잇가 近日에 儒生之以此擧하
로 仰謁者ㅣ 亦願有之而輒被大僚之沮格이라하니 匪
聞知로대 而獨此相牽而博頌者는 誠以前日之見格者ㅣ

享之有禁하며 或緣事體之不輕이로대 而于族臣等所請하야난

則必有立祠之義而無輕享之嫌하니 豈可輕彼之言阻하야 不暴

積欝之公義乎잇가 玆敢裘足上來하야 相率聯籲於禁嚴之下하

오니伏願 殿下난 仰體瞻感之意하시고 俯詢多士積欝之論하

시샤 亟許建祠之請하시고 仍降賜額之寵하야 一以光斯文하며

一以酬魏勤하시면 不勝大幸이와 다臣等은 無任屛營所欝之至

하고 謹昧死以聞하노이다

尹文蕭公墓誌銘　誌文見

君子不器ㅣ古聖有訓이오 文武吉甫여 萬邦爲憲이로다 勝國我

祖여庶幾其人이니 早闡魁科하니 東宮親選이오 翺翔淸要하니

御史內翰이라 專對上都하니 三遇帝春이오 往相南京하니 嘗溶

周官이라 判吏兵刑은 秉筆文垣이오 太保敎冑는 德備道尊이라

中書入考하니醫國蘇民이오侍講前席하니安宴宣醞이라女員

匪荊하야犯葉北關이어늘王讚誓跡하시고. 疇爲庚信가袖手國

恥코大官無言이라公獨慷慨하야萬死自願하니拜相元戎하야

命征受脈이라介冑灑淚하니三軍齊憤이오談笑兵燈하니五經

隨前이라疆拓千里하니功冠三韓이오擬勳藩相하니劍履上殿

이라儲賢狄府에桃李在門이오蹐配閟宮하니綸祀君臣이오

朝崇德하샤義殿同經하니積慶厚陰이自麗而鮮이라本支三派

여門戶八埏이오姪姒四母하시니誕生聖神이삿다伊傅十相하

니永命新天이라赫靈陰相하샤督隱復完하니致醇修筋은河海

猶淺이라銘恩識隧하니期千萬年이로다

按墓誌여云有宋徽宗政和元年高麗睿宗六年辛卯五月八日

己巳에公이以疾로卒于位하니王이驚悼하샤賜諡文敬이라

가後因綏陵諱하야改稱文肅이라하고葬于京畿道坡州汾水

院北艮坐之原하고前土壙에有轎子塚하고靑龍外여有戰馬

塚하다公卒後二十年仁宗庚戌에以公으로配享于睿宗廟庭

하고至 我文宗壬申하야以公으로採躋于崇義殿廡하니라

不肖後孫滋承은謹依狀傳所載하야敬述爲記하노니다

吳文襄公墓誌文　並銘

推忠佐理協謀同德致遠平戎拓地攘寇鎭國功臣上柱國門下侍

中同平章事知軍國重事翰林學士延英殿太學士集賢殿大提學

監修國史副元帥文襄公吳延寵의字는錫年이오海州人이라諱

按호니昔我成宗三年甲申에宋朝學士吳仁裕ㅣ東渡하야籍港

州하고仕國朝할새上이以其知華制로超遷檢校禮部監軍器監

事하다戊子에議務廳할새與侍中李寵選南宮二元淸李允寬으로

奏請建五廟立社稷하고創國子監하니悉遵華制를由而實導라

海東之吳氏於是而始焉하니라生諱周裔하니內庫副使니於公

에爲五世祖오高祖의諱는民政이니文科秘書省監이오曾祖의

諱는扎이니文科太子瞻事러니追封右僕射하고祖의諱는界이

니大悲院錄事로追封吏部尚書하고考의諱는孝純이니知白州

事로追封上柱國門下侍中同平章事하고諡文忠公이라하다妣

는兆興府夫人兆陽趙氏니吏部伺書泳의女라乙未九月丁亥여

生公하니生而弘毅하고普屬文하며有韜畧하고平女眞하야拓

地千餘里하고位躋上相하니嘉猷密勿하야允協貞亮하고魏勳

偉業이卓冠今古오丙申十月一日에卒하니訃聞에命近臣하야

監護喪事하고禮葬金川小南面弘化里酉坐原하니從先兆오命

百官會葬하고遣禮官致祭하니其優禮特殊一勳赫一世러라間

는慶陽府夫人慶州李氏니伺衣直長得堅女라有五男하니長은
潘이니今丞宣이오次는棒이니今僕射오次는克正이니今司正
이오次는正蘭이니今護軍이오次는汗幼라穉의子는綱이니今
學士러라君子樹德애宜其食報無窮이오言行事業은史筆이如
棟하야可以垂光萬代오數錫熾昌者矣리라以爲銘曰天啓我東
하샤乃有此公하니載文載武로邦運興隆이라師川以律하야悉
平女眞하고拓地千里하야定界先春이라內修外攘하니賢相良
將이라德之高美麋極兮여于彼之閭이오路指點而必式兮여窀
爾茂斯巍墻이로다

高麗集賢殿大提學王思昌謹誌

按公之沒이距今八百年之餘에衣履奉藏을無跡可尋으로爲
雲爲仍이不勝追慕하야於楊州眞室面培養洞에特設世德墻

而歲一時祀러니曩於乙丑六月二十九日에後孫昌根甫ㅣ適因壞襲하야發見公墓誌石于長湍郡小南而弘化里之酉原하니卽高麗集賢殿太學士王思昌所識也라於是어翻謄仝誌文하야頒佈于十三道諸宗하고裔孫이因以爭先刊金하야堅매隘道하고以每年十月一日로行歲祀하니卽公之卒日로相符也로다噫라文廟尹公之墓と前尊於坡州之紫陽修院하고文襄吳公之墓는稅得於長湍之小南하니兩元帥英顯獻相이一個相符ㅣ豈料如是之愈久愈不泯耶아於乎休哉ㅣ저今此院誌編修之役에後孫輔㙐甫ㅣ抱誌文而來하야俾陳享蘂頭末하니于公年譜에無憾完修하노라編著醴小識

金忠翼公紀蹟追慕碑文

鍾城行營形校寫識

伏以 節齋公이忠誠在天하고學術蓋世라鎭守是邦할새關𥛙六

鎭하고 境圖於本廟古하고 威振於金女眞하야 使北民으로 咸樂

於祖席之上하고 擧邊圖하야 永措於盤泰之間하니 雄名峻烈과

碩德茂勳이 可以圖之丹靑이오 奉以尸祝而遺祠遍撒하야 爰寀

無所나 慕義合德에 瞻仰羶及일새 乃伐眞珉하야 綴辭黃絹하고

立於祠墟하야 庸賀來世云爾로다 高宗 十二年 七月 一日

吳麓憲公尙烈祠紀功文　明川郡下古面水龍洞塔峴

紀于鼎彛하고 盟以帶礪는 是國家褒尙之典이나 然士林이 不興

崇報之禮면 何以勸後而勵俗耶아與在 仁廟甲子하야 逆适이

擧兵叛하니 勢如風雨라 擁重鎭據雄兵者ㅣ 皆魚駭鳥散이어늘

京城이 震驚하야 上駕ㅣ 幸熊州하니 宗社之憂ㅣ 危於綴旒오 四

方勤王之師ㅣ 環視而莫有先者러니 是時여 關北義士故萬戶慶

州崔公渭와 判官盆山金公秀男과 奉事淸州韓公嗣와 大邱金公

大聲과奉事全州李公景祥이慨然流涕曰主辱臣死는臣之節이

니曷敢不殫誠盡力하야以衛王室이리오하고遂合義勇하야岡

夜疾馳하야與都元帥張公晚과副元帥鄭公忠信과海城君吳公

珀으로邀賊於京城鞍峴之西하야大破之하고斬其魁殲其黨하

니亂遂平이라上이還都하샤命錄振武勳하니皆在盟籍하다嗚

呼라此諸公이苟非平日所學之正所守之確이면惡遽符黃之際

여安能奮發忠義하며辦得大功이如此耶아宜後人之式至今追

慕不已也라昔時여鄕人이建尙烈祠于明川邑傍하고而粗豆之

러니英祖辛酉에因禁令撤享하니士林之痛惜이愈久愈切이라

値今時代變遷하야典章文物이無復存者하니諸賢之巍勳壯節

이恐復泯沒하야一鄕章甫ㅣ亟謀重建할새但舊基無跡可考이

다乃更擇地於郡南下古西水龍洞塔峴之陽하니山川이靈與하

고守護適宜라 洵爲吉地也ㅣ無疑오 較諸邑傍하야 其勝도 且倍

荐어늘 育英齋生이 實笈其事而亦從其本孫之志也라 役始乙丑

三月日하야 以其十月落之하니 棟宇改觀하고 邱闠增彩하니 瞻

聆이 咸爲聳喜로다 噫라 關北人士慕賢尙烈이 固有出適尋常者

하니 由是而豊沛舊鄕之美俗이 尙篤實果毅하고 有所由自不覺

起敬也라 按禮여 曰以勞定國則祀之하고 能禦大患則祀之라하

니 今此塔峴尙烈祠之復起安享이 實有合乎聖人制禮之本意也

로다 明之儒生李昇烈이 跋涉千五百餘里하야 南至京師하야 喝

余以扁楣之文하니 追想當時諸義士立功之蹟하고 尤切噴感일

새 遂叙其事而題之하노라

一 春菴李堈은 題

吳海城君影堂記 _{今在穩郡城永瓦面永谷}

公의 姓은 吳오 諱는 珀이니 生而資性이 方毅하고 稟氣雄豪라

事弓馬하야 名登虎榜하고 歷官邊戍하야 克擧乃職이러니 在

仁廟朝하야 聞李韓之變하고 發憤奮効하야 選領道內武士하고

罔夜奔馳하야 千里勤 王할새 常身先士卒하야 犯及搏戰하야

遂獲元兇하고 不日掃腥하니 上이 爲壯其忠勇하고 嘉其勞功

하사 策勳振武功三等하고 封爲海城君하고 賜田給僕하고 更命

圖像以傳之後하고 又贈刑曹判書兼知義禁府事하니 其建勳之

偉와 蒙恩之隆은 誠龍蛇變後關北初有之事오而 御賜影幀則

初也에 泰安于雄城이라가 次移于明川하고 三遷于三山이러니

今復於此하니 此地는 卽公之五世楸鄕이오 一區楸域而今菴敎

百年之後에 眞像與寘를 始得同安於一處하니 其爲盛[illegible]

善率은 已無可諭오 從今으로 拜 眞影而[illegible]管[illegible]一[illegible]路人字

夫다도均必惕然起敬하야懍變爲非하고奸變爲惡矣리니然則

公像之今此移奉이豈止於吳氏一門之喜也리오其於世敎

에亦大爲幸也라

穩城郡守申泰鎭謹記

按公之年譜則依行狀及本院誌而畧成하고遺文則綴拾於零

餘而未完하고　仁廟朝竹帛敎書及致祭文則搜出於南北裔

孫篋笥하고影堂記則又取於現鋐城倅申公泰鎭私稿하야

成實記一編而其眞像則鋐城吳圭喆穩城吳光默背翰에宗議

未收로未得摹寫라하니編者之責이誠非小矣라然編役이念

年하야始未遂誠하니恨夫라

養賢堂事實

巡察使李公光夏始設養士廳

按肅宗二十七年[淸康熙十年] 乙亥여 公이 始設養士廳於鏡城鄉校

西齋南墻外하고 試取北十州詩賦生十五員이러니 景宗元年

庚子에 監司尹公憲柱ㅣ 尹文蕭公廟前에 建講堂하고 名曰養

賢堂이라하니 即十州養士廳이오 於鄉校則但選取本邑儒生

하다　鏡城誌

養賢堂接需劃付諸公頌德碑

嘉善大夫同知中樞府事前座首崔公鳳至遺惠碑[南墻內今作鏡城校]

按本邑은 十州敎養之所어늘 初無養士之需러니 公이 慨然沒

其君子之風化하야 以自備穀五百石으로 創設接資하니 文士

之培養과 學業之菀興이 自此始之하다[關北誌又節曰所載]

城主張公浴賢士林遺愛碑

銘曰慕義間節　崇德惠學

御史崔公過亭士林遺惠碑

銘曰益千金資　實爲永惠　需十州士　待以興起

接需하다　關北誌

按公이以一千五百包穀으로劃付本堂하야爲十州養士居

兵相趙公元錫士林遺愛碑　關北誌

銘曰尊尙忠賢　愛獎文學

按公이好養士하야純祖甲辰으로至丙午三年開在官時여

崇獎鄉校養士兩接之士러니遞還後에聞其卒하고士民이

會于柳亭而望哭하다　關北誌

觀察使趙公得林多士遺惠碑

銘曰捐五百金　召棠遺愛　養十州儒　峴碑感孚

按公이以經畧使革罷能錢文七百四十一兩으로劃付于本堂

고又錢文二百四十七兩을充于本堂重建時役費하다

北評事趙公宇熙愛士碑

銘曰繼世莅北　士林仰斗　試闈淸選　教養普誘　添需逃

先　付公完後　屹彼貞珉　遺愛悠久

十州教養官尹公　琬愛士碑

銘曰兩年公會　一片冰心　溫其如玉　勒之千金　文翁古

郡　武城淸琴　百世師表　十州上林

嘉善大夫同知中樞府事兼五衛將馬公行逸士林不忘碑

銘曰誠切慕賢　禮勤待士　不念喜施　十州稱美

諸賢贊詩

先春嶺詩　秋江南孝溫

德興當年冠一方　風雷萬里啓封疆　滔天照水投鞭斷　幼

神碑百代光　百世同覽

又

北伯尹趾完
長白胡山入望中　仲秋天氣歲寒同
嬰身痼疾緣明主　江流一帶不相通
奇功挹舊風　碑石千年應尚在
拓地北門鎖鑰　歸殘裔
感古傷今面發紅

又

尹珣
鼻祖東征閒幾年　屢孫持節並長川
先春一片埋苔石　留播威名萬古傳
鍾城誌

又

錦南君鄭忠信
十年征跡鳥飛間　文蔚公碑碧蘚斑
可笑玉門班定遠幾年

又

尹希仁
辛苦乞生還　百世同覽

立石先春閱幾年　至今依舊拓山川　屢孫此到無悲間　奕世威名只後傳　鍾城誌

農巖金昌協

又

憶昔尹侍中　逐胡沙漠匯　揭旌臨瀚海　勒石封高麗　拓土七百里　豆江流南沱　古人嗟已遠　功業亦一時　登高試遠望　裂眦令人悲　何由過江去　一問先春碑　鏡城誌

上仝

又

麗代開邊文蕭公　先春高碣立胡中　古人不作今人恨　邊將誰堪語此功

上仝

又　錦湖林亨秀

醉倚胡床引兜鍪　佳人狎坐受銀箏　陰山獵火歸來曉　氷河釰戟鳴

又　　李廷慶

九城邊邐間無閒　一水如絲界野人　豈是山河爲魏寶　自然

干羽化吾民　錦筵連燭恩何報　鐵馬龍旗寵更新　長恨丁公

心計拙　兵鋒終不過先春　鍾城誌

元帥臺詩

元帥臺前海接天　曾將書釰醉戎氈　陰山八月恒飛雪　時遶

長風落舞筵　鍾城誌

白湖林悌

不是少愁人　鍾城誌

江邊菱兔移新穴　山外奔鯨逐掃塵　見說東胡初合並　將軍

又　　澤堂李植

關河落日獨登臺　尙想元戎洗釰廻　鐵馬長驅窮鳳塞　捷書

又　　申禹相

飛報到龍堆　銅高漢界南夷愕　石老燕山北貢來　風柝不鳴

刀斗臥　將軍無事細傾杯

又　　　　　　　　　　　　　　金鏵

三韓地盡此高臺　元帥何年洗鈒廻　巨海披襟天共碧　白山

回首雲全堆　雁把輕沫蕭蕭去　帆抱斜陽點點來　從事卽今

依草檄　風流未妨數傳盃〔把牢恐誤〕

侍中臺詩

巍然臺址俯層溪　駐馬峯頭雨又冥　南國甘棠猶愛在　聊將

評事尹龜永

片石代丹書

又

道傍有高臺　臺名稱侍中　聞說尹文蕭　拓地平山戎　想應

桐溪鄭蘊

奏凱還　過此聞天慳　英雄得勝地　千古留人觀　碧海波萬

里
青天混一色　汪洋宇宙寬　吐納乾坤窄　日月落簷前
煙雲生硯下　壯觀天下無　岳陽此其亞　危運通一線
青松森萬章　奇勝十分添　化工雕琢良　遠客暫投鞭
假月聊徘徊　適值天氣清　海道無纖埃　白鷗浮泛泛
孤帆去忙忙　余生眼界開　未曾觀漭溟　幸承恩諱命
獲此天遊成　快活最平生　浩蕩開心脾　君恩致此深
直與玆海通　飄思古人烈　飄飄來雄風　迂儒昧兵法
禦戎無策奇　惟思盡心膂　不傷明主知　白日向西流
無端起遠思　信美非吾土　王程且有期　哀猿叫東檻
夜鵲驚棲枝　飄飄無住着　天地空搔頭　僕夫又促行
秦關冰雪稠

百世同覽

侍中臺次清陰金尚憲韻　　八松尹煌

旋節何時駐此邊　小臺遺跡近千年　霞成戰幟浮朝海
霧作

兵塵漲夕天　吾祖壯圖今已矣　殘年末路轉茫然　人寰萬事
眞如幻　我亦從君欲學仙　百世同覽

尹東憲

又

百劫三韓國　將軍獨此臺　何年胡北走　無限海聲來

尚書臺熊潭詩

人事幾回換　殘生今獨來　靑山留古迹　碧水照荒臺　滄浪成文濚　林嶨　上同

晚來合　嚴花春後開　登臨多少意　觸境有餘哀　靜懶齋尹昌烈　上同

尚書臺樹下詩

尚書臺上兩柞木　故老相傳七百年　翠葉翳天因作陰　碧潭

環璧可容船　士林爭慕齊聲後　尺疏方營建院前　南國廿棠

猶勿拜　況余先祖事功賢　上同

追慕金忠翼公詩　朴民獻

節齋承命建州店　英廟褒功降璽書　欲識當年規畫遠　請看

煙火滿村墟　會寧誌

又

胡虜乘虛久冒居　先春舊界在碑書　自從昭代開昌運　疆域

還包箕尾墟　上同　　　朴民獻

又

詩書命帥金宗瑞　勳戚專征尹侍中　還廟卽今難並祀　史家

那得獨襃功　鏡城誌　　　澤堂李稙

靖北祠四賢實記卷之四

靖北祠四寶實記卷之五

記 序 文

文蕭公廟宇重修記　舊本藏在本院

維昔名公巨人이有功德於民이면而民이不忘其遺德하야建祠

妥靈하야以享其土는盖古之義也라我東에關北一帶가久爲蕭

慎渤海之域일새歲被女眞之侵擾하야兵戈相尋으로民不奠居

러니高麗侍中文蕭尹公瓘이以文武全才로出將入相하야卒兇

延寵等諸帥하야掃蕩女眞하고拓地定界하야仍築九城하니寔

宋大觀元年事也라自是로北路一域이歸我版籍하야免爲左衽

之俗하고始有耕鑿之樂하니詢始訖終이追至六七百年之間에

人不識兵革之苦하고俗漸濡禮義之敎則其有功德於民이爲如

何哉리오雄城에古有公祠宇하니盖關北上民이感公遺德하야

尸而視之之所恒也라 歲久頹圮하고 新氓日慢하니 民以是病之러니 崇禎後辛丑에 公之後孫 尹侯吉甫ㅣ 爲北道都巡察使하야 功成治定이라 士民이 齊聲하야 籲請改建廟宇하니 侯廼嘉之하사 捐捄助需하야 因故爲新할새 衆工이 齊赴하야 不多日而作廳이오 又立講堂하야 仍作養士之所하야 敎之行禮하고 侯卽千里하야 爲余記其顚末하니 嗚呼라 昔에 余以文武之選으로 民定一方에 其功德之及民이 愈久而不忘하고 今侯ㅣ一承公之政하야 [illegible] 以謳歌養士之政하니 [illegible] 有是祠有是孫矣로다 昔에 徐偃王이 [illegible]니 其廟ㅣ在於衢州之籠丘러니 唐元和間에 其後孫徐放ㅣ爲刺史하야 易廟而新之하고 爲禱以時하니 歲仍大熟이라 [illegible]이 皆曰耿耿祗哉라하니 與今吉甫로 此事ㅣ一何相符오 吁亦盛

矣哉ㅣ져 吉甫의 名은 憲柱니 有時望하고 朝廷이 方期待할重云

爾니라

是年仲秋崇政大夫原任吏曹判書兼弘文館提學知經筵制敎禁

府事鄭澔識　號丈巖諡文敬

興憲祠記實

蓋自古儒化之行이 不能自行이라 必待人而行이며 人才之興이

不能自興이라 必須時而興하나니 是故로 文翁이 治蜀애 儒化ㅣ

大行하고 韓公이 莅潮애 人材ㅣ 蔚興하니 玆ㅣ 豈非待人而行이

며 須時而興者乎아 惟我北路는 遠在絕域이나 然而麗末賴以來

로 敎導激勸之方이 視內何加厚者는 意非偶然이라 在昔成化ㅣ

亥年間에 李敬憲公繼孫이 按節本道하야 始設長湍會於咸興鄉

校하고 置學田하고 以革羅預原君奴婢로 爲都會之奴婢而令

正月에聚南道十三邑生徒하야試五十八하야居接十二朔하고
北道則以本府鄕校로爲嶺北九邑多士聚會之所하야亦使之居
接講習而自列邑으로每歲여輸納米饌以養之矣러니兵燹之後
에其規ㅣ遂廢라가遂至嘉靖癸亥하야兪公絳과李公後白이相
繼按道하야由長都會而叛設文會堂하고由文會堂而轉成書院
하야奉安孔聖畫像於影閣하고揭朱子遺規於講堂하야遂爲講
生講業之所而其居齋生徒는常以三十人으로爲準하고一年飮
食之費는每使列邑으로取辦焉이러니厥後에或中廢或中興者
는蓋由於一時道主留念之勤不勤也ㅣ어니와北道則因亂一廢
之後에更未復古하니至今百年之間에一方父老子弟ㅣ莫不齎
咨茹恨하야咸以古事之不復見으로爲歎矣러니今我巡相李公
光夏ㅣ當丙丁大無之歲하야竭心荒政도日不暇給而猶未遑不

256

致念于文敎하야 廸於賑事垂畢之日에 多發營中自辦之財用하
야爲道內養士之需而南道則以咸興으로定都會하야試取三十
人하고北道則以本府로定都會而試取十五員하야春秋四朔에
來會肄業하고而供飯之資則以當初自營帖下銀과 船鹽盆等[缺]
收稅之物上自本廳年年取殖하야以爲永久遵行之節目이亦甚
詳明하니一方多士ㅣ莫不欣然皷舞하야蔚然有振作之休하니
公之養士之道ㅣ謂之卓越前輩可也ㅣ로다是時年歲之慘은振
古所無이라哀我民斯ㅣ將無子遺일새公이悉心賑政區劃而爲
請得數萬石하고運穀濟活하니垂死之民命이次骨恩澤은永世
難忘이오加以養士之方이卓冠前古하야使其問學之輩로多有
成就之效어늘自是之後로未過二十年하야能闡大小科者ㅣ一朝
繼輩出하니遂令好武之地로變作偃文之邦이라其爲誘敎之化

一豈在於文翁韓公之下哉아玆以不勝去思之懷하야一道士民

이謀聚物力하야剏建生祠之堂矣러니未及奉安에遽鶴이不返

하니一道之哀痛을猶不堪形言而邦國之不幸을亦可勝歎哉아

意以寫追思之不已하야文廟公廟傍에昔攄生祠之堂하고今

作死祠之宇하니懷德報功이於禮則然이오南道則文院之側에

舊有一字하니李敬憲과韓文翼을先享其中하고以公으로配食

하야儼列東西하니南北士民之議ㅣ不謀而同은有德必報하며

無憾不通之意를千載여可見於此라大抵養士設廳之擧는在於

丁丑之夏하고建祠奉安之儀는行於癸未之冬하니後來之人이

欲考此事顚末則開卷未半하야昭然若昨日事하리니此後에更

有可傳之蹟이어든鱗次而錄之하야使千載盛擧로不至於泯滅

則幸矣리라

歲在己丑夏抄上浣本院掌烏川後人進士鄭時麟書

養賢堂重修記　關北誌

養賢堂之設이其義何居焉고盖以非羣居會友면則無以長育人
才오人才를不成이면則無以振作儒風이오儒風이不興이면則
無以扶植世道故也며建置於尹文蕭公廟傍은其義又何居焉고
盖以非文蕭公平虜之功이면則無此北土矣오無此北人突리니
既無北地오而無其人이면則文敎ㅣ無從而出故也니然則昔人
之設斯堂於斯地者는其所慮後也ㅣ豈不深且遠이며而其所關
繋也ㅣ豈不重且大哉아十州會同하야一方矜式에以棘輇之鄉
으로而爲章甫之地하고以弓馬之俗으로而爲絃誦之風하니蕭
蘆之政과菁莪之化를庶幾復見於後世리니則斯堂之不可無一
日於斯地也ㅣ皦然矣로다呼라堂之設이于今爲百年之舊突니

舊則易於毀敗오毀敗則難於保守者는亦勢固然也라中歲以來
로有志者ㅣ慮其遂墜而不振하야或不無重修補葺之擧오而經
歷日月하야隨而就獎이나至於屋樑이圮傾하고棟橡이腐壞하
고瓦壁이破裂하야不庇風雨하고肆業無所하니此ㅣ嘗非多士
之所慨然者耶아余ㅣ適喬齋長이라具告于主倅韓侯議運한대
韓侯ㅣ爲之動念하야召匠經營하고募民攻役할새圮傾者를理
而嬰之하고腐壞者를易而新之하고破裂者를修而葺之하야月
餘而告訖하니庶可少補於後學獎進之方이오而繼續於昔人設
始之義歟ㅣ저　崇禎後三丁卯朴思修謹記

靖北祠復建記　四通

古之公卿이道德勳業이飛備하고而將入相하며能立某之
功하고遺無窮之澤者는上下百千歲여益未易有之電計功대大則

不見報오澤遠則難知効니間或媢嫉之類ㅣ乃伺隙尋端하야而

因法作咎하며交互遊辭하야浸毁之不已하나니時君이如不覺

則浸潤閒受ㅣ終至於功反爲罪하야旣派汩於當世오且況在後

代之下하야而事遠徵少乎리오惟民은至愚而至神也라故猶未

能有稱焉이로대而易世不忘者ㅣ愈久而愈深則此ㅣ可期于無

窮矣리라은 掃蕩女眞하고拓地築城邦實詳作本傳故로中略不贅

하니功非不爲大오而因國家之終無守하야不以爲報하고屯戍

得撤이나遂疆寧靜하니澤非不多로대而亦爲偶然不自之覺과

야猶不免當時之論罪하고或이曰謂尹瓘는儒將이니臨陣決勝

이非其所長이오而拓俊京이驍武絶倫이라瓘能結以恩信故로

每戰에輒先發奮擊하야破强虜하고闢廣土는皆以俊京之力이오

라하나凡開將用兵이在於謀畧이오豈惟突陣被甲然後에爲可

261

乎리오 然則漢武候之羽扇指揮와 杜元凱之射不穿札도 亦戍儒將無勇으로 爲論之哉아 其入北也에 鴨淵冰雪에 薄產之馬ㅣ로 能馳驅라 公竭心力하야 用作蹄鐵以得金矣어늘 後之論者ㅣ 以爲病於馬라하니 由此觀之컨대 絡馬頭하며 髳牛鼻도 亦其策矣乎ㅣ오 謂適於用而得便也니 藉矣라 人之媢賢而妬功也여 乃入我朝하야 太祖拓地를 至豆滿江이러니 世宗朝에 設六鎭할새 時거 金相國宗瑞任其役이러니 亦有奏曰 自古로 在外建事之臣이 必遭讒謗하야 不能脫禍者ㅣ 多矣니 前朝臣尹瓘이 諡其一耳다 璀은 以巨室大功으로도 幾乎未免이온 況屈無尺寸之功하고 又無雄事之才오 所爲多舛하니 寧不寒心哉리오하더 公之大功遄澤을 不但論於前代而止라 有勳於我朝ㅣ 自不少矣니 少辭機錦簡者를 掃蕩之하고 前朝之哉로 我朝ㅣ 爲留置郡種也

에不甚致費勞하고以至于今히入一道之圓幅하니此謂之勳이

亦非爲過也라已於勝國에配享廟庭하고至我朝하야亦因爲從

享於崇義殿이오更別無褒示之典이나然而北路之遺躅餘愛가

無處無之하야千載如一日히入人深而自不能忘焉하니從可知

民之至愚而至神者也라北靑界여有侍中臺하니公嘗登臨이라

而因名之하고鏡城府東南六里許에有元帥臺하니公이凱旋時

여犒師于此故로後人이以爲名之하고在丁巳年間하야士林이

創建書院於臺之西方하야而享公曁吳公하고以春秋行祀하야

克致虔誠하니此는士林尊慕之切이오共由一路士民之不忘也

라惟未蒙賜額이러니後入於毀撤이라伊後三十餘禩에士民이

未有寫誠道慕之地일새皇皇若無所歸타가乃於戊戌之秋에按

廉使術道也애儒狀齊籲하니以建院이有關朝令則願得設齋을

而從衆望焉이라 하나 謂不可遽議라 하야 爲不許어늘 公之八世

孫奉祿君諱中珏之後裔適居北鄕이러니 而其宗中에 有前渡耶

鳳柱하야 慨然發嘆曰士民之誠篤誠苦ㅣ有如是어늘 而在爲其

孫者하야 反不及乎아 하고 謂族姪燼天曰我今年老하니 汝其往

하야 鳴冤하라 燼天이 乃誓于一鄕하고 質于諸宗하야 因辭親庭

하고 即日起身하야 不憚千里之跋涉하고 隻行上來하야 以斷斷

一心으로 屢呈禮院官部하되 一如按廉使之辭라 至於鳴錚上書

타가 多朔逮囚로되 終未蒙施라 又欲擧火呼冤하니 若非至誠이

면 孰能至於此哉ㅣ오 余ㅣ聞而起欽稱嘆之不已러니 燼天이 歷

見縉紳之族한대 無有所應而反歸誕迂矣라 槪知吾意感而來訪

이어늘 與之咄咄하니 且謝且愧라 顧雖在大夫之後ㅣ나 病伏郊舍

를 已多年則爲公爲先에 俱無所當이오 燼天도 亦不莢爲羣贊焉

이나 然一路士民之誠願이已如此하고 燁天이 以遠宗少年으로 能爲爲先之義理又如是之篤이어늘 而我一獨無尊賢報本之歎 性乎아 第備陳爲托於友人하야 以愫公于廟堂이러니 幸得禮院 之施하야 因承官府之許하고 且有時相題扁之字矣로다 今復置 齋則惟 燁天之至誠所逮니 孰不欽嘆哉아 其爲鳩財設建은 必因 慕義出力하야 不日以就斯翼하리니 而絃誦於斯하고 射藝於斯 하면 文武勸進을 乃可得有依歸焉이리라 競周는 病痼路遠하야 往瞻未由하고 北望雲天하니 徒增懊悁이오 其爲享祀之節은 有 司存焉하니 虔誠蕭暘하야 以盡如在之意矣오 至若諸般儀制則 宜有僉君子裁量하니 顧庿殘毁兩로 安敢容辭於其間이리오 惟 撫逝吾先祖之道德勳業하고 且槩設享與廢之由하야 壁하노니 以爲後來君子之觀感焉이로다

高宗光武四年庚子十月日尹文肅公後孫宗伯兢周敬識

又

鋹之地形勝이最於關北也라祠在城西二里許勝嚴下하니高麗

侍中文肅尹公廟也니副元帥文襄吳公이配焉하니라昔在英廟

하야節齋金思翼公이守北閫一紀여城于玆土하고以二公으로

立祠報功하다盖其創造之歲여巨務浩繁하야屋制를不遑盡美

故로重蘆以盖之러니後人이稱蘆堂이러라景廟辛丑에尹公憲

杜一按藩時여增修舊制하고額曰文肅公廟라하고建講堂하야

養十郡人士하고立石紀蹟後四祀甲辰에士論이齊發하야道享

金公哲海城君吳公하다上之戊辰에因邦禁廢祠하니路其墟者

一莫不指點涕洟也러니去歲仲秋에侍中裔前寢郎鳳柱一慨然

先烈之堙沒하샤命族子熺天하야裹足千里하야鳴金控冤케하

266

니特承不可禁不可許傳旨라於是여廷議詢合하야領相이題額

以揭之하고小宗伯이頌欀以表之하고秘書丞이紀實以揚之어

늘廷於辛丑之殷春에經始祠屋할새董督其事者는前主事南秉

極과前鄕首鄭鎭喬也라卽募工代材할새舊講堂은曾年에移建

爲明倫堂하고別設養士齋於泮宮西庭矣러니遂取其材瓦礎砌

하야先立於祠庭南稍東하니凡四間이라右二間이爲院任齋衍

之處오中一間이爲烹飪之所오直隷居左一間할새折其中하야

爲隈養及春杵之所하니라其先之者는爲諸般守護와役丁留任

之故也오曁夏四月六日에遵舊而開基하고五月之八月에立

祠堂三間할새南之中央에設兩門하고東西에各有奇戶오重四

楹而開籍薄板하고搜得舊砌石羅磨者하야從其方面而築之하

니其數一凡三十六이러라前三間이神門이오其南에設講堂五

間할새東西二間이是養士之所也오虛其中三間하야面軒敞不

壁하니是則暢詠之所也오又其西에設三間齋할새南一間이爲

春秋享封酒之所也오北一間이爲肄業之所오中一間에齋隸居之

하니以其便於使令也오堂之南에立三間大門하고中有一複道

焉하니라凡棟宇家稅은被丹雘而翼翼하고階圮庖湢은合矩度

而井井이오繚繞以垣墻하고塗抹以灰墨이오以至碑開修葺히

莫不煥然重新이라功旣告訖하고以八月六日己亥여奉安四位

할새將事之時여瞻竆宮而蕭穆하고仰空宇而頻凉이오駿奔이

濟蹌하며降登이有儀러라越一日에設落讌於中堂할새縫掖章

甫와黃冠野服은交錯如雲이오漁叟樵兒와綠髮凉衫은環塔面

立하야懽欣鼓舞하니實北方之盛事也라祠之始로春夏秋交하

되元旱少雨하야一榱一桷도不染菴苔沒埋之朽하니工匠呼耶

一不憂代劉이오木土輸納에何患折軸이며民不令而樂趨於役

하니是孰使之然乎아且夫改建時日이相符於古之辛丑하니此

豈非天地間至正至剛至靈之氣未竭而然歟아於玆役也에費入

이怡爲萬有二千金이나而尹吳二門之鳩聚者也라願助金數交

는錄他簿하야不煩而尹門之力이尤多오且二賢이牛載幹役에

不避歊炎之苦하고往來無時하야面目手足이殆至黧黑胼胝로

대面不動聲色하고竭心盡力하야順就有終而咸以正無缺하니

於不偉哉아余一素以謝々者로則忝院職하야雖不能效萬一之

忱이나然竊感篋郎公追遠之誠하고又嘉服事者之賢勞하야慨

識其顚末하노라

又

歲舍辛丑仲秋下澣院長員外郎李羲錫謹記

我先祖高麗侍中文蕭公이以大元帥로逐女眞於沙漠之外하야闢地數千里하고勒石先春嶺하야以爲界하니北人士慕悶之不已하고凡公所嘗歷駐에皆以元帥侍中으로名其地하야以識不忘이러니至我世宗時하야節齋金公宗瑞恢拓六鎭하고創建公之祠于鏡城府治西勝巖하야以其副吳公延寵으로配하다其後에公之裔蘗柱按節本道할새修其舊基하야重建而額之曰文蕭公廟라하고前置講舍하고揖捧置田하야養十郡之士하니其制視書院이러라憲廟甲辰에士林이改廟爲靖北祠하고又以節齋與海城君吳公珀으로配之러니徃年에撤國中諸院之涉僭與瀆者할새而祠亦混入焉하니北人士ㅣ無所於寓慕하야齋嗟茹歎이殆三十年이라가至是歲春하야相與謀曰夫以文蕭公之有大勳於東邦이로되而不得受祀饗之報乎아剕我北之不披髮左衽

코得以與乎禮義之俗이緊維公之賜어늘而卒不得致其誠하니

願非吾輩羞乎아하고乃以狀謁直指使한대直指使曰然하다此

一國人願也라嘗惟北人士之慕思哉리오雖然이나院을有禁不

可許니無已則爲公裔者ㅣ倡其役而已其祀하고諸人士ㅣ相其

事而助其祭면庶其可乎ㄴ저하니公之裔熺天이遂裵是走京師

하야申之于大宗伯하니大宗伯이知直指言이어늘於是여爲材

募工하야涓吉董鑶할새堂廡皆門와鑿籃籃ㅣ避徇制하야

然新突오大丞相尹公이相曰祠라하니仍

既而오講小宗伯泰興하야述六偉하고使始永으로記其事하니

蓋以小宗伯이與始永으로皆爲公之裔也라始永이不勝

으로辭일새歛維而言曰懸타晉先穎ㅣ撰

蟠髮之花하야盡吾力之所可及而後에乃已하니

赫照人耳目이라雖古良將이라도學有其比나然人或徒知有武

功이오而不知有文教하니可乎아謹按호니史本傳에曰公이少

好學하야手不釋卷이러니及爲將相애雖在軍中이라도常以五

經自隨하고好賢樂善이冠於一時라하니意者拓疆之初에必有

興學頒規하야修箕聖八條之教를燦然復明於遐陬하야使其民

으로尙禮義하며勵廉恥하니至今彬彬多文學之士者ㅣ未必非

吾先祖有以啓之也라詩云文武吉甫여萬邦爲憲이라하니如是

而不宜在祖饗之列乎아曩者에混于瀆與偕而並毀焉하니則有

司過也오豈朝廷意哉리오今直指使賢大宗伯이深慨夫公以豊

功盛德으로終不能食其報하고且有感乎多士追仰之意하야顧

不敢不虔其事일새乃許其裔하야克伸奉先之誠하며謁人ㅣ一

並寓慕賢之誼하야無得於邦禁하고無晄乎輿議하니其發誠

曲이오 其措處得其宜矣니 是不但爲吾祖裔者之幸이라 寔北人

之幸也니 繼自今으로 爲吾祖裔와 及諸人士ㅣ慕吾祖하야 致其

誠者는 念吾祖所以啓之之道하야 交相勉勵하야 益修其德하며

益明其智則安知圖此而恢拓疆域하야 爲國家樹大勳將ㅣ不

平其開荒리오 夫然後에 吾祖之功與教ㅣ益垂無窮이오 而用之

重建이 亦不爲無助矣리니 始永이 竊有厚望焉하노라

高宗光武五年辛丑에 尹文蕭公後孫通政大夫前秘書院丞

又

尹門先祖文蕭公과 吾家先祖文襄公이 俱以麗朝侍中으로 任大

元帥副元帥之責하야 逐女眞於塞外하고 闢地數千里하고 勤有

先春嶺하야 以爲界하고 樹大勳於國朝하고 揚雄聲於朔漠하니

北之人士ㅣ慕思之不忘이러니 世宗朝에 節齋金公이 門地

하고 創建二公之祠于鏡城府治西勝騰하야다 至壽廟甲辰하야主

林이 改廟爲靖北祠하고 以金簡齋吳海城君으로 從享이러니 徙

年戊辰에 撤諸院之時여 祠亦混入焉하니 北人士ㅣ 無復簋薦之

所하야 嗟歎不已者ㅣ 三十有年矣러니 昨年에 尹公之裔燨天이

裵是之京하야 重建之意로 呼籲於天陛하되 縱未蒙賜額之典여

다 廟堂公議亦有混入之歎하야 院을 有禁不可許다도 無已則爲

其後裔者ㅣ 倡其役而尸其祀하고 諸人士ㅣ 相其事而助其察면

庶乎其可也라하고 大丞相尹公容善이 書其楣曰靖北祠라하니

仍舊號也라 噫라 吾兩家先祖ㅣ 拓土定界之豊功盛德이 豈可終

爲泯沒하야 不食其報哉아 自京部로 有訓勅於觀察府하니 觀察

便ㅣ 發訓於各郡한대 郡之四寶本孫이 亦盡誠扶助하고 諸郡

校鄉도 亦出義而助하니 計合鳩聚之財ㅣ 殆乎萬數오 本祠之元

留資도亦云還付者ㅣ不尠하니然則斯役也를不日而經始之策과

監董之勞는惟在於僉賢周章이니如不愆之老拙하얀不能贊一

이나然而爲其子孫者ㅣ不敢以不文으로辭일새畧叙其顚末하노

라 高宗光武五年辛丑吳文襄公二十世孫前純陵令賢澯記

謁侍中廟序

我先祖尹侍中諡文蕭公이在麗朝하야經邦事業이輝暎後代故

로先正李退溪文集에有文蕭公이在麗朝하야拓北荒하고將相

出入을如汾陽之語焉이라時屬恬熺하야武畧不競하니關之北

嶺以東이淪棄爲胡虜之地러니公이仗節而來하야開拓一方하

고建置城鎭而增壯內守하며募居藩部而阻過外釁하니彼此樂

業하야區土奠枕이至于今하고臺名地名所在여遺蹟이無非留

愛永慕之所寓오而元功偉績은海岳攸久로다我皇明紀元萬曆

之癸未歲여都巡察使鄭彦信이建廟鏡城府하야以春秋欲祀之다가（元是世宗朝刱建廟而疑此時中廢）適會軍興하야不遑及焉하니是時여不肖一以書記로佐元戎하야在兵營할새悶其事之未克成이러니遠至乙未夏하야受符再入塞則廟貌稍完이오修守有方이로대所歟는彼倭敵이驚汗하야幾乎廢圮러니未久而再擧之重修之하야使英靈으로終是有托하니實由諸邦人之好義也니斯亦感矣로다瞻拜退想컨대風流如昨하야洋洋焉如在乎上이라顧此身이遭値亂離하야碌碌無成事하고南北遊宦을自足於心하야不知有先烈焉하니他日地下承顔이면將何辭告之리오噫라敬用收拾荒亡하야成排詩二十首하고畧序綮焉하노라

詩曰　天扶麗運挺時賢　文武英豪實兩全　地望崢嶸聯戚畹　神精明秀動星躔　謀猷施設經綸業　瞻聽推尊內外權　每惜

恬嬉忘戰伐　景容關隘久腥膻　論兵不待僉詢集　推轂

寵命宣　機務總裁掌印下　彊場開拓將坤遷　鎮羅長

地　界盡先春嶺上天　禪棧未嘗勞汗馬　虜曾無敢引弓

仁義遠算河山奠　出入孤忠桂石堅　重譯休傑皆貢鹿　隔江

瀁帳不爭田　九城形勢豺狼遁　一域桑麻士卒眠　嘲謗不能

千密勿　功言所及卽陶甄　名鑣琬琰宜居一　國賴著龜鑑

千　元帥嵩聲經幾世　哲人遺像奮重泉　燕山記石終難見

漢水沈碑亦未傳　聲與海濤暗宇宙　魯連松嶽然風烟

不朽留荒服　華揭新成上小阡　先代風流斯宛若　雲孫滋址

已荒然　突傷時事方危迮　未見人才開出焉　此地眞城猶過

分　禮神携劍惜流年

宣祖二十八年乙未夏尹文肅公後孫評事安性謹序

並引

靖北祠改建序　二通

世有三不朽하니立言立德立功也라是以로爲臣而立不朽之功

이면則國有不朽之興하야而崇祀之報ㅣ閱千秋亘萬古而無窮

이與社稷으로相終始하나니往在高麗睿宗二年丁亥여尹文廟

公이爲大元帥하고吳文襄公이爲副하야率數十萬衆하야大破

女眞하고拓地千餘里하야立碑于先春嶺하고勒功旋凱하니東

土恰於三韓之舊疆이오北會恰於二公之餘風이迨此七百九十

餘年이로대終不敢近塞하니實世不朽之立功也라洪惟我聖祖

一起於朔方하샤奄有大東하시니南盡于海하며北抵豆滿江이

러니在世廟朝하야邊疆復起로命金公節齋하야爰置潛江六州

하고還南民以實之하니自開國以來로未有之盛事也라其啓界

에日以德開國者는易得難失이오以力拓地者는難得而易失이

라 하니 此ㅣ不朽之立言功德也라 其後에 海城君吳公이 繼起하

야 鎭撫邊圉之功이 與箕裘로 相後先하니 而尹吳二公은 討平於

前而功은 蓋後世하고 金吳二公은 收復於後而克承前烈하니 立德

立功이 異世相符하야 式克至于今日이 免陷於禽獸하야 崇祖發

祥之地ㅣ不染於氈裘之俗하니 其豐功盛烈이 可以銘彝鼎而被

管絃也오 崇祀之報ㅣ宜乎闕千秋豆萬世러니 而上之庚辰에 因

朝令하야 撤諸院之涉學也에 本祠ㅣ濫入其中하니 士民興情이

愈欝三十年이러니 今實諧之興이 頒下하야 靖北之祠ㅣ復設하

니 是諸公精靈이 復眷于吾北也ㅣ必矣라 落諱之日에 此之士ㅣ

聚于此하야 贊之序歌之詩하야 相與爲樂하고 從今以往으로 爲

子孫者ㅣ烈烈懷愴을 若或見之면 爲士民이 夙夜惟寅하야 膰薦

執籩則如水之靈이 舍吾北矣之哉리오 遂爲之叙하노라

光武五年辛丑八月日後學金秉源謹序

又

蓋聞環我東八域에惟關北一方이在麗王而郡並菀蓉蕃하고逮羅

時而地屬渤海라至于高麗睿宗戊子하야女眞生種이寔繁醜類

하고酋長雅束이竊據奧區하야匝測雉尾之謀하야嘯聚諸部하

고反屬獍牙之噬하야冠掠邊疆하니自麗代數百年으로未掃罹

氛之穢오故王寨千餘里에久爲罷裘之居러니于時여尹文肅公

은勵戚專征이오行營都統이라降神于崧岳하니文武兼全之才

오談兵於羽林하니樽俎折衝之畧이라肆當制閫之警賊하야乃

呼開府之出師어늘揖介於細柳營하니始備胡患이오奮翼之天

樹將이再興戎徒라神騎는馳如注河하니寸膠莫障으로擊破埠

村大小一百三十六하고麗軍이鬪若轉石하니累卵皆靡로斬馘

男女前後一萬三四千하니天東에息鯨鯢之波오漢南에濫狨羊之窟이라先春嶺公峻鎭에石屹表界之銘하니遂得爲民去害하고巨陽縣寧海郡에地險關防之設하니所以拓境開荒이로다分命吳文襄公하니則知樞密重臣이오爲幕府副帥라軍中一范은爭傳破膽之威오麾下萬貔는激警用命之勇이로다撰金甲而死戰하야救解雄州之久圍하고督水軍而疾趨하야殲勳烏嶺之勁冠하니惟是二公이協謀戮力於伐錢之日하고輸忠勤勞於闢國之秋하니關河ㅣ混掃於黃圖하야移實百族하고箭皷ㅣ競和於失露하니鼎遷三軍이라다思叔子孤多墮淚之人이오賴伸父炎寧兒被髮之域이로다然猶季運이不競하야合束於羈縻하고剗輿이頻驚하니曾固於藩敵다猗我國初에大化菁洽而惟此暨用懼與之場ㅣ溜彼野人獵騎之場하니蘇多之封疆이漫然沈陸之墟에

오豆滿之聚落이 倉卒憑陵之變타 太祖恭定大王이 痛懷而竟不

遑寧하시고 世宗莊憲大王이 繼志而圖欲收復이나 誰往制闘하

야用急六月之捷捷이며 廉詢在朝하되 若有一介之斷斷가 時甲

寅春에 金忠翼公은 詩書繼道之望이오 屏翰需世之材로 正笏重

紳하니 贊廟謨於宸極이오 臨門推轂하니 仗王靈於塞匯라 三條

義利之抗疏는 天以限於長江巨塹이오 一節夷險之經營은 地伊

城於列旗行城이라 由是로 牧馬ㅣ不敢於邊庭하고 嗜犬이不吠

於外戶로다 國家ㅣ儲晉而永聾하니 果誰人云爲오 士民이耕鑿

而遂生하니 寔諸公攸賜로다 俱可仁濟王의食報於西蜀이오新

息侯의有祀於南郊로다 廼啓楓陛하야特申勝國之勳하고創構

蘆堂하니 僃奠妥靈之所라 前人이宜乎此享하니 盖追節齋之言

이오 吳公이 未及以躋호니 尚闕當年之事ㅣ라 泊乎景廟辛丑하

文蕭公二十二代孫尹公憲柱ㅣ適按節於是邦일새令
이因增益於故宇라受降近界여聲出棟蘂之穹隆이오籩
에如見精神之肹蠁이라文襄公之陞配는改祠時丁而始
忠翼公之列束은景陵歲甲而進擧라至若海城君英公하야閫仁
祖甲子勳臣也라曾以株韓英俊과領軍勤王하야力討鞍峴之逆
하고鎮成小官으로振武封爵하니名載彛碑之書라又以乙巳秋
에以公議로對配하니於是여爲四公이異代並稱其偉功이오同
堂以祀者神契라若論扁號之沿革컨대曰廟曰祠오皆因緣餘而
殊稱하니時擬揭라盈階碧草는自春色而蘩蒿오滿璧青苔는
璟夏接而綴藻하니夫奚但後裔之尊奉이며오抑其爲北八之瞻
依라以至當宁戊辰하야寅承盬祀撤毀之音하고未及此祠區別
之學하야撤材移礎하야鋤民力於將臺하고封土綠埔하니巖

版於勝麓이라風花寥落하니猿哀羅池之吟이오月駛凌室하니

鶴悲遼陽之影이라破甄은蕪沒於墟畝하고豎碑는迷欸於荒莽

로다追英靈而傷心하니故老爲之相語오想巍烈而點指하니行

人慨然興歎이라嗚呼라其功을終不可諼이오其澤을永不可斬

일새乃者丙子에藥峴金相公이按撫時여始擧道狀而事竣하고

逮後庚子하야士林이又狀謁於直指使하고裔孫이因訴籲于宗

伯公하니俱承同慕之盛意하야而遂致上徹天聰하며下批宰部

하시되若曰不可禁不可許也니라是謂非宜沮非宜勸焉이니聖言

包含이오審旨弘大로다剝且儲宮君主는領允設齋之誠하고相

國尹公이額書臨池之藝라事之有廢也一亦命이라閱三紀而明

寵懺懲이오理之無徃而不還으로待今日而商議乃定이라是歲

辛丑은卽尹監司改廟後三周甲也라四月六日에仍籩豆而開址

하고 以復設而經營할새 列砌層階는 更斲壯士屑鎖之石이오 修

棖崇棟은 再伐元戎甸兵之林이라 趁事者는 鑿跛不勝이오 都料

者는 細民迭奏라 架雙樑而燕賀하니 爛若神扶오 耀五彩而翬飛

하니 翼如化立이로다 伊時여 巨役은 依辦於監董이오 賢勞는 實

多於主張이라 一則前進士南君秉極之才幹文章은 在士流而拔

萃오 二則前通政鄭君鎭喬之智巧識見이 明世務而超倫이라 共

理心上經綸하고 濾見眼前突兀이라 厥八月에 廟成이어늘 六日

己亥여 乃行奉安禮하고 越三日에 告落할새 縉紳章甫之蕭散은

咸秩祀文이오 白叟黃童之詠歌는 同忻慶事로다 鳶飛鳧躍之體

하니 將自今而如初오 見慕羹墻之誠하니 其在竈而以寓라 續此

私設穩便하니 不煩緝用之斂科오 始謀苟艱이나 昔背變後比之閒

力이라 就中前叅奉于君鳳柱는 學中名士一오 嗣下肖孫으로 子

金을自歛於首施하니傾貯餘簇이오一木을皆總於躬綰하니肯攬肯堂이라加以郡府協規하야俱牲粢而詳定이오邑村이來勞할새饋羊酒而爭持로다年時適會着數存이오事功克竣者萬辛이라山川이依舊하야與勳業而重光이오草木도有知하야竝風聲而增彩로다終使撫柔遠人之入貢하니北楹南環이오廟興譜生之修藏하니冬諸夏禮로다鎭之方岳而血食閭欌이오賢於內郡而氣應太和라伏念永錫은恭瞻奕奕之雲攢하고明承濟濟之風儀라徒爾登湖原而永懷蘇學士後歌周皷하니蝰昌續貊之書이오望尼山而溯想張平子追賦漢都하니政效添蛇之謪로다遂爲之序하노라　高宗光武五年辛丑咸陽朴永錫謹序

尹文蕭公祠宇改建上樑文

山河ㅣ洗棘鞱之塵하니有盛德而可祭오棟宇ㅣ增輪奐之制하

니 仍舊廟而重新이라 玆當斧斤輯睦之辰하야 謂遮迎祖豆致慶之

故라 先祖文廟公은 坡山世胄오 麗代名臣이라 申伯藩宣之才는

降神嵩嶽하고 秉誠文武之略으로 談戎禁林이라 時維女眞이 冠

我邊徼라 自羅麗數百年以後에 莫掃蜂蟻之聚屯키로 故關洞二

千里之間이 久作犬羊之窟穴일새 嗟吾民이 羅盡劉之厄이오 而

元戎이 膺濯征之權이라 郭令公歌血之盟을 始行邊患이오 馮將

軍備禦之計로 再興師徒라 乘勝長驅하야 拓一方之疆域하고

險阻鎖鑰하야 說九郡之關防이라 塞上之凱歌ㅣ 初膽하고 關外之

環堵ㅣ 始奠이로다 堂堂師井井旅ㅣ 向非掃淸其祲氣이런들

々女哇哇童이 幾乎棄捐於溝壑이리라 賴管仲하야 免被髮之俗

이오 恩羊祐하야 多墮淚之氓이라 肆因感德之誠하야 爰有爰靈

之所라 受降城之舊界며 儼然廟宇之窀穸이오 籩邊樓之址堪에

287

宛爾精神之眄睞이라走村翁於伏臘하니豈但如錦城祠堂이리
오集士子而誦絃하니即可比白鹿書院이라千載之景仰窣切이
오一路之瞻依攸同이라第茲靈栖之朽傷이오漸致丹靑之剝落
이라風雨를是除하니非或葺修之不勤이오歲月이旣深하니未
免傾圮之許久로다自惟丕祖之後裔호니猥叨接節於茲邦이라
想斧鉞征討之時하니怳若在目이오卽祠宇臘享之地하야敢不
盡心가竊不勝永慕之懷하야乃有此改建之擧일새修挺高棟은
伐元帥屯兵之林하고列礎層階는斫壯士磨釖之石이로다體撫
綏遺意하니敢曰民力之無煩이오慰尊奉之羣情하니學喜廟貌
之如舊라山川이動色하고草木이增輝로다不數月而乃成하니
似有造物者陰相이오苟一瓦之或毀어든惟冀後來之繼修라茲
將燕抪之詞하야以助呼耶之力하노라兒郞偉抛樑東하니滄溟

一望杳無窮이라夜來月出扶桑上하니悅似天山舊掛弓이라兒

郎偉抛樑西하니朗天回首夕陽低라試看長白이萬千尺하라當

日奇功이與此齊니라兒郎偉抛樑南하니柳川川水碧如藍이라

犒師遺跡이高臺在하니尙憶登臨倚半酬이라兒郎偉抛樑

니高巖이矗立勢還特이라即知人口勝豐碑하니不必燕然山上

勒이라兒郎偉抛樑上하니塞雲이遼濶塞天曠이라彎弧不得落

旆頭하니誰繼當年勳業壯가兒郎偉抛樑下하니黃沙白草滿平

野라聖朝에自有靖邊謨하니肯使胡兒來牧馬아伏頭上梁之後

에冠紱이彙聚하고欄檻이不頹라蠲潔齊明에英靈이享春秋之

祀하고觀感興起어人才爲邦國之需로다有儼晉賢之遺風이어

毋負今日之善頌하라

景宗辛丑九月初八日尹文簫公二十二世孫咸鏡道邦巡察使慂

靖北樓上樑文

遺祠에仰開邊之功하니芬苾方馨이오古樓에修仍舊之憪하니

丹雘重新이라有所瞻依어니奕徒觀美미오竊惟鑑湖府靖北之

廟는實享麗朝臣盖東之功이라拓胡虜而咸關奠居하니賴管仲

免被髮之俗이오犒師旅而轟留蹕하니思羊公多墮淚之眠이

라肆本州之設兵營에誦豊功而祠祀已久하고厥後孫之爲方伯

에寓永慕而制作架增이라廼於東西間講堂之前에爰有上下層

門樓之起라掃腥塵而鎭歷하니昔但北州之建受降이리오集詩

襟而發臨하니謹依本校之有風詠이라陰霏月皓하니岳樓之悲

喜相乘이오物換星移하니縣閣之成毀有數로다伊來髮黑面之作

倚여魏然高栱之漸頹마何異藍田縣廳壞여故記가辱恨其汗兩

리오 殆同李謫仙樵砕여 再籍을惟待於神明이라 簮北之尼農長

存하니 有時向風而溯古하고 檻外之鏡水空逝하니 無地暇日之

消憂로다 猥以末學菱裂之姿로 叨忝本院領袖之任이라 自昨年

經營既久에 前明府張公之措劃이 先成하고 賢令秋事役始初에

新太守李侯之指撝를 是聽이라 況金節齋與吳海城君之陟配는

盛擧無前이오 故諸士民及全邑時鄉之遵行이 猶恐或後라 遂乃

卜日而改築이오 於焉入雲而新成이라 豫運心上經綸하니 斧彼

鉅役하고 復見眼前突兀하니 巍如革如로다 中間文獻無徵하니

徒知了巳歲始創이오 由來興廢有待하니 乃見乙巳秋重修라

之上升如天이오 羅然下臨無地로다 青海之鯨波長息하니 平地

侍中之臺하고 春嶺之龜頭進高하니 遹歷女眞之部로다 漫漫嶺額

以永晏하니 覺讓完公飲博之城이며 英靈依然如存하니 庶識

明彈琴之所라奚但是祠宇制度之壯이리오抑亦爲冠冕紱誦之

場이라月夕風晨에詠壺觴而逍遙憑檻하고春丁秋仲에執籩豆

而奔走登庭이라敎養舊例廢焉에惜無評臺之恒處하고文物界

平이久矣여喜見斯樓之長留로다短引恭跛하야倚樓助學로다

兒郎偉抛樑東하니扶桑初日入簾紅이라壽域春光逾五嶺하니

至今萬口頌偉功이라兒郎抛偉樑西하니山高長白與天齊라愍

軒長溯平胡蹟하니書釖翱翔手神攜라兒郎偉抛樑南하니一帶

柳川碧如藍이라狼燧不驚烏栖臥하니溪山如畵化中瀾이라兒

郎偉抛樑北하니環立千巖勢峻極이라安得鍾生英傑才하야作

古藩屛衛京國가兒郎偉抛樑上하니事功忠節一何壯고雄懷慷

慨向誰論가時有長風來破浪이라兒郎偉抛樑下하니桑麻雨露

見平野라昇平至象萬千村에社鼓聲中春酒釃라伏願上之絲에

邊門無虞하고 麗祀勿替라 鎭鑰이 永鞏하니 冥隲이 有啓佑之休하
고 棟樑可支하니 羣彦이 多觀感之美로다 有繼昔賢之遺志하야
盍勉後進之莊修하랴 母負今日之普禱하고 惟冀將來之嗣葺하
노라 華扁則與懷楷而長存이오 彩樑則閱沿桑而不朽라

　　　　　進士姜在珪謹撰

祠宇復建上樑文

出兵有名하니 元戎이 運巡邊之筹이오 安衆曰靖이니 遷此이 領
征北之功이라 撫斷旣勤하고 茲苟是享이라 惟我交需숲은 牲有
重繄이오 文武兼才로다 蔚然振儒將之威하니 自有臧萬甲하고
乎發文章之譽하니 爭披五經이라 鑄錢之法遂行하니 觀民而
瀋殖하고 設都之議斯建하니 隨地勢而排鋪로다 迨玆亥貞入殿
之辰하야 特承都統往擊之命하고 路用澳區關棄하니 卿臍失句

飛하고 敢馮破石轉峰하니 虜騎이 決然破하다 拓地七百里하야 秋鎭鉞而立碑界東이오 獻馘六千人하니 迎皷吹而設宴郊外로다 猶功業은 蓋鐵嶺以北이오 伊祠屋을 建鏡城之西라 吳公이 陪享之儀하니 一軆同祭祀오 金相이 在追祔之列하니 遺像蕭淸高라 賢孫按節之時여 拓舊基而創新制하고 多士講學之所에 仰照而趨下風이로다 遂諸院被毀撤之日하야 瞻斯廟有混入之歎이라 絃誦之聲을 不復聞하니 章甫發明하고 俎豆之禮를 無處設하니 雲仍抱羞로다 坡郡에 有萬年幽堂하니 道路云遠이오 淸州에 奉七分遺幀하니 儀式可憑이라 肆與論이 駿發於同心이오 匠役이 並敦於築室이라 財不匱於鳩聚하니 將多前功이오 煥於聲飛하니 無廉後癸로다 建院之事至重하니 縱未蒙朝廷特施나 藹齋之誠이 斯神하니 亦可觀乘書所許다 乃兹武功載績이

오展也祀事孔明이라君子履霜露降濡하니祭神如在하고村翁

이走歲時伏臘하니致愛惟存이라奮三軍揀醴推鋒이라於南有香

아冠一時好賢樂善을到今稱之라粗效肆祀之忱하야廩餐六偉

之頌하노라兒郎偉抛梁頭에曉旭紅이라鐵馬嘶

風踊不去하니至今人説築城功이라兒郎偉抛梁南하니觀浮川

城繞翠嵐이라元師臺前曾犒賞하니劍花洗處水漣漣이라兒郎

偉抛梁西하니長白山光入眼齊라古廟豊碑高十尺하니荒苔不

食舊時題라兒郎偉抛梁北하니洞壑精彩瓓寨이라

把崇功하니舊日戰場開化域이라兒郎偉抛梁上하니

이垂玉帳이라補國丹忱이倘不渝하니星月이炳朗交

兒郎偉抛梁下하니數聲土缶澆柔祓라當時劍戟이化

農夫比牛耕四野라伏願上樑之後에地靈이益護하고人心이應

歡이라 奥國封疆에 環金湯而永守하고 北門鎖鑰에 瓊橽石面崗

堅이로다 陳籩以時하니 齋三日而來假來饗이오 隆棟之音하니

垂百世而不騫不崩이라

高宗光武五年辛丑 尹文廟公後孫官內部特進官泰興敬頌

又

定界而碑하니 千里紫寨여 紀鎮邊之績이오 安民日靖이니 萬井

蒼生이 頌征北之功이라 仍舊如之하고 不日成矣로다 惟我尹文

蘭公과 吳文襄公은 千城壯略이오 文武全才로다 心雄百夫하니

咸頌周廷之方召오 留臟菑甲하니 復覩宋朝之范韓이라 追慕外

冠淸夏之辰하야 略由朔方道하고 特承中朝防秋之命하야 兵臨

厚泰坤이로다 子來之民이 泰儉靈而迎師하고 女眞之屬이 襲于

戈而遠遁이라 誕啓寬明하니 所發之械이 六千人이오 立石頌功

하니相距之地七百里로다竊念二大夫之盛烈하니允宜一祠屋

之奠靈이라配享海城吳君하니一體祭祀오進耐節齋金相하니

遺像蕭淸高라値諸院被毀撤之時하야嗟斯祠有混入之歎이라

位版埋安之日에闔境人民이莫不咨嗟오刌豆廢享之餘에每歲

水旱이頻降災害라旣切觀感之興堅키로廼有復設之公論이라

邦祭至嚴하니縱未蒙賜額之典이나民德歸厚하니亦可觀感意

之孚라鳩聚物財하니十州諸鄉이相助以義하고駿發公議하니

四賢遺孫이各獻其誠이라令有各官하니觀察使之訓飭이大有

助하고棟揭舊殿하니大丞相之肇精이先生光이라輪奐如初하

니盍新諸孫奉先之所하고制度依舊하니復置多士講學之堂이

라實多慕仰之存誠하니奚但報施之無憾이리오籩豆有薦하니

復見祖禮之孔明이오棟宇重新하니可驗靈体之未泯로다旣成

拓地之德하야 庶慰在天之靈하노라 循繩墨而不頗하니 是歲六

偉하고 普棟樑曰某建하니 載賀 一章하노라 兒郎偉抛樑東하니

元帥臺前瑞旭紅이라 俯視滄溟無際澗하니 也曾黃檻視池洪이

라 兒郎偉抛樑南하니 遙望長安請視三이라 聖繼神承於萬歲어

博施弊敎朔方罩이라 兒郎偉抛樑西하니 藏然長白與天齊라 繡

靈檀勝槩巖下하니 養士堂高暎壁奎라 兒郎偉抛樑北하니 先春

石老狼烟熄이라 封疆從此位於前하니 天以吾皇克侚德이라 兒

郎偉抛樑上하니 御彼莽莽天氣釀이라 一點河魁拱北辰하니 分

明天運이休而旺이라 兒郎偉抛樑下하니 前山十里龍城野라 民

滋歲熟昇平像은 土缶聲中歌壤者라 伏願上樑之後에 紀綱이

張하고 福祿이游至라 愀然復見하니 如水在於地中이오 樂在衆

求하니 求風詠於堂上이라 永有辭於後進하노니 終無忝於諸賢

高宗光武五年辛丑吳文襄公後孫進士璜溶謹頌

養賢堂上樑文

興亦天廢亦天하니久懷俯仰之嘆이오今其地古其地하니復見

嚴修之儀라一新改觀이오再造因革이라惟敎講堂은與自建廟

또仍設養賢이라揚武之功이니敍邊하니四思之隆享이列位오有

文之佐題選하니十州之敎養이菁莪興이라辛孫復嗣孫之賻修는

景料人事之有越이미戊辰冬朝今之毀撤은是戓時運之不齊라

農人耕其墟하니行路有搁鼓之涙하고野老談古니識

掩卷之歡이라罪以朝堂之詢謀는是巽仰士林之籲籲이라

聽하니鑑苗裔之至誠이오慰悅民心하니見其野之公議하야院宇

復難하니無乃理之循環이며堂廡隨興하니亦事之次第

之壹荄歌詠하니千餘人樂趨하고列郡之棱鄉이後先하니萬有

金願助라乃将本石增彩하고於焉棟樑就新이라堂階徽斷하니

賓主分揖讓之地오門路正直하니士子紛趨向之方이라領相이

願楣하니光動三千里誏敗하고謗伯이豫算하니誤及十一郡儒

林이라越月日而佶訖하니精神明之有補로다夫子之寓儲어

近하니絃誦之群이오禮團之興浦을臨墓하니雲物之群

이猶在로다兩以澤風以惠하니天或錐與情이오民國樂土月時

하니華又占大有라及鰥熱宇之乾하야兩見湖山之群이다今太

舊都에北有江南有嶺하니天作之衝要오木鄉蕃稀이左族

狹山하니地利之關防이라丹簷을高舉에如翟斯飛하고穛

更尋에新燕來賀로다誰攜短韻하야助舉修樑하노라兒郎

樑東하니千尺扶桑朝旭紅이라五百昇平豐歲樂은桑麻滿地四

望同이라 兒郞偉抛樑南하니 鏡湖秋色碧如藍이라 老於猷獸安

衣食하니 盛代生靈雨露涵이라 兒郞偉抛樑西하니 長白山光一

髮低라 野老同來遙指點하니 依依雲物舊山谿라 兒郞偉抛樑北

하니 豆江一帶分區域이라 胡兒遠走致生驕아 狼岫靑靑烽火熄

이라 兒郞偉抛樑上하니 吉象羲縹大壯이라 星日이 荇凉其上

垂하니 崢嶸屋角이入瞻望이라 兒郞偉抛樑下하니 芳草萋萋不

遠野라 落宴今朝宥管絃하니 衣冠高會閬詩社라 伏願上樑之後

에敎化蕤興하고 士趨蕃美라 冬誦夏禮하니 文章이自廳廖上廳

이오 朝韠暮壚하니 富貴從勤苦中出이라

高宗光武五年辛丑進士前主事南秉檄謹頌

又

三百年朱甍埋燕沒하니 乃閣隨無光方官이오 六七架華瞷甘

修하니 備說人文之爲資라 群議가 鵲起하야 辦捐孫斯이라 踵起하니
堂은 蓋自建院以來로 仍設養賢之所라 左兩有齋하니 突室功正
之襄襄이오 西序東膠하니 擬倣學宮之義制라 把十官敎養이
美하니 士子移向을 同觀이오 三千里治化依明하니 生民滋育이
已久로다 際遇靈之靖安하야 雞犬이 相聞이오 使衛義於循環하
야 熊魚을 能辨이라 勢料人事之變嬗이리오 撫遵陰宇之廛頭라
百六之灾耶아 陽九之會也라 乘彼諑填하야 禾黍漸々하니 頹然
行路之咨嗟오 至于閭巷하야 絃歌篆篆하니 遂喪儒林之鴻宿이
라 竊以侍中之胄裔足以闢而未蒙諒恩이오 殉者廟堂之深讚
一題額揭楣而雍舉盛事로다 千秋에 驗必反之理하니 寧有今古
之殊티오 一方이 懷莫大之勳하니 自是血氣之類라 反側龍門之
古址하야 載營武侯之新祠로다 雖戊辰冬에 抱欌結之恨이나 適

辛丑夏에 符增廣之期라 煥焉爲宮墻은 而雉堞帥臺而環拱이오翼

然棟甍은 背鳳巖尼峀而與齊라 地利叶於陰陽하니雲物이依舊

하고 梓材合乎矩度하니 工匠이得宜라既神宇之就完하고亦曼

舍之經紀라 役無煩於程督하니 可謂不日成之오事有關於激揚

하니 率多聞風起者로다 幸賴本孫列郡之力하야 儼若地中之明

靈이오 不剝公府民産之費하고 頎覺眼前之突兀이라溪山이增

色하고 魚鳥를改觀이라 堂廡廚具秩秩而有序하고鄕黨州里

皆蘷蘷而爲儀라 於斯見揖讓周旋이오足以容襟帶燕息이라屹

貞松於歲暮하니 嚴蟄回春이오挟燭龍於朔荒하니冥昏如晝로

다 斯文이幸甚이오 吾黨이斐然이라遠方이盡歸乎來미오前賢

이亦樂於此라 讀其書論其世하니 能自得哲師하고會以文輔以

仁하니 庶幾革陋俗이라 恭贊兒郎之偉하야庸助工師之勤하노

라 兒郞偉拋樑東하니 朝暉杲々入攏紅이라 有時或恐浮雲蔽하
야 喚得長空萬里風이라 兒郞偉拋樑南하니 元帥臺前에海作潭
이라 洗鈚浪濤鳴不息하니 至今壯蹟野人談이라 兒郞偉拋樑西
하니 木郞古堞門眉齊라 白雲明月禪龕寂하니 惟有寒鍾警衆迷
라 兒郞偉拋樑北하니 夫子宮墻이高翼々이라 菀彼松林繞廟蒼
하니 永令退俗爲矜式이라 兒郞偉拋樑上하니 旎頭奎璧森相向
이라 攪眸仰見象乘精하니 掃刮氛祲天宇曠이라 兒郞偉拋樑下
하니 卸彎式車何詑者오 猶說年豊民不飢하니 桑麻雨露滿平野
라 伏願上樑之後에 神人默佑하고 嶽瀆이炳精이라 朝酺暮壩하
니 宜絿詒之不撥이오 春薦夏享하니 敢菇芬之或饗가 庶無媿於
前修하면 將有辭於來世리라

高宗光武五年辛丑員外郞李羲錫謹頌

万瀨祠上樑文 在北靑良家面

伏以距京師一千里여猾歗地靈之允藏이오入我朝五百年에美

哉廟貌之有煥이라與神合吉하고舍舊謀新이라惟我文廟公府

君은邦憲文武之才오嶽降英靈之氣라秉白軸於黃閣하니官至

侍中이오佽鈇鉞於靑冥하니威振漠北이라東至火串嶺北亘弓

漢嶺하니拓地奇勳이오先有將士臺後有元帥臺하니麿厓舊跡

이라忠靖共篤은當時吳副帥之協心이오記載頗詳은後裔洪太

史之立傳이라奚但功烈之如彼盛이리오抑亦仁澤之於不忘이

로다何處尋丞相祠堂고松柏이森森於錦城之外하고依然在益

州謳像하니草木이騑騑於西囿之中이라乃以襟紳大同之論으

로愛擧俎豆脄享之禮라羣情樂赴하니曇日時細而擧이리오至

誠莫慾하니將見菑眞而禮野로다工則度於山木하야愛親大譽

爲棚小者爲橡이오象盖取於雷天하야以庇上之所漏傍之所薄

이라是爲儒林幸也오殆若造物相之로다百度皆興하니占形勝

而山川動色이오重門洞闢하니軼埃礙而軒檻宏深이라肆一方

寓尊慕之誠이오亦諸生有講習之所라釋奠盛擧는允矣萬世壽

常이오茂等秀才는宜其十居四五로다次第升堂入室하야豈特

誦詩讀書而오成鎭은嘗從汾西而拜墊하고又在鏡北而記開이

다兹陳百世永賴之德하야庸替六抛助擧之謠하노라兒郞偉抛

樑東하니東邊日出照簾櫳이라一抹暘山蒼翠色에行人如在畵

圖中이라兒郞偉抛樑西하니西山爽色柱頭低라曉鶯啼罷春風

暖하니細柳長川十里堤라兒郞偉抛樑南하니南天水盡見雲嵐

이라海濤三更隨風淨하니一望平然色似藍이라兒郞偉抛樑北

하니北斗七星呈瑞色이라沈瀣一斟堯樽傾하니羣心請祝獻宸

極이라 兒郎偉抛樑上하니 上界羣仙來護仗이라 如在洋洋來格

于하니 昭然一理潛周睨이라 兒郎偉抛樑下하니 下民皆願耕於

野라 簞車滿載黃雲歸하니 土皷聲中樂村社라 伏願上樑之後에

古往今來여 祀興莫重이오 天長地久에 崇構永存이라 如政如矢

如革如飛하니 龜從協吉이오 日壽日富日康日德하니 燕賀爭騰

이라

高宗光武二年戊戌仲春에 文蕭公後孫吏曹參判兼弘文館大提

學成鎭謹撰

靖北祠四覽寶記卷之五

靖北祠復建顚末

編者　安鳳郁

事는記其史也오實은記其失也니今此本祠復設顚末也에記史
而不記其事하고記失而不記其實이면如書言者의拾其直筆이
며射矢者之失其正鵠이니是其可稱記事者의蒐實之本也哉아
盖靖北祠는麗朝尹文蕭公諱璀과吳文襄公諱延寵과李朝金思
翼公諱宗瑞와吳蕭憲公諱珀之或拓地하며或復疆하야其興德
魏勳이爲關以東嶺以北生民食德報勳之所也러니襲於高宗五
年戊辰에混入於毁撤令하야爲北民鞠草之歎이久矣가高宗
二十年癸未七月日에經畧史魚允中이巡北之路에十州士林이
早請復享之願하니至承兩榮請朝廷題旨하고又於高宗光武三年
己亥九月二日에按廉使金宗漢이巡北之路에鏡城儒生李驥奎

等이 呈請則又以事體言之天하니 非朝家之典이면 無以遽議일새

姑俟稟處題旨라 於是여 文蘭公後孫前復郎鳳柱ㅣ慨然曰士林

之誠苦如是어늘 爲其後孫者ㅣ反不及乎아하고 請族姪燼天曰

我今年老하니 汝徃鳴寃하라 燼天曰諾다 若有京行路文則不計

家事하고 即裹足矣ㅣ다하거늘 是日에 鳳柱ㅣ先山一百五十銅

緖而送京師하니 即庚子二月初六日也라 自是之後로 尹氏門中

이繼送留京費하다 燼天은 以斷々一心으로 隻身上京하야 今年

三月三日에 呈請于議政大臣한대 關題漠然이라 因於是月에 擊

錚上言라가 六朔滯囚於警務廳하니 飢寒到骨로 雜病圖發하야

人與相隣이어늘 在監中에 與實請願于平理院則仍爲保放하니

即今年七月一日也라 保放之日에 更呈願于平理院하야 取得上

言狀及据庭行文하고 奧鏡城儒生代表朴基燦等으로 呈願于

掌禮院宮內部則一如按廉使之辭라又欲擧火呼寃하니其金石
可透之至誠은天人共鑑이로다(先是四月日에按覈使李南珪
巡北之路에北人士ㅣ又呈願則承具意見成票目하야以入이宜
當題旨하다)今年八月日에儒生代表朴基燦等이又呈願于掌
禮院則承設齋設釁이惟在士林寓慕之誠題旨하고燁天은一邊
訪問宗伯公兢周于退養郊舍則競周ㅣ發肯實報本之義하고
亦感士林之願과燁天之誠하야委托於領相尹容善하니領相이
以恢公于廟堂하야特承不可禁不可許之傳旨라於是에因呈願
于宮內部하야承設釁建院이頗爲嘉尙하니府郡이亦嘗參助하야
之題旨하고又領相이題額而送之하며特進官尹泰興이顯揚而
褒之하며秘書丞尹始永이記實以揚之하니聞今年十二月二十
日也러라今年十一月에燁天이抱題旨하고自本州에늘…

本孫이 闕護於寶府故鄕하고 累年誅求仲春에 無謀修建할새
掌財여 [illegible] 鄕 尹順柱오 監董에 進士 [illegible] 趙 [illegible] 勳 [illegible] 鏡 [illegible]
尹炳哲吳昌泳이오 贊助有司에 吳尙駿尹熺天은 入富寧茂山會
寧鍾城穩城慶源慶興等七郡하고 尹㴤俊吳鳳允은 出吉州明川
兩郡하야 至七月各還歸하니 十州願助金이 祠孫出이 一萬三千
四百九十兩이오 士林出이 三千八百七十兩이러라 (名錄은 詳
載本祠願助案가다) 建院設計는 祠庭南稍東에 先立東齋할새
其材木은 戊辰毀撤後壬申에 移養賢堂材於鄕校하야 建明倫堂
하고 別設養士齋於泮宮西庭이러니 遂取其材瓦建之하니 爲諸
般守護와 役丁留住之故로다 今年四月六日에 開基于舊址하고
今年五月八日에 立位室하니 凡三間이오 祠庭南에 立神門하니
凡三間이오 其南에 建養賢堂하니 凡五間이오 又其西에 建齋室

하니凡四間이오堂之正南에立三間大門하니卽靖北門也라碑閣修葺도亦煥然重新하니라同年八月六日己亥여奠安四位하고越明日八日에落讖之하다竣功後打算費用則建築用文이一萬七百十二兩이오燼天留京費一千二百五十兩이오碑閣重修費二百二十六兩이오公用雜費二千二百七十一兩이니合計一萬四千三百五十九兩이러라又自鄉校로劃來錢文一千兩(付於本段撥時)과(祠屯土放買 今逐取條)其零金三千兩을排分民戶하야爲本祠立本錢하다於戲라今此之役에竣郞公鳳柱之率先追遠과首施千金은誠之又誠而燼天之走京獨賢勞는難與儔匹이오列郡士林之自願喜捨와尹吳兩雲仍之奔走傾橐은儘出誠苦誠篤이니何其四賢懿德遺澤之入人深이愈久愈不能忘歟　本祠復設時請願等文字를一々無漏編入于卷端하야庸將後日叅考材料하노라

咸鏡北道十州儒生呈經署使儒狀　張晉行代作

伏以有功德於其土者는 死爲方岳鎭土之神하야 食報於其民故
로 馬援이 討平南蠻애 漢民之居其土者ㅣ 建祠祀之러니 食報之
祠ㅣ 旣在其土則存而無毁故로 狄梁公이 巡撫南河할새 奏存伍
員之祠하니 此皆古人盛擧오 後世可則也라 竊惟關北은 麗朝尹
文蕭公이 驅逐靺羯하고 開拓疆土하야 至於先春이로대 而未食
其報러니 入我朝하야 節齋金公宗瑞ㅣ 繼公事業하야 廓掃餘塵
하고 定界豆江之時여 刱建尹公祠宇於本郡하고 配以文襄吳公
延寵하니 盖報其開拓之功이러니 其後尹判書憲柱ㅣ 按節本道
할새 拓其舊基하고 改建祠屋하야 額曰文蕭公廟라하고 前置講
堂하야 以爲十州養士之所하다 憲宗朝甲辰에 士林이 以節齋開
拓六鎭이 同伴尹公이라하야 陞享할새 配以海城君吳公珆하고

改廟爲靖北祠하니於是여兩公이爲關北方岳鎭土之神이오而

崇報之誠과景慕之意可謂備矣로대獨未蒙賜額之典하야爲北

民之齋欝이러니戊辰年에毁撤各祠院時에混入其中하니到今

하야安敢容喙리오而鄕使無尹公金公이런들十州千有餘里之

地安得歸我版圖하며累十萬生齒耕鑿歌詠於聖化五百年間哉

리오以是言之則尹公은雖在前朝라도不可不祀어늘況金公은

在 我朝莫大之功則設令初無其祠라도朝家ㅣ恐合有聽民建

祠祀之典이온至若已建之祠하얀必無毁撤之理어늘而相混於

諸院之中者는未及區別分揀之致也라當毁撤埋主之日하야婦

幼興臺라도莫不垂涙涕泣하고尙今過者ㅣ皆有蘜草之歎과墟

黍之歌오居民尸祝之願과召伯勿剪之詠이愈久愈切하고以至

水旱天札과天災人禍느必曰毁我鎭土之神祠宇所致라하니此

雖愚氓無稽之言이나亦可見衆民之情也오且本郡은自古로十州敎養之地而是祠前堂은多士肄業之所어늘胡歸烏有하니可勝歎哉아十州人士一皆願復舊하야久懷壹閼을未敢造次라가今에幸逢閣下一奉命諮詢하시니月於士民之冤鬱을無不聽伸하시리니此乃千載一會也라生等이不避猥越하고冒懷仰籲하오니伏惟留神垂察하시고至於復奏天陛하샤依舊復設하야繼開兩公事業於今日을千庶無任屛營之至로이다

經畧使　魚允中　題辭　高宗二十年癸未七月日

若非尹金諸公이런들關花이嘗左在在矣리니雖豪尸而尸願이마도可也라本使一行過此地할새撫臨當日之經營하니爲之興感者屢矣라此論之發은誠士林之公心也니當請　兪朝廷向事

按廉使 金宗滋 題辭[四] 光武三年己亥九月初二日

兩公開荒之功이 載在邑乘하야 ▨班目屢이라 十州愛慕ㅣ史

他邑別하니 安得無復享之願리오 而其體重大니 非朝家特恩

이면 無以議일새 始侯兩庭向事

按覈使 李南珪 顯辭[上][仝] 庚子四月日

尹金二公이 未食其報於並土하니 非惟一省所共咨隆이라

國之所齎欝이나 然이나 奏聞이 體重하고 且先賢이 有功有績

이로대 而院宇毁撤을 不可校擧則今不可遽擬 奏復이니

州諸院遺址여 自士林으로 設壇戶祝이 比比로대 而兩朝家一本

之蔡焉則 盍以此詢議하야 以爲寓慕之所乎아 諸生은 其隨

하야 具意見成禀目以入이 宜當向事

請願書

請願人 在囚 尹熺天

請願人이 本以抱病之人으로 在囚累月에 不堪飢寒이옵다가
前疹復發하와 人鬼相隣이옵기故에 請願하오니 査照하신後
卽爲保放하심을 伏望

光武四年三月日

平理院長曹潤承閣下　題辭　實保를 立할事　九日

請願書

咸鏡北道鏡城郡居幼學嚴實燮尹熺天等　保放

本人等이　滿踵之下에 擅妄呼籲한事로 拘囚於　本應이옵

다가 特蒙保放한事實은 業已爛悉이온故로 不必更陳이오나

本道鏡岳食土之神은 卽故文蕭公尹璀之立祠로서 享祀累百

年之久矣러니 輿自戊辰에 混入於毀撤之中하야 伊後闕享함

애 山哀浦愁하야 居此土民이 孰不憾歎而涕淚也哉릿가 城被

朔方에 穆如滿風하야 遺響이 不盡일새 雉城南之元帥臺와 馬

嶺上之侍中臺난 人去臺空하야 兩邊竪碑가 徒作墮淚而已라

本省靖北祠院에 有基址焉하고 有屯土焉하니 不爲經費라도

自可復享之意로 報明於法部하옵고 自該部로 此意를　奏達

天陛하야 特蒙允許復享之地를 千萬伏祝

光武四年三月　日

警務使　閣下

光武四年三月二十八日主任總巡盧興奎 [印]

警務使　局長 [印]

別紙嚴寅燮等이 文廟公尹瓘之享祠를 自可復設之意로 報明

法部하오니 自該部로　奏達　天陛하와 特蒙　允許呈訴를 報明

許하올지

請願書

伏以有功德以下로즉可勝歎說허지上經累衙狀으로開하다

十州人士一般有復設之願하야自本郡으로只票子按廉便하

니願片內여姑俟要隆事일새玆以冒懷仰願하오니伏願大監

은留神採納하시고特以尹公豊功偉烈로奏達 天陛하야亟

施祠院復設之典을千萬伏望

光武四年三月 日

議政大臣 閣下

疏

咸鏡北道鏡城儒生幼學 臣 尹熺天等

右謹啓하음은 臣矣段臣矣身 等이伏以德被生民하고題思遂

民하야 功施後世면 褒襃而揚能은 實是有國之盛典이니 臣等이 不避僣妄之罪하고 敢此呼籲於 淸躍之下오니 故로 朝尹文肅公瓘이 驅逐胡羯하고 開拓疆土하야 至先春嶺爲界하니 關北有土有民이 自此始矣라 然而未有報於前也러니 于我朝하야 簡齋金公宗瑞ㅣ 踵成尹公事業하야 廓輔餘塵하고 定界豆滿江之時여 創設尹公祠宇於鏡城하야 配以吳公延寵하니 蓋報其拓土之功也러니 其後尹公之二十二世孫燾柱ㅣ 按本道할새 修其舊基하야 改祠屋하고 額曰文肅公廟라고 前羅講堂하야 以爲十州養士之所하고 特以月廩萬餘金로 置田畓하야 以奉春秋供享之需하고 備辦朝夕饘鹽之資矣오 憲宗朝甲辰에 士林이 以簡齋ㅣ 開拓六鎭이 與尹公으로 同功하야 陞享할새 配以海城君吳公珀하고 收廟貌於北

祠하니 於是여 兩公이 爲關北方庄鎭土之神이오 追報之誠과

永慕之義一 可謂備矣로대 獨未蒙賜額之典하야 恒爲居民之

齋欝이러니 戊辰年에 毀撤各祠院할새 混入其中이라 當其理

安之日하야 婦幼與臺도 莫不垂淚하고 尙今過者一 與皆流涕

하니 鞠草之嘆과 油黍之歌一 豈不慨然哉며 獨無非公金公이

런들 惟十一郡이 安得歸我版圖하며 累十萬生靈이 畔蔑歟咏

於聖化五百年開載인가 天運이 循環하야 幸運 皇室太廟殿

崇慶觀之節과 舊臣遺勳追復更新之日하야 宜乎復設此祠院

이니 瞻彼北方호니 先春嶺掛弓之樹는 年年重開花하고 更瀟

江洙釰之水는 日日更添波어늘 何使魏勳流澤으로 額敗泯滅

平잇가 噫라 人民土地之功이 與諸院迥異者와 今以復設之策

으로 敢以陳六條爲하노니 盖國家初肇推本之義一也오外國

交界彰功之報二也오退土居民이安業之化三也오泉臺靈魂
이依安之所ㅣ四也오功臣苗裔承襲之迹이五也오士民이興
願瞻望之心이六也니다粤自毀祠以來로虎豹咆哮는衆耳所
聞이오人民夭傷은衆目所視오比年荐歉과天災水旱에人皆
呼泣相告曰毀我鎭土之神祠宇之禍所致也라하니此雖愚氓
無稽之言이나亦豈非自我民視聽으로畏其天之明命也哉리
오往在癸未年하야道內各郡儒生이以尹公祠院復設之願으
로呈禀于經畧使하니題曰若非尹金諸公이런들關北이常左
衽矣리니雖家尸戶祝이라도可也라本使ㅣ撫覽當日經營호
니爲之興感者ㅣ梁矣오此論之獲은誠士林之公心이니當請
兪朝廷向罪라하고府郡多士稟目題旨여府何致擁衛事
며郡何敢左右向事오하니前後狀題指出於忠義激勵之意며

나然其祠院復設之　恩典이偏遡於今日者ㅣ豈不有欠於

聖王之政이며而士林도亦豈無抑鬱之心乎잇가此ㅣ臣等所

以不避屑瀆之罪하고冒死再暴者也로니伏乞天地父母之特

念尹公開荒之功德하시고俯循士林之公議하샤亟降祠院復

設之俞하샤셔誠悼誠恐하야臣等이無任屛營祈懇之至

光武四年五月日

請願書

　　　　咸鏡北道鏡城郡居幼學尹熺天

請願人이以擧錄事로滯囚六朔에旣爲蒙放이온바上書狀敎

廢使題旨와掌禮院題旨歸非　本院之所有이옵기玆에請願

하오니照亮하신後其訴狀을卽爲出給하심을望홈

光武四年七月　日

平理院裁判所長　閣下

題辭　依願出給事　十二日

請願書

咸鏡北道居儒生朴基燮等

伏以有功德以下로至愚夫愚婦無稽之言싸지上經畧使狀으
로同하다其仰慕悅服之懷을可知也니當此額敗之時하야亦
爲後人激勵忠義之意也라累呈本院하되尙未蒙許施書院故
로但謂居民之私建일새帖連御訴하오니査照하와特許營建
祠宇하야休養士林之地를千萬伏望

光武四年七月　日

掌禮院卿李胄榮　閣下

題辭　慕賢追報는欽歎不已로되至於建祠하얀非本院所
可擅便向事　八月十四日

又　請願書以上同

題辭
院宇ㅣ曾有朝令之設則已非本院之擅議오至於
設齋設舉하야惟在士林寫慕之誠이니此不必煩訴
向事　九月二十七日
咸鏡北道屢居儒生朴基燮等

請願書
伏以有功德於民者는必有廟祀於其土也니竊惟尹文蕭公이
驅逐匪羯하고開拓疆土千餘里하야以得先春嶺之界러니而
金簡齋公이繼公之事業하야廓拓餘塵하고定界於豆滿江之
時여創建尹公祠於鏡城하야配以文襄公吳延寵하니蓋報其
開拓之功也러니其後에尹制芹慇柱ㅣ敎簡本道之時여改建
文蕭公廟하고設置講堂하야以爲十州養士之所하다崇禎甲
辰에士林이以爲簡齋之功이周侔尹公이라하야陞享할새陞
以海城君吳珀하고改廟爲靖北祠라하니文蕭簡齋兩公이爲

關北方岳之神하고崇報之誠과仰慕之意ㅣ可謂備矣러니戊
辰年毀撤書院時여混入其中하니未及其時여區而別之也라
鄕使無尹公金公이런들十州千餘里之地ㅣ安得歸我版圖하
며累十萬生齒ㅣ安得耕鑿於聖化五百年間哉며오以此言之
컨대尹公金公이有此莫大之功則設令初無其祠라도自朝家
로恐合聽民建祠온而況旣建之祠ㅣ圖入於毀撤之中乎잇가
當其毀撤之時하야雖婦幼與窶라도莫不涕泣하고衛令過其
墟者ㅣ咨嗟咏歎하야勿剪召棠之心이愈久愈深이오至於水
旱疾疫之時하얀必曰毀我兩公祠宇之所致라하니此는愚夫
愚婦의無稽之言이라도仰慕之情을可知也니如此實際民情
을向於本道按使之題視所燭者故로以復祠之意로是備矣더
니至承禀請之題로대面覽未瑩復說處分故로亦

러니 只承院宇를 曾有朝令之撤則已 非本院之損護오 至於毀

毀하야 惟在士林慕誠之願旨故로 將欲護毀於撤宇舊墟고대

而當其建毀勸士의 庭護之方과 院牆之濬하야는 惟在於本部

措置處分故로 茲以講願하오니 權照하신 鑑時爲辨飭於本道

觀察府하시와 顧護於護毀之時하오며 勸憊於養士之際하와

使士氣激揚케하심을 千萬伏望

光武四年十月　日

李蘭奎　李昺奭　南星蓥　金斗州

李炳洙　柳輪昊　李貞鎬　文天黙

李叅燮　李鳳奎　呂衡模　金炳奎

姜容燮　李寅燮　金章河　孫萬承

姜俀奎　金斗煥　李丙行　鄭永承

姜昌鎬　李泳晉　李熙翰　崔承河

朴章燮

崔周永 曺秉寬 等

內部大臣李乾夏 閣下

題辭

設毀致歎이寒心於景慕之誠이니士林之刱建於廢

院遺址가極爲嘉尙而府郡이亦當贊助矣리니以此

到付事 觀察府

靖北祠重建時通文

右通諭事는夫有功德於民이면建以祠食其土하나니馬援之於

南蠻과武侯之於西蜀也라在昔尹文蕭公吳文襄公之於北道에

立祠는卽以是義也러니間經毀撤하야遺墟ㅣ爲蒭蕘之場이久

矣라가何幸尹雅熺天이千里走足하야上瀆天聽하니筵議合同

이라議政大臣이題其額하고秘書丞이記其實하고特進官이頒

其樑則此ㅣ非但曰祭社라卽朝家之認許也니方擬復設於舊基

而以尹氏先下錢數千金으로 一邊買材瓦하고 募工匠이나 錢豫算을 未定이니 必不知幾萬金後에 就功也일새 玆以仰告하오니 竊惟 僉尊은 俯悉此意하고 優數另助하야 俾竣大事를 千萬幸甚

靖北祠四賢實記編纂時十州通告文　安鳳郁

先賢이 旣有大功於世하야 被人之深則後之人이 可不隨事而闡揚乎아 是故로 南蠻伏波之廟에 將軍傳이 出矣오 西蜀丞相之祠에 從簡錄이 藏焉하니 此皆 敍其傳하고 記其實하야 俾後人으로 不誣矣다 願此亥廟文襄二公은 拓地定界於前하고 出此翼簡憲二公은 復取功於後하니 吁玆俎豆而尸祝之 三四百年之久矣다 然只有告朔之禮而終無告朔之史ㅣ可乎아

噫라 諸公嘉言善行은 世遠人古하야 頗多逸漏로대 其炳德魏勳은 昭載國乘하야 垂示無窮하고 且讐之萬賴와 鏡之靖北에 諸寶記述이 詳備하고 本孫譜牒에 秘蹟遺史ㅣ 必多하니 搜於彼取於此하야 叅互考證이 殆若九苞一羽오 列鼎片臠이니 而環玆主飽其德者ㅣ 豈可晏眠抱杞憂而終焉已乎哉아 前此遺記刊行之議ㅣ 往往間發而姑未遑焉이러니 今於本院款享日에 多士及裔孫이 協謀詢同하야 刻期設鋟하야 將擬剞劂하노니 爲其后裔後學者ㅣ 孰不欲揆摩而龕閤之哉아 惟願僉君子는 熙亮後에 貴地輿史中所載言行事功之可證可愍者를 迅速投擲則庶可叅照考信하야 繼就緒之地를 千萬

癸酉八月　日

關北沿革總論

關北은 古肅愼地니 在混同江之南과 開原之北하니라 其部族은

卽金人餘裔也니 渡曰掴奚오 魏曰勿吉이오 唐曰靺鞨이오 元曰

哈蘭府라하다 元時ㅇ 因其部族所居하야 置郡衛二十官하니 部

하고 給之印牌하야 仍舊俗統厥屬하니 以時여三十八城二站이

러라 高麗恭愍王五年에 乘元衰微하야 使樞密使柳仁雨로 率兵

几一百八十四個所러니 其後에 爲都督指揮千百戶鎭撫等諸職

征之하야 襲還雙城(今永興)하고 一掃都連浦以北等地하야 歸我版

圖하니 於是여 本道ㅣ 再入高麗領有라 據尹瓘築九城時則已經

二百五十年間이러라

海東繹史에 曰高麗尹瓘이 破女眞曷懶甸하고 置九城하니 今咸

興以北地오 林彥六城記에 曰東至于海하고 西北은 介于蓋馬山

하고 南接于長定二州라하니 據此컨대 蓋馬山이 爲白頭山이 明

矣라 柳泠齋嘗謂하되 蓋之初聲이 實與奚로 同이니 東音에 謂白

曰奚(해 야)라하고 謂馬山하야 爲麾尼(마 리)오 謂頭亦曰麾尼(마

미)라하니 蓋馬者는 奚馬尼也오 奚馬者는 白頭也라하다

按白頭山은 古之不咸山이오 中華人은 稱以長白山하다 高麗

史에 云하되 光宗十年에 逐女眞於白頭山外居之라하니 白頭

之稱이 始見於此오 漢書에 云하되 蓋馬山이 亦白頭山이라하

다 明統志여 謂蓋馬山이 在平壤西라하고 淸統志여 又以今蓋

平縣으로 當之者는 並誤라

關北界誌

咸興은 本高句麗舊地로 爲東女眞所據러니 高麗容宗二年에 命

尹瓘等하야 擊逐女眞하고 三年에 置咸州大都督府하야 號를

鎭東軍이라하고 築城하야 徙南界民 一千九百四十八戶以實

之하고 四年에 撤城하야 以其地로 還女眞이러니 後에 沒於元

하야 稱哈蘭府라하다 一說에 高麗成宗十四年乙未에 復其地

하고 置朔方道러니 後爲女眞所據하다 睿宗二年丁亥여 遣尹

瓘等하야 分道出軍하야 復其地하다 四年에 女眞이 寇咸州어

늘 兵馬錄事王思瓘이 戰死하니 復遣尹瓘吳延寵하야 擊逐之

하고 仁宗二十三年乙丑에 撤咸雄二城하다

北靑은 本高句麗舊地니 久爲女眞所據타가 高麗睿宗二年에 遣

尹瓘等하야 逐女眞하고 置安寧郡英州防禦所하니 兵民이 一

千二百二十八丁戶러라

端川은 高麗睿宗二年에 尹瓘이 逐女眞하고 置福州防禦所하니

兵民이 六百三十二丁戶러라

吉州는 本高句麗舊地로 久爲女眞所據러니 高麗睿宗二年에 遣

尹瓘吳延寵하야 率兵十七萬하야 逐女眞하고 盡定地界할새 東至火串嶺하고 北至弓漢嶺하고 西至蒙羅骨嶺하야 以爲我疆하고 於弓漢村에 築城六百七十間하야 號曰吉州라하고 三年에 置防禦使하고 六年에 築中城이러니 尋에 以地로 還女眞하고 後에 沒於元하야 稱海洋이라하다 恭愍時여 收復하고 恭讓時여 置吉州等處하야 管軍民萬戶府하고 李朝太祖七年에 改吉州牧하고 世祖十三年에 李施愛以州叛이어늘 討平之하고 睿宗元年에 降爲吉城縣하고 荊州北永平等地하야 別置明川縣하고 中宗七年壬申에 復陞爲州하야 置制官하고 革明川縣하야 來屬이러니 癸酉에 還陞明川縣하야 革制官하고 宣廟三十八年에 兼防禦使라가 仁祖五年에 遞罷하다

明川은 本吉州明原驛이러니 李朝睿宗元年에 以世祖時의 八公

施愛叛逆으로 貶降吉州하야 爲吉城縣하고 又割長德川遞北之地하야 別置縣할새 以明原驛으로 爲治所하야 號를 明川이라하고 中宗七年壬申에 革屬吉州라가 八年에 復置郡하고 名明原하다 宣祖三十八年乙巳에 陞爲府하니라

鏡城은 本號亏籠耳（遼東誌作木郞古 稱號未詳）라 久爲女眞所據러니 高麗睿宗二年에 尹瓘이 逐女眞城之하다 後에 沒于元이러니 恭愍王이 命柳仁雨收復하고（尹瓘開拓後二百五十餘年間） 李朝太祖七年戊寅에 始稱今名하야 置萬戶하고 定宗二年에 置郡하야 以兵馬使로 兼郡事하고 太宗四年에 兵馬使를 改都兵馬使하야 仍判郡事하고 世宗十八年에 陞郡爲都護府하야 以兵馬都節制使로 兼判府使하고 始置判官及土官하야 因爲節制使本營하고 世祖十三年에 改北道節度使하야 仍兼府使하고 英祖丙子에 判官으로 陞府

使타가 戊寅에 還爲判官하고 高宗二十一年甲申에 革兵使하

야 始置北道按撫使하야 仍兼節度使鏡城都護府使하고 改北

兵營爲北監營하다 ○郡名 原 亐籠耳 木郎古 雉城 補 鏡城

鑑湖 柳城

按鑑湖는 以邑號鏡城故로 名爲蕳川爲鑑湖라하고 柳城은 城

在柳亭川上故로 名爲하고 鏡城之號는 始於李太祖七年하

고 雉城邑號則只有雉城館三字額하니 其命名之義亦無可

考라 古老流傳에 簡齋金公宗瑞初卜邑基하고 將營築城할

새 一日夜에 雪이 旣霽어늘 朝視之하니 羣雉環踏雪上을 㫆

城圖故로 隨其跡而築之하고 因爲邑號云하니라

會寧은 本高句麗舊地니 胡言에 大河音云 라 李太宗朝에 幹於

甲童孟哥帖木兒乘虛入居하고 世宗十五年에 元狄哈이 殺兵

哥灸子하니 幹木河에 熊酋長이라 十六年에 遂移石幕寧北鎭

于伯顔愁所러니 尋에 以幹木河西北이 當賊衝하고 且幹朶里

遺種所居로 特設城堡하고 會寧北鎭節制使로 黎之나 然이나

其地距鎭이 阻隔하고 聲援이 懸絕이라하야 是年夏에 別置鎭

于幹木河하야 以豊山圓山細谷宥洞高郎岐阿山古富居釜回

還等地로 爲界하야 稱會寧鎭하고 置僉節制使러니 冬에 阿爲

都護府使하야 置判官及土官하고 二十二年에 割吾弄草川偏

地하야 來屬하다 ○郡名은 阿木河 吾音會 檠山 會山

按會寧은 元來沿革이 多端하니 肅愼靺鞨沃沮等으로 後爲

高句麗領城이라가 又爲女眞所據러니 高麗睿宗朝에 以尹

侍中功으로 爲高麗領이라가 又爲金國一族의 東眞國이러

니 李朝世宗時여 金宗瑞開拓六鎭後에 移居多數南道民하

니自古로爲六鎭之首府하니라

茂山은本富寧茂山鎭이니李朝顯宗甲寅에因本道監司南九萬

狀啓하야移設於江邊하다

鍾城은本高句麗舊地로爲女眞所據하야愁州라稱하더니高麗

睿宗朝에以尹侍中功으로爲高麗領이라가還爲女眞所居러

니李朝世宗十六年에簡齋金公이開拓六鎭할새鹽別置會寧

鎭于幹木河하고明年에於寧北大鎭(愁州即所伯顔)에置郡하야號를鍾

城이라하고以鎭簡制使로兼知郡事하고以俯溪林川鹿野防

山等地民戶로屬之하다二十二年에以愁州一徙入江門

하니爲賊路要衝이라하야遂移郡治于此하고乃以本鎭城으

로爲簡制使之行營하다二十三年에陞都護府하야置制使하

고設土官하며改郡名鍾城하고後에總敎使官하다○郡名은

按寧北本鎭으로 東距三十里여 有一山이 撐天하야 鍾皷音

樂之聲이 聞于遠方故로 名曰鍾山이라 山中에 金石之巖이

頗多하야 細流砂金하고 東注五龍川키로 仍作郡名하니라

穩城은 高句麗舊地로 爲女眞所據하야 稱多溫坪이러니 高麗容

宗朝에 尹侍中拓地之功으로 爲高麗領土가라 還爲女眞所居

하다 李朝世宗時여 金簡齋開拓六鎭할새 穩城이라 稱하고 其

後에 陞爲都護府하야 置判官이러니 仁祖八年庚午에 以楡遠

土兵梁士福等叛逆으로 降爲縣이라가 其後에 復爲府하고 又

其後에 改爲郡하니라

慶源은 古稱孔州（一云匡州後人掘地得銅印其文曰匡州防禦之印）니 久爲女眞所據다高麗容宗

時여 尹侍中璀이 遂女眞하고 設岊岩하야 爲公險鎭內防禦所러

니 李太祖七年에 因古址하야 築石城하고 以其地여 有德陵安

陵하고 且肇基之地라하야 改今名하고 陞爲府하야 割鏡城府

龍城以北屬之하다 太宗九年에 移治于蘇多老古營하고 設木

柵以居러니 十年에 因女眞入寇하야 徙民戶하야 並于鏡城郡

하고 遂虛其地러니 十七年에 割鏡城豆籠耳峴迤北之地하야

後置邑於富家站하고 爲都護府하다 (即古富居懷綏縣之地) 世宗十年에

又移府治于會叱家之地하고 徒南界民戶以實之하고 置土官

하다 ○郡名은 孔州 匡州 楸城 (勝覽에 惟鏡城慶源에 裁土官器有異全)

慶興은 古孔州之地니 慶源府를 旣移治於會叱家애 世宗이 以距

孔州古地隔遠으로 難於守禦라하야 復修孔州舊城하고 差萬

戶하야 飛孔州等處僉節制使러니 十七年에 割傍近民戶三百

하야 屬之하고 別置縣하야 稱孔城이라하고 以僉節制使로 兼

縣事하다十九年에以爲穆陵肇基之地라하야陞爲郡하고改

今名이러니二十五年에更廣其城하야陞爲都護府하고證土

官하다○郡名은孔城　匡城

靖北祠辛丑重建跋

不佞이嘗於 哲宗庚申夏에以援員으로留養賢堂할새瞻謁文
蕭公廟하니其壯麗堅確之制와丹艧流彩之狀은所可當世罕見
欽歎者也ㅣ으又內墻前兩傍에有廟하니東曰興惠祠ㅣ니刱尹
李光夏를享之하고西曰淸德堂이니昌興君成夏宗을享焉而養
賢堂이在於兩廟之間稍前而宏大하야可容十州之士矣오又其
前에有東西齋室하고又其南에有門樓而揭曰靖北樓也ㅣ라於
是여與院任으로詳觀古來文蹟則文蕭公拓北之罪寶과與觀察
使憲柱重修之蹟과瞻謁錄奴婢圖畓文券而已矣오至於創建廟
宇之年紀와誰某嘗始之事하야는眛然無徵하며邈然難知하야
自有悶欝之心矣러니因有朝令하야歲戊辰掇享以後에遺墟所
餘者ㅣ惟有碑閣이兀然獨立하니千古曠感之懷ㅣ倍切於志士

心之하고 行路指點之歎이 每發於荒田之下者ㅣ于今三十有三

年矣라 祠孫前叅奉尹鳳柱ㅣ 慨然發追慕之誠하야 以改建意로

通議士林하고 謀諸南北諸孫하야 聚鳩萬金之餘而又送族人燩

天하야鳴寃於法駕之前하니 雖未蒙快允이나 有不可禁之微旨

故로 自邑士林으로 擇幹事監役之人하니 卽進士南秉極과 前鄕

長鄭鎭喬也ㅣ라 二人이 素以超品之才量으로 當不世之盛擧하

야 夙夜殫勞하야 是歲四月에 開基하야 至八月功告訖하고 初六

日陞享하고 初八日落識할새 十郡來觀者ㅣ 莫不欣賀焉이라 大

抵墻垣棟梲梱을 一遵舊制하야 不失尺寸하니 若使未見舊廟

之人으로 觀今日之廟儀則直與當時歷觀者로 無異矣라 事之符

合을 可勝稱道哉아 至於祠宇與講堂之制度也와 齋室與門墻之

澗夾也와 人事之偶合也와 天時之吉良也와 物力之豐簞也와 祠

孫之誠勤則鶴山李員外郞羲錫이 詳記昭載하니 何用贅辭哉리오 雖然이나 於本祠之事에 竊有見得而發明者有一焉하니 在昔 宣廟十六年癸未여 北道都巡察使鄭公彦信與評事尹安性이 追惟茂蹟하고 雜採公議하야 改建尹公祠於鏡城而猶未卒吳文襄公이라 我北人이 旣行其文蕭公之有報而尙恨夫文襄公之有闕 序에 云하되 萬曆癸未歲여 都巡察使歸彦信이 欲改建廟鏡城한 世하니 此則北備是啓門狀中辭意也오 又尹安性이 謁得中廟詩 새 不肖適以評事로 佐元戎幕이라가 同是殫力이라가 適會軍興하 야 未遑及焉이러니 遂至乙未夏하야 受符再入塞則廟貌稍完이 어늘 仍修治而父靈하니 此는 實由於邦人之好義也라하니 此는 關北誌所載也오 又於懿宗乙巳二月初六日金忠翼公陛宰觀文 에 有曰公曰前人冥享是邦創建祠宇虔祀奉秋라하니 以此考之

컨대 廟宇創建이 在於世宗時也라 關北氏與儒狀은 數百年前之

文蹟이오 金公陸享親文은 乃是數百年後之言이니 以此見之則

不無的信而怏然無徵之恨이나 然以管見未學으로 豈

敢牢守而質言乎아 盖俟後來記事人之愈明也而獨恨夫興惠淸

德兩廟未得趁時改建하니 以恐永爲十州士林之責也하노라

　　　　　公山後人李秉虁謹跋

右靖北祠誌六卷創祀後五百載而始成矛歷觀古之將相雖其勳
業爛然照耀史册然閱異代則其跡泯然者亦多焉若夫拓土之功
異於是生民之居而衣食之莫不於玆土然則天荒地老無其民則
已有其民則其功益著固有與日月同行垂千百世而不朽者如靖
北諸公是已蓋關以北本我高句麗渤海之地而至高麗陷於女眞
睿宗遣尹吳兩公征之拓地數千里築九城李朝復經營之遣金公
設六鎮使民奠居民到于今受其賜此豈可與一時之戡禍亂樹癢
瘼者同功而語哉海城君亦以吳公之裔平適亂征野人有功可謂
有是祖有是孫也嗚乎諸公之德在人心諸公之功在疆土土之人
仰之如見黃河之水思大禹之功也是以之而不忘惟其久而不忘
也雖易代而祀之猶不足至若杖履微跡傳諸譜圖刻諸金石

以示來後況其遺文實蹟之散在著安得不撫而壽傳乎此院誌

之所綠出世著也是誌之編實經安君鳳郁之手其刳刪而行于世

尹君泳球之力爲多矣僉曰是不可無識余適掌事于本院不揆僭

猥謹書之如此

甲戌正月上浣

原州崔升憲謹識

嗚呼盛哉四公之平虜拓疆討賊設城實吾東方不世有之功也而

其利澤偏多於北地故北地士民之崇慕至今罔缺靖北祠即安侑

之所也盖四公之事蹟散在傳誌中或藏在諸後孫塵笥中爲許多

閑汨董知其全本者幾希日本祠沿革文獻無徵是以士民之茹恨

久矣何莘昨年秋享散齋日士林及裔孫協謀同聲以實記編輯事

經始而現時院監安友鳳郁寔有志歷史家獨能仔肩重務越明日

通告于各郡宿儒古家及本祠後孫諸處蒐集可考之文籍或於邐

通躬往博採期必逾五百年未遑之舉安友努力當復如何哉於是

乎余以近邊祠孫難孤安友之南義開或傍從纂觀編次之趣不可

謂杜撰憑其原而羣分類聚先叶子記實叅六号二九五閏月而草

藥廼成將付劂厥氏而廬其有俾酋蔍士民終始講明則四公之事蹟

本祠之沿革尤曒然指掌矣安友之賢勞雖曰玫苦見聞者耳目非

其更新而何昔劉思貞所謂爲之者勞觀之者逸實先獲語也余亦

非有私乎先祖事蹟揄揚而爲忭躍一體同祀之勲然俱煥然刊行

于世以其居食於兹土者感發之心油然而生豈可無一語以跋其

尾也哉再拜謹識

癸酉十二月　日　尹文蕭公後孫泳瑀　再拜謹識

跋

古之將相文武兼才而立不世之功邁無窮之德者無完編之實記

則不得庶傳於當世況在百世之下事邁徵少者乎噫在麗朝載先

祖文蕭公央文襄公在李朝僉曰蕭德公後人慕其功而愛

靈於鏡城靖光嗣养秋粗豆而室之世其始終事蹟散在國乘與野

史譜牒而實無輯合統會之方人士之深歎後孫之

久矣昨歲之秋孚士論於南人蓉遐之事安友鳳郡遐任院

監發交于齊郡校院斗門六家及諸虜本蒸許取集殘文合爲一篇

吾族泳璃東在郡有司之同普院長崔公升憲董其事而爲

之跋於是乎走譜院金公端奎叙其事而

中樞院叅議金公州荃北道叅興竹

根據其事門編而贊美之

導許可簡次野令初[illegible]傳[illegible]之下欲知四賢寶蹟者[illegible]

記而觀之則可知其在不世之功無窮之德也在命以裔孫纘實見

祖寶蹟之就緒纂實時任之賢勞士林之同力略記其顛末焉

歲甲戌春正月日　尹文肅公後孫前智陵令在命謹跋

又

今之北鮮古之為尹文蕭公吳文襄公及金忠翼公前後開拓之地
故極々居人有建祠設享庸伸報本之誼鏡城之靖北祠是其一為
而以吳蕭憲公追後配享不忘其平虜築城之勞者亦鏡人之特舉
惟此四公之魏勳偉勳之載在史籤爛如日月復伺容喙其惟名所
古蹟耆有案內編帖便覽之者一目瞭然卽近來文明之所發達也
亦祠陛曁安鳳郁甫亦流涟於斯與其同志尹泳瑪尹泳球諸見議
餤為靖北祠實記方峴合四公之獎事以余謂文襄公後裔一有水
扣余以夫癸亥秋所發見文襄公墓誌石文示之諸見愕然苟之日
公之墓已知為失傳者始見此眞諶說古今之平患歸而問乞實記
乃售庚四公千載之顯可以摀一肇之中夾隨欲卽判問匄扵孝傳
也必奠而我先祖之祠鹽復有光扵北鮮故余臨築與盛徳伸肖傳

所以克邃前人未邃之勞而一言附尾

歲甲戌元月上浣　吳文襄公後孫朝奉大夫行　□□□泰

在善謹識

正誤表

頁	行數	誤	正
序 一前	九	藐	藐
序 二前	十	朽	朽
序 四前	五	烈	列
序 五後	七	綱	綱
首編 七首	十二	地	誌
一卷遺文 一後	四	墜	陛
一卷遺文 十四前	六	旋	旄
二卷 三十二前	六	厠	剛
二卷 四十後	五	士	土
三卷 四十八前	六	延	延
三卷 五十八前	十二	洞	洞

昭和九年十一月十日印刷
昭和九年十一月十五日發行

靖北祠四賢實記 下

不許複製

著作兼發行者　安鳳郁
咸鏡北道鏡城郡梧村面勝岩洞一九九番地

印刷者　宋德翰
咸鏡北道鏡城郡梧村面普星洞一二番地

印刷所　鏡城印刷所
咸鏡北道鏡城郡梧村面普星洞一二番地

發行所　靖北院
咸鏡北道鏡城郡梧村面勝岩洞二八五番地

長洲羅院誌序

先生文公炳靈羅代爲文氏得姓之祖德厚流綿歷千有餘載而愈盛鳴乎休哉夫以先生嶽降無數閒豆之屋欠與也於是士林之公議去甲子營立祠宇於長者池上即先生降生之所也妥靈有日以一箇公論配享敬靖公思肅公順平君江城君四賢盖皆先生之苗裔而顯於麗朝或以名德著或以勳業鳴或以道學尊足以增光先烈同堂侑食春秋祼將此可以有辭於百世矣院不可以無誌任事諸賢次第記錄五賢寶績及剏祠始末與夫規模節次收拾成編將付剞劂

以爲傳遠之計其意甚勤功既訖文氏秀士炳九仁愧諛
浼致晤講余一言爲題年衰病甚無能爲役而第念余於
祠字之翩立累犯不韙之罪今亦不能終辭惡借二書
著雍執徐清和小晦錦城吳駿善書

長淵院誌目錄

卷之一

五賢實記
長淵院圖
五先生神位圖
禮成祝文
丁享祝文
祭需單子
陳設圖
禮成釋菜儀節

釋菜笏記
春秋丁享笏記
祠宇開基祝文
祠宇上樑祝文
講堂開基祝文
講堂上樑祝文
文巖開基祝文
文巖上樑祝文

院中節目　講儀
相揖禮笏記　附 鄉飲酒儀
藍田呂氏鄉約　相揖禮圖
謁廟儀　鄉飲酒禮圖
卷之二
長淵祠營建實錄　長淵祠上樑文
長淵祠實記　嶽降堂上樑文
長淵祠新建銘　齊明室上樑文
武成公文先生遺墟碑文　文巖門上樑文
五先生實蹟碑文　嶽降堂記

嶺隆堂新建記　追慕契序

冰壺樓記　李伯淳日記

文巖門塔建築實蹟碑　文公址洙遺蹟碑記

南平文氏大宗案序　文致睹妻林氏記實狀

卷之三

通文　長淵祠營建有司望

經學院答通　院任案

各邵校院通狀　春秋祭享祭官望

齋長書　院宇位土儒林僉議案

附　文嚴通文

卷之四

附 諸院蹟

御製攷祭文

跋

長洲院誌目錄終

長淵院誌卷之一

先生實記

多省字明遠號三光謚武成公新羅慈悲王十五

子有紫氣西來王望之喜曰吾皇祖誕降時有此

祥氣云今又有之必有神人下降命百結先生遷探于

南平縣東大澤畔時五雲蝙蹾於大巖上有呱呱聲乃

登視則巖上有石函中有嬰兒霅膚玉瞳姿貌奇偉遂

牧養之以巫回丹書文字命爲姓以多省爲各賜號以

三光以其明若日月炳如星辰云爾配訓智王第三子

宗教典監伊飡夫斯之女封雞林國六夫人智證王元

年爲侍中阿飡眞興王元年爲大國師立館學於城東
眞智王二年爲大阿飡大國師策勳食邑三千戶年一
百七眞平王元年贈大匡輔國上柱國三韓壁上功臣
大司焉太將軍兼太師太傅封南平開國伯諡武成公
配享證王廟庭國乘曰道學禮法爲東方之祖館學通
諭曰三光先生斯文之大宗
先生諱公裕字　金皇統元年壬戌十一月日文林郎
試尙書兵部侍兼東宮侍講學士賜紫金魚袋臣文公
裕奉宣書延州妙香山普賢寺記〔記是金文烈公富軾奉宣所撰書奉宣印行〕
世于　仁宗十一年爲侍御史與直門下省李仲上疏言妙

清自壽翰皆妖人也眩惑左道欺君罔上請斬之以答
天戎王不聽退而待罪戮宗元年丁卯知御史臺事
與左正言鄭知源等三日伏閣言事二年戊辰爲西北
面兵馬便三年己巳進寶文閣學士五年辛未爲禮部
尚書六年壬申爲兵部尚書九年爲吏部尚書輿地勝
覽云南平人物文公裕官至門下省事集賢殿太學士
謚嚴靖公束萊積翠亭在客館後今廢郭東珣留詩一
首文公裕爲六理時手篇上板是後無一詩繼上者學
士金糯作記平章事崔惟清作後記自書世稱積翠亭
三絶配仁宗廟庭

先生諱克謙字德柄睿宗壬寅生毅宗朝登第遷左正言
時宦者白善淵等專弄國柄勢傾中外乃伏閤上疏辭
甚嚴峻王大怒貶黃州後以有司之奏還授閤門祇侯
鄭仲夫之亂見凶於宮城王南行歎曰朕若早從克謙
言安有是辱及明宗節立特拜右承宣御史中承尋拜
叅知政事進中書侍郎平章事判戶部事太子太保
五年判禮部事十九年判吏部事開府儀同三司監修
國史己酉卒毅朝三日謚忠肅公配明宗廟庭高宗朝
贈三重大匡三韓碧上功臣都僉議元輔上宰

先生諱惟弼字　明宗朝官樞密院事左散騎常侍御

史大夫以振霜臺之風忠正剛直不阿權奸高宗朝崇
祿大夫判三司事當曹石之亂侍王不去王嘆曰疾風
勁草子之謂炎歷拜中書侍郎平章事太子少卿封順
平君欤仕而卒輟朝三日謚孝惠公
先生諱益漸字曰新號三憂堂以宗國之不振聖學之不
明己道之不立爲憂而號焉師事李穡亭與鄭圃隱李
牧隱諸賢講論程朱之學庚子登第歷左司議右文舘
提學壬寅奉使如元元主欲廢恭愍王先生力爭不屈
元主怒謫于南荒三秋放還得木綿而還永遺我東方
萬世生靈之利爲嘗論時務上八條疏一五部各建學

堂以振風教二外邑各設鄉校以整紀綱三汰冗散升
俊良四建廟造主以奉祭祀五革朝服遵華制六建義倉
賑窮之七設水碓便運漕八薄賦稅悅民心王皆嘉納
焉丁母憂廬墓三年高麗革命八杜門洞　太宗朝贈
館事封江城君謚忠宣公　命立不祧廟旌其閭曰髙麗
嘉靖大夫叅知議政府事藝文館提學知經筵館春秋
忠臣之門　世宗朝贈大匡輔國崇祿大夫議政府領
議政封富民侯
史傳曰先生非徒有功於木綿之利也嘗力學倡明
正道訊斥異端教人必以孝悌性理之學沂洙三韓

之柴大理之晦復明文風之熄復振可謂東方道學
之宗也
退溪先生曰非但三韓之億萬蒼生得以免艱且凍
而能使一國之衣冠文物煥然一新也
尤庵先生曰程朱旣沒惟我東方安裕文益漸二賢
能得其傳又曰靡安文二賢則吾東方迄未免涉於
醜虜之行矣其他諸先賢之贊揚詳載國乘斑斑可
考又況列聖朝之崇典自 太宗至于 正廟屢下
不替者乎享七院三祠 正宗朝士論欲昇廡以邦
禁疏不得八 高宗朝又欲昇廡三上疏未蒙 天

允士林之齋恨何如哉

正宗癸卯九月遣禮官致祭仍宣額

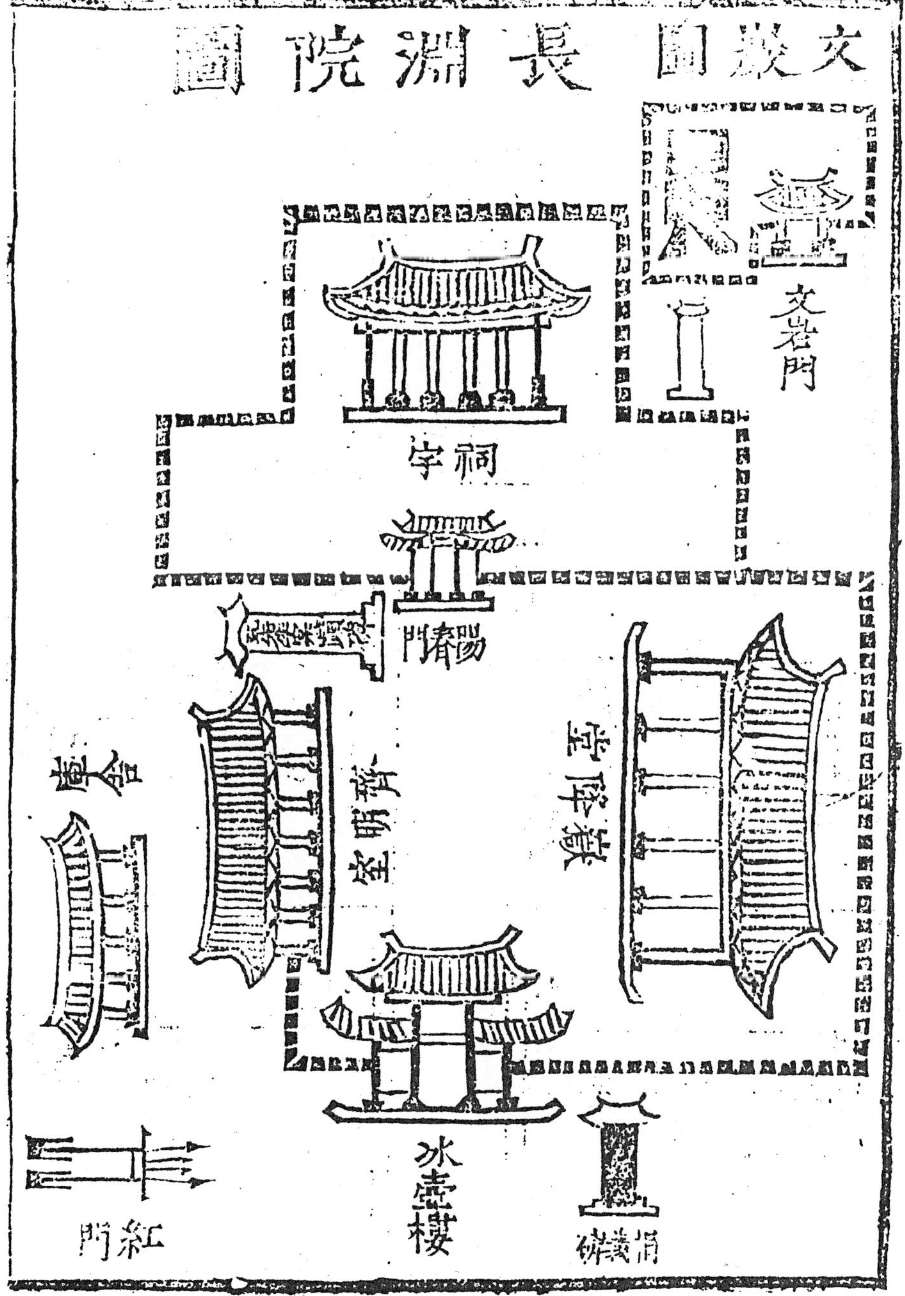
文廟圖　長淵院圖
文老門
祠宇
陽春門
聖明室
鎮坪寺
紅門
冰壺樓
閒議碑

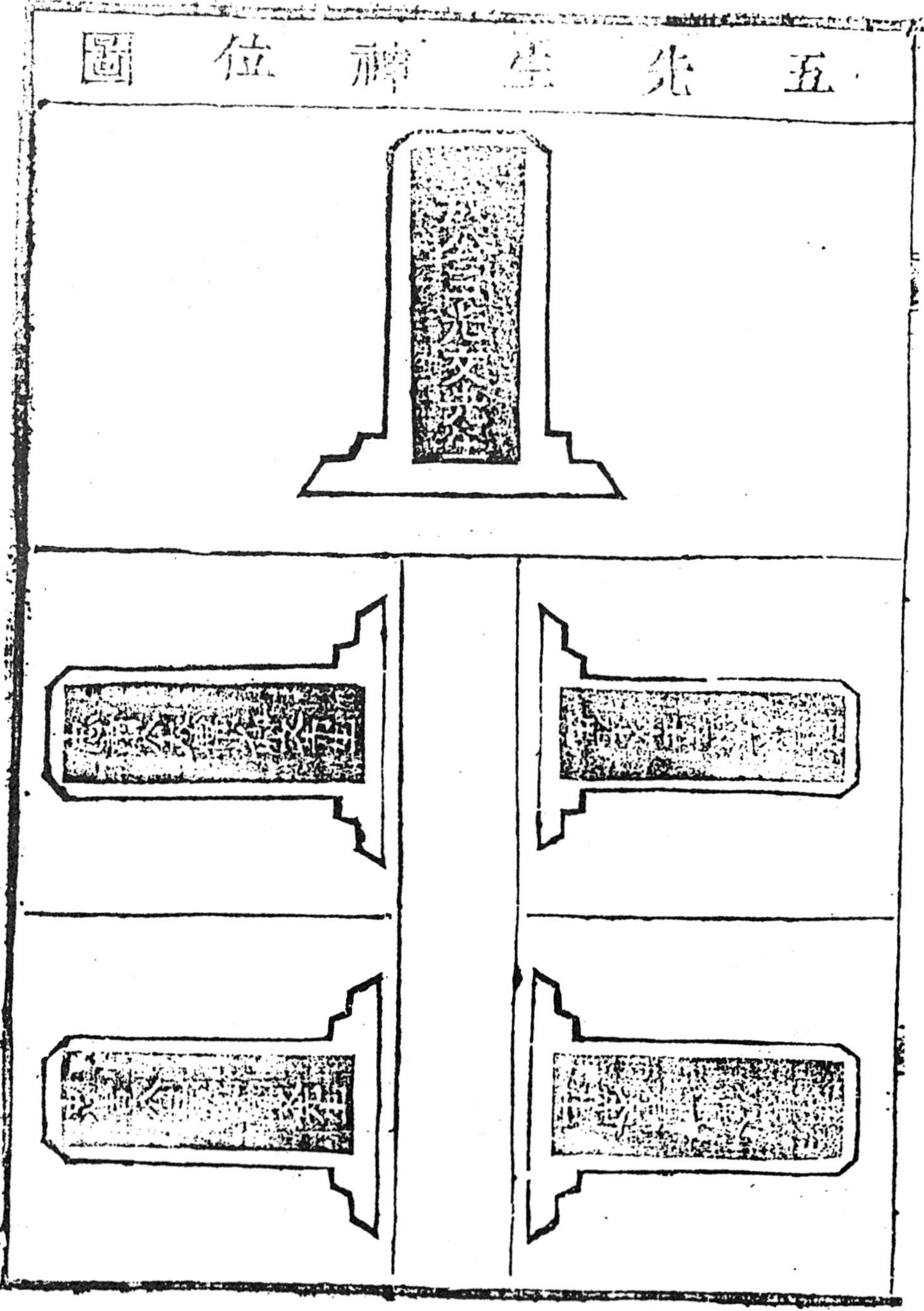

五先生神位圖

禮成祝文

祭武成公

維神降世已逾千載南維荒僻滄桑屢改衛斗影閟洪鍾
聲在建祠設享愈遠在茲揆諸事體正合理𨤲慶奉位牌
嚴尊瞻視伏惟英靈如木在地萬世芬苾庶歆格恩

祭敬靖公

斥佛斥欈剛直收聲百世慕仰於牆於羹新廟禮成儼若
在座嚴薦俎豆永世是妥

祭忠肅公

蕭蘛文章國家蓍龜監修國史狐魚可期蠲以吉辰禮成

新祠多士齊濟敢陳菲辭

祭孝惠公

立朝正直不阿權奸科愿繩違霜臺風寒疾風勁草不避

其難蠁永妥侑庶鑑裏丹

祭惠宣公

稼亭直脉團牧交契深宄性理絕學能繼環東千里澤流

萬庭涓吉禮成顉歆勿替

丁享祝文

維歲次某年某月某朔某日某甲後學某敢照告于

武成公三光文先生伏以鍾毓英姿斯文就緒羽儀當世

刑範來許茲值下丁謹以醴牲庶品式薦明誠以　敬靖

公　忠肅公　孝惠公　忠宣公配尚　饗

祭需單子

稻米　壹斗

黍米　壹斗

鹿脯　壹百五十條

鹿醢　五斤

豕牲　壹口

幣布　六尺

栗黃　五升

菁菹　　拾五片

黃燭　　六匣

燭心紙　壹張

祝文張紙　壹張

眞玄　　壹丁

黃筆　　壹柄

陳設圖

| 鹿脯 | 栗黃 | 燭 |

禮成釋菜儀節

神位

籩稻　盨黍　鹿醢
幣　豕　菁菹
爵　籩　燭

獻官以下皆盛服掌議設神座　武成公位南向配位西
向從配位東向設祝板於　武成公位之右設香爐香案
香盒於堂中每位各座一邊實以脯果右一豆實以芹菜
設犠尊一於堂上南隅陳燭二於堂中及東西從配位前

陳爵洗於東階之西卓一茨洗東卓上籃二（巾東爵西）設獻官
位於堂下北向分奠者二人次之諸生又次皆北向獻官
謂者一人分奠贊者二人掌議司尊執禮祝官奉爐焚香

學生奠酌

釋菜笏記

獻官以下序立於東廊下掌議帥執事者升堂實酒饌贊
者一人引獻官升堂點閱降就堂下位分奠官及諸生各
就位贊者一人離位小前再拜訖進立於主人之右西向
再拜在位者皆再拜掌議祝司尊者皆升掌議立於東
序西向祝立於階上西向司尊者立於尊南北向贊者引

獻官詣盥洗之南北向立盥手帨手升焚香再拜降詣
盥洗如初詣爵洗南北向立洗爵以授贊者升詣尊所西
向立贊者以爵授獻官司尊舉羃酌酒獻官以爵授贊者
俱詣　武成公位前獻官跪贊者跪授爵獻官執爵三祭
祝訖興摶位獻官再拜次詣盥洗位如初洗諸配位酌訖
酒奠爵邊豆之間俛伏興少立祝詣獻官之左東向跪讀
贊者以盤兼奉酌升詣配位如初儀各讀祝獻官仍降復
位獻官詣配位酌獻贊者二人各引分奠官分行東西從
配禮盥洗以下幷如配位之儀分奠訖復位在位者省再
拜退

獻官以下諸執事及學生各服其服○學生就門外位○

贊者謁者先就階間拜位○再位○各就位○贊引引學

生八就位○謁者引獻官以下俱就門外位○謁者引祝

及諸執事八階間拜位○再拜○詣盥洗位○盥洗　各

就位○謁者引獻官入就位○謁者進初獻官之左白有

司謹具請行事○獻官皆再拜○行奠幣禮○謁者引初

獻官詣盥洗位○盥手帨手○東向立　執笏○引詣武

成公文先生神位前北向立○跪○摺笏○三上香○祝

以幣籠授獻官○獻官執幣○獻幣○以幣授祝奠于神

位前○執笏○俯伏○興○○平身○次詣敬靖公文先生神位前東向立○跪○搢笏○三上香○祝以幣籠授獻官○獻官執幣○獻幣○以幣授祝奠于神位前○執笏○俯伏○興○平身○次詣忠肅公文先生神位前西向立○跪○搢笏○三上香○祝以幣籠授獻官○獻官執幣○獻幣○以幣授祝奠于神位前○執笏○俯伏○興○平身○次詣孝惠公文先生神位前東向立○跪○搢笏○三上香○祝以幣籠授獻官○獻官執幣○獻幣○以幣授祝奠于神位前○執笏○俯伏○興○平身○次詣忠宣公文先生神位前西向立○跪○搢笏○三上香

○祝以幣籠授獻官○獻官執幣○以幣授祝奠
于神位前○執笏○俯伏○興○平身○引降復位○行
初獻禮○謁者引初獻官諸尊所東向立○謁者引獻官
諸武成公文先生神位前北向立○跪○摺笏○執事以
爵授獻官○獻官執爵○以醫授祝奠于神位前○○執
笏○俯伏○興○平身○北向跪○祝進神位之右東向
跪○讀祝文○俯伏○興○平身○次詣嚴靖公文先生
神位前東向立○跪○摺笏○就事以醫授獻官○獻官
執醫○以醫授執事奠于神位前○執笏○俯伏○與○
平身○東向跪○祝進神位之右東向跪○讀祝文○俯

伏○興○平身○次詣忠肅公文先生神位前西向立○跪○搢笏○執事以爵授獻官○獻官執爵○以爵授執事奠于神位前○執笏○俯伏○興○平身○東向跪○讀祝文○俯伏○興○平身○次詣孝惠公文先生神位前東向立○跪○搢笏○執事以爵授獻官○獻官執爵○以爵授執事奠于神位前○執笏○俯伏○興○平身○東向跪○祝進神位之右東向跪○讀祝文○俯伏○興○平身○次詣忠宣公文先生神位前西向立跪○搢笏○執事以爵授獻官○獻爵執笏○以爵授執事奠于神位前○執笏○俯伏○興○平身○東向跪

○祝進神位之右東向跪○讀祝文○俯伏○興○平身○因降復位○行亞獻禮○謁者引亞獻官詣盥洗位北向立○搢笏○盥手帨手○執笏○引詣尊所北向立○謁者引獻官詣武成公文先生神位前北向立○跪○搢笏○執事以爵授獻官○獻官執爵○獻爵○以爵授執事奠于神位前○執笏○俯伏○興○平身○次詣忠靖公文先生神位前東向立○跪○搢笏○執事以爵授獻官○獻官執爵○以爵授執事奠于神位前○執笏○俯伏○興○平身○次詣思爾公文先生神位前西向立○跪○搢笏○執事以爵授獻官○獻官執爵○獻爵○以

爵授執事奠于神位前○執笏○俯伏○興○平身○
詣孝惠公文先生神位前東向立○跪○摺笏○執事以
爵授獻官○獻官執爵○以爵授執事奠于神位前○執
笏○俯伏○興○平身○次詣忠宣公文先生神位前西
向立○跪○摺笏○執事以爵授獻官○獻官執爵○獻
爵○以爵授執事奠于神位前○執笏○俯伏○興○平
身○因降復位○行終獻禮○謁者引終獻官詣盥洗位
北向立○摺笏○盥手帨手○執笏○引詣武成公文先
生神位前北向立○跪○摺笏○執事以爵授獻官○獻
官執爵○以爵授執事奠于神位前○執笏○俯伏○興

○平身○次詣敬靖公文先生神位前東向立○跪○搢笏○執事以爵授獻官○獻官執爵○獻爵○以爵授執事奠于神位前○執笏○俯伏○興○平身○次詣恩惠公文先生神位前西向立○跪○搢笏○執事以爵授獻官○獻官執爵○獻爵○以爵授執事奠于神位前○執笏○俯伏○興○平身○次詣孝惠公文先生神位前東向立○跪○搢笏○執事以爵授獻官○獻官執爵○獻爵○以爵授執事奠于神位前○執笏○俯伏○興○平身○次詣恩宣公文先生神位前西向立○跪○搢笏○執事以爵授獻官○獻官執爵○獻爵○以爵授執

于神位前○執笏○俯伏○興○平身○因降復位○獻
官皆再拜○行飲福禮○謁者引初獻官詣飲福位○臨
搢笏○執事以爵授獻官○獻官受爵○飲啐爵○執
事受虛爵○復於站○執事以胙授獻官○獻官受胙
以胙授執事○執事受胙降自東階出○獻官執笏○俯
伏○興○平身○因降復位○獻官及學生皆再拜○祝
八撤邊豆○行望瘞禮○謁者引初獻官詣望瘞位北向
立○祝以籠取祝版及幣降自西階瘞於坎　置土半坎
獻官還復位○謁者進初獻官之左白禮畢○獻官出
祝及諸執事俱復階間拜位○皆再拜而出○學生以

次出○執禮謁者贊引俱就階間拜位○再拜○出闔龕
門

祠宇開基祝文

天降石函斯文太始功宗德崇百世冝祀茲揀吉日新拓
舊基神其保佑遺澤永垂
尊昔三韓夾贊我東嶽江崇淳毓鍾氣精神人斯化于此
遞降函面文字帝或錫姓位伯開國仍貫南平才命一世
明倅三光弌箕教牖我羣蒙爰好同情感古慇懃俯洽桑
屢禪無地展誠辜茲合議爰謀炙　靈敢告于　神俟議
永寧

祠字上梁祝文

安礎竪柱次第上梁先賢如在寓慕羹墻

講堂開基祝文

講修有所爰立斯堂廣開正路扶植微陽載芟鞠草可存

假花文風夏叛道日長華

講堂上梁祝文

工役就緒迺唱抛梁嚴然長者山下池傍

文廟開基祝文

文嚴二字石刻煌煌霄然獨立閱幾十霜敢竭微誠擴夯

斯義肅敬告由開拓基地

天降神明厥初異常玉國斯安啟迪我東運膺一洽知俟

三光章甫昆仍子同宗仰杖屢尚祇桑梓猶敬况兹誕嚴

彌切羹墻妄靈尚邇陟降崇淳過者式敬徊徨麻慘今兹

齊誠宇閣是營謹將菲奠敢告誠衷

文嚴上梁祝文

取諸大壯突兀一門往來否泰闢闔乾坤

院中節目

一見今陰窮亂極六合同焚而一勺之水難救四海昏潮

而一隻之手莫援誠天地剖判後所未有之慘禍歟凡

我同情同義者將如之何則可也凡我同情同義者將

如之何則好也人亦有言窮則反本亂則思治正惟正

人君子反經之秋也如欲反經則必當胥告相勸在在

講習汲汲乎內修是齊

一本祠創設寔出於千載不泯之論而京鄉章甫同聲相

應與文氏諸門殫誠竭力營建堂宇縟儀既成為幸甚

矣於是乎仰止行止於是乎能言能拒待其賜復廡為

今日反經之一道是齊

一禮成儀節一從朱夫子滄洲精舍釋菜禮事不甚艱力

不甚費而禮與誠精禮與時中以寓存牢待復之微意

是齊

一春秋享祀時供士之需務從精約無至濫費祭享前三
日八齋禮也獻官諸執事自有定數如數出標使之越
期來會而標後儒生之混八齋所不無亂雜之弊有欠
誠敬此則直月另加察飾而至於他郡儒生之為祭享
祀而來者勿拘晚到許其八齋是齊

一祭享時齋員不過三獻官禮祝及諸執事直月先期協
議必以齒德兼備之員望報本院長而使該院與穀書
呈望帖以為馳告耳舉行而如或有故未祭則官齋中
別定替代使之將事而八齋後直月與直日從公相議
分定相當之任兩人員如或艱之則以兼任舉行是齊

一直月之薦望諸任其責也不輕伊重也必以有地閣者

文學之士從公擬薦而如或有循私之舉則掌議告于

院長警　責施罰而昕薦之人即爲改標是齊

一章甫有司之周年遞改雖是院例而爲其人之可合則

不拘此例似甚穩當十分審愼勿爲頻數遞改俾無願

任是齊

一院宇興廢畢在執任賢否而京道有司不過遙領遠事

而已凡百主張專在鄉有司之得人另州擇差是齊

一春秋講會乃是院中美規先行相揖禮乃諡講而以小

學七書輪回講討咨傚鄉飲吉禮俾有濟濟之美無斁

醉飽號呶喪其威儀不如儀者直月告掌議施以重罰

講畢以其討論文義修成冊子報于院長是齊

一世既陸沉遯士幼稚之兒專昧於揖遜趨向之節則麻

或耳憑目柴於春秋講習之儀則砥柱屹立於頹波雞

鳴不已於風雨安知其不有其日乎為吾儒者通病之

中盍加相憐之情硬著腳跟明目張膽學之正智之諺

期以秉燭於五夜是齊

一齋員中或有損體悖習則直月告院長隨其輕重義施

罰或鳴鼓以重院體是齊

一勿論近遠老少儒林中有孝友學行之士則別設公議

俱為圍襃是齊

一朔望及四明日焚香時四執綱中一人與直月來衆是

齊

一未盡條件追後磨鍊是去果當嚴飾儀節俾有觀感是

齊

相揖禮笏記

執禮設師席于堂上畫圖于階下執禮讀法東西階上相

向立執禮抗聲讀笏記東西班首各率諸生曹司從繩折

旋而行以次諸初立位東西行序立東西曹司各諧班首

前拱揖班首答揖曹司退復位東西班首各率諸生曹司

従繩折旋而行以次至再立位東西行序立東西曹司各
諸班首前拱揖曹司退復位東西班首各率諸
生曹司従繩折旋而行以次至進立位東西行序立東西
曹司各諸班首前拱揖曹司退復位東西班首
諸生曹司向師席拱揖師席移座答揖東西曹司各諸班
首前拱揖班首答揖曹司退復位東西班首各率諸生曹
司従繩折旋而行以次至初立位東西行序立東西曹司
各諸班首前拱揖曹司退復位東西班首各率
諸生曹司従繩折旋而行以次至再立位東西行序立東
西曹司各諸班首前拱揖曹司退復位東西班

首諸生曹司相向揖東西曹司各詣班首前拱揖班首答揖曹司退復位東西班首各率諸生曹司從繩折旋以次至進立位東西行序立東西曹司各詣班首前班首答揖曹司退復位東西班首各率諸生曹司旋而行以次至階前序立讀法抗聲讀規約東生曹司同聽規約訖簪俯如揖東階下西向北上序立執禮讚法降階分庭向師席拱揖因於西階下東向北上序立與東西班首諸生曹司相向揖禮畢升堂序齒東上立向師席再拜師席答揖因就座聽講

讀法

父子有親君臣有義夫婦有別長幼有序朋友有信

右五教之目

博學之審問之慎思之明辨之篤行之

右為學之序

言忠信行篤敬懲忿窒慾遷善改過

右修身之要

正其義不謀其利明其道不計其功

右處事之要

己所不欲勿施於人行有不得反求諸己

右接物之要

藍田呂氏鄉約

德業相勸

持身謹讀書明善言必忠信行必篤敬懲忿窒慾遷
善改過孝於父母友於兄弟居喪以禮奉祭盡誠夫婦
有恩教子以義睦於宗族婣於外戚敬於長上信於朋
友教養後生撫御僮僕農桑為本節用為度用人貧窮
救人患難規人過失解人鬪爭不欲勿施非義勿取舍
容人垢虛受人規
此上數者皆進德修業之要而日用所當行者也凡我
長幼以是存念各相勸勉哉

過失相規

言語詭譎勤止陰險不順父母不友兄弟不睦同族不

媟外戚以少犯長交遊非人惰棄農業濫用窮奢欺人

取財傷人害物貪淫酒色沉溺雜技尚氣鬥狠造言毀

辱犯逋公稅盜竊人穀非理誣訟憑公營私妄論時政

好讒人短臨難不救聞過不喜

凡此數者皆過失尤者也盍朋友之道貴於責善若有

犯過之人則勿為在外譏謗面當規戒期於聽從可也

近世邪學瀰邊薄蝕人紀此等異類隨聞發出報官勘

罪不與同境可也

禮俗相交

敬長慈幼吊死問慶

長幼之序不可亂也言語拜揖省當務合禮節以少犯

長大不可恃長凌少亦不可常以自卑尊人爲心則萬

無一失也

吊喪者不當食酒肉是有喪之義也至於問慶之座雖

有酒饌亦不可貪喫固獲也

患難相恤

水火盗賊疾病喪葬隣里相救助

人家若犯痛癩疫怪疾而親戚忌避醫藥飲食無人救

療逐至死凶之後至或屍未出房而朽滅者使人收屍

出殯者若是則親戚之誼果安在哉當應開發此論行

重罰

若無族戚之喪則里尹當主之

有善則書于籍有過若違約者亦書之三犯而行罰不悛者絕之直月別具善惡二籍德業表著者過失之犯者據實書及其講信讀約之日具稟于約長與老少論定賞罰不可行私挾憾也

善者則賞之於僉座甲特設別席盛其酒饌以勸食之眾座皆起作揖以敬

有過者則亦於僉座中設別席招致自約長以下溫語

順辭規其所失使之悔改可也著不聽從則當為論罰

雖或再犯亦勿為輕絕至三犯而終不悛者不與之同

約可也

　儀節

鄉約講學會期以每歲春秋丁享翌日完定而是日先行

謂　長淵祠五先生後行鄉飲禮因設講筵前期擇學術

高明者二人為司講以有文嫻禮者二人為執禮

　謁廟儀

是日諸儒會于講堂師席至　諸生出門外祇迎執禮

前導　師席由東階升堂　諸生西階從升　師席南向

立　諸生再拜　師席答揖〔年高聽講者不執禮　就諸生班行禮〕

廟　師席出　執禮導師席先行　諸生序齒從後

八　廟門　執禮告　謁廟　師席率諸生進　值位再拜

執禮闔門而退

講儀圖〔在下〕

直日置書案於師席前　司講一人坐師席之右東向一

人坐師席之左西向各置一案　置籤筒於師案上

講冊子金置三案上以次呼講生　講生至師席案前再

拜跪　司講至案前抽筒中籤給講生　講生起受兩頰

質辨文義訖　師席司講各出考桂　講生受而再拜退

直曰之寧講錄者詳錄于冊子　講畢　執禮請師席

前告講訖　師席起立　諸生齊起向師席再拜　師席

答揖　徐罷出

附鄉飲酒儀〔務記見後禮經　傳○圖在下〕

鄉飲酒之義主人拜迎賓于庠門之外入三揖而后至階

三讓而后升所以致尊讓也盥洗揚觶所以致潔也拜至拜

洗拜受拜送拜既所以致敬也尊讓潔敬也者君子之所

以相接也君子尊讓則不爭敬潔則不慢不慢不爭則遠

於鬭辨矣不鬭辨則無暴亂之災矣斯君子所以免於人

祭也

拜至者，賓主升堂，后主人於阼階上再拜，賓之至也。拜洗者，賓於西階上再拜，主人之洗也。拜受者，主人之爵也，賓於西階上拜而受之。送賓之辭也。拜既者，賓飲盡而拜主人也。

故聖人制之以道，鄉人、士、君子尊於房戶之間，賓主共之也。

尊有玄酒，貴其質也。羞出自東方，主人供之也。洗當東。

榮主人之所以自潔而以事賓也。

賓主象天地也，介僎象陰陽也，三賓像三光也。

讓之三也，象月之三日而成魄也。

賓撰以輔主，象天地之立主，象地立賓，象天地也。三賓象賓象之長也。介僎象陰陽者，以氣言也。賓如三光之輔天。○此言。

蓋明讓魂則魂顯明不，讓魄則魄隱而魂陰象。讓魄則魄隱而魂陰象。

賓也明虎。

象主也。

天地嚴凝之氣始於西南而盛於西北此天地之尊嚴氣
也此天地之義氣也天地溫厚之氣始於東北而盛於東
南此天地之盛德氣也此天地仁氣也主人者尊賓故坐
賓於西北而坐介於西南以輔賓賓者接人以義者也故
坐於西北主人者接人以仁以德厚者也故坐於東南而
坐僎於東北以輔主人也仁義接賓主有事俎豆有數曰
聖聖立而將之以敬曰禮禮以體長幼曰德德也者得於
身也故曰古之學術道者將以得身也是故聖人務焉

西北者象天地尊嚴之氣始於西南而盛於西北者也主
居東南上者象天地溫厚之氣始於東北而盛於東南者
也介在西南者象日出也僎在東北者象曰出也○介僎
輔賓主而接人者也接人則爲賓主之先故坐於陰所始

祭薦祭酒敬禮也嚌肺嘗禮也啐酒成禮也於席末言是

席之正非專為飲食也為行禮也此所以貴禮而賤財也

卒觶致實於西階上言是席之上非專為飲食也此先禮 祭酒

而後財也義也先禮而後財則民作敬讓而不爭矣 祭肺

嚌、肺嘗主人之物故皆於席中　啐酒入於巳口故唯於席末

鄉飲酒之禮六十者坐五十者立侍以聽政役所以明尊

長也六十者三豆七十者四豆八十者五豆九十者六豆

所以明養老也民知尊長養老而后乃能知孝悌民八孝

出悌尊長養老而后成教成教而后國可安也君子之所

謂教者非家至而日見之也合諸鄉射教鄉飲酒之禮而

孝悌之行立矣

孔子曰吾觀於鄉而知王道之易易也主人親速賓及介

而眾賓自從之至于門外主人拜賓及介而眾賓自入貴

賤之義別矣三揖至于階三讓以賓升拜至獻酬辭讓之

節繁及介省矣至于眾賓升受坐祭立飲不酢而降隆殺

之義辨矣 此言介之無酢眾賓之時也

工入升歌三終主人獻之

笙入三終主人獻之間歌三終合樂三終工告樂備遂出

一人揚觶乃立司正焉知其能和樂而不流也

賓酬主人主人酬介介酬眾賓少長以齒終於沃洗者焉

知其能弟長而無遺矣〔此言主人酬介介酬衆賓者既歌之後行旅酬之時也〕

降脫屨升坐修爵無數飲酒之節朝不廢朝莫不廢夕賓〔朝此皆立而行禮未[illegible]〕

出主人拜送節文終遂焉知其能安燕而不亂〔而行禮[illegible]〕

〔輟俎故未脫屨屨至此輟俎之後乃脫屨升堂而坐燕也〕

貴賤明隆殺辨和樂而不流弟長而無遺安燕而不亂此

五行者足以正身安國矣彼國安而天下安故曰吾觀於

鄉而知王道之易易也

鄉飲酒之儀立賓以象天立主以象地說介僎以象日月

立三賓以象三光古之制禮也經之以天紀之以日月參

之以三光政教之本也〔立賓象天立主象地之經也介僎以輔之紀也立三賓以[illegible]〕

烹狗於東方祖陽氣之藂莢於東方也

洗之在陳其水在東祖天地之左海也○尊有玄酒教民

不恐本也

賓必南向東方者春春之爲言蠢也產萬物者聖也南方

者夏夏之爲言假也養之長之假之仁也西方者秋秋之

爲言愁也愁之以時察守義者也北方者冬冬之爲言

也中者藏也是以天子之立也左聖鄉仁右義偝藏也

介必東向介賓主也主人必居東方東方者春春之爲言

蠶也產萬物者也主人者造人產萬物者也月者三日則

成俔三月則成時是以禮有三讓建國必立三鄉三賓者

政教之本禮之大祭也

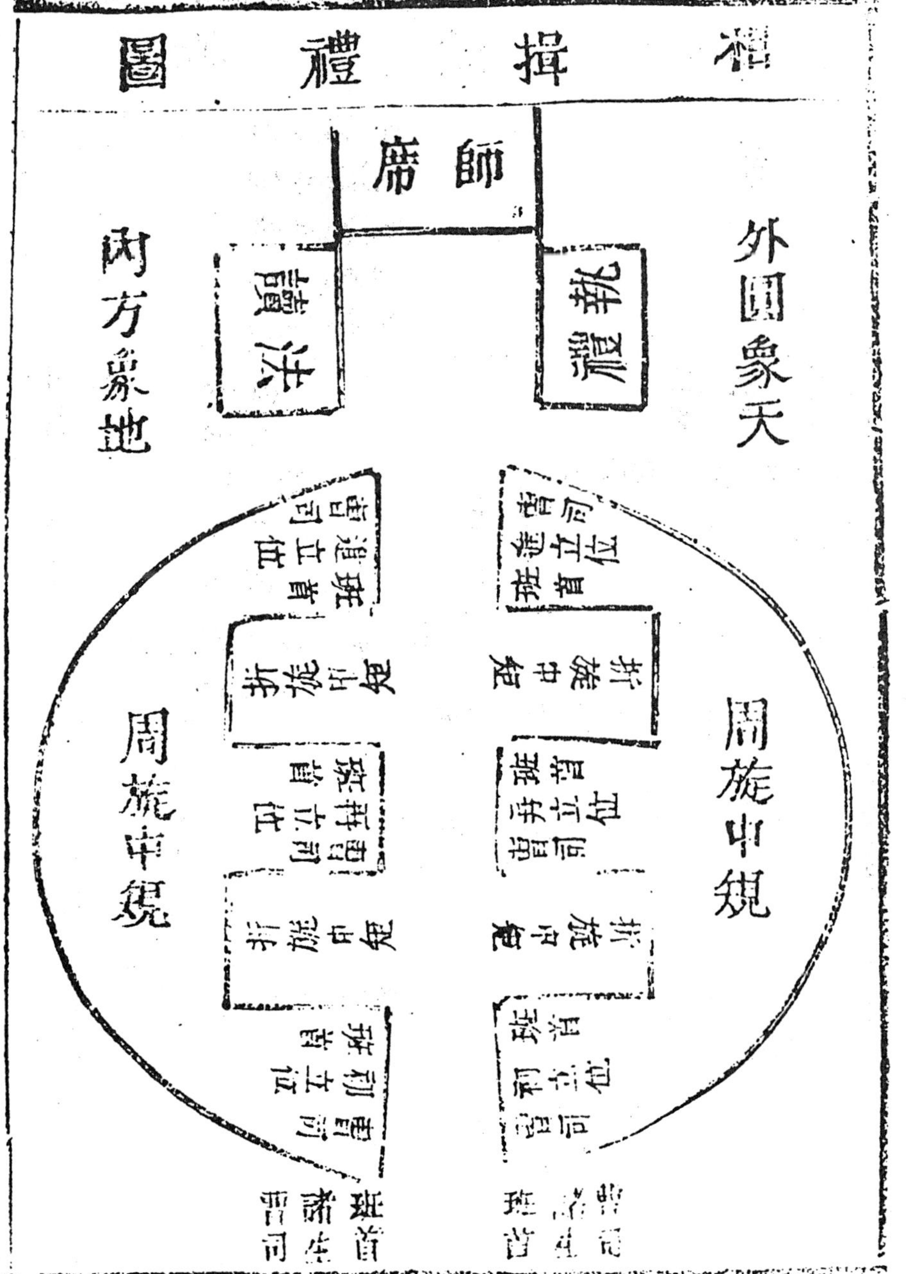
揖禮圖
外圓象天
內方象地
師席
讀法
肄儀
周旋中規
周旋中規
折旋中矩
折旋中矩
折旋中矩
折旋中矩

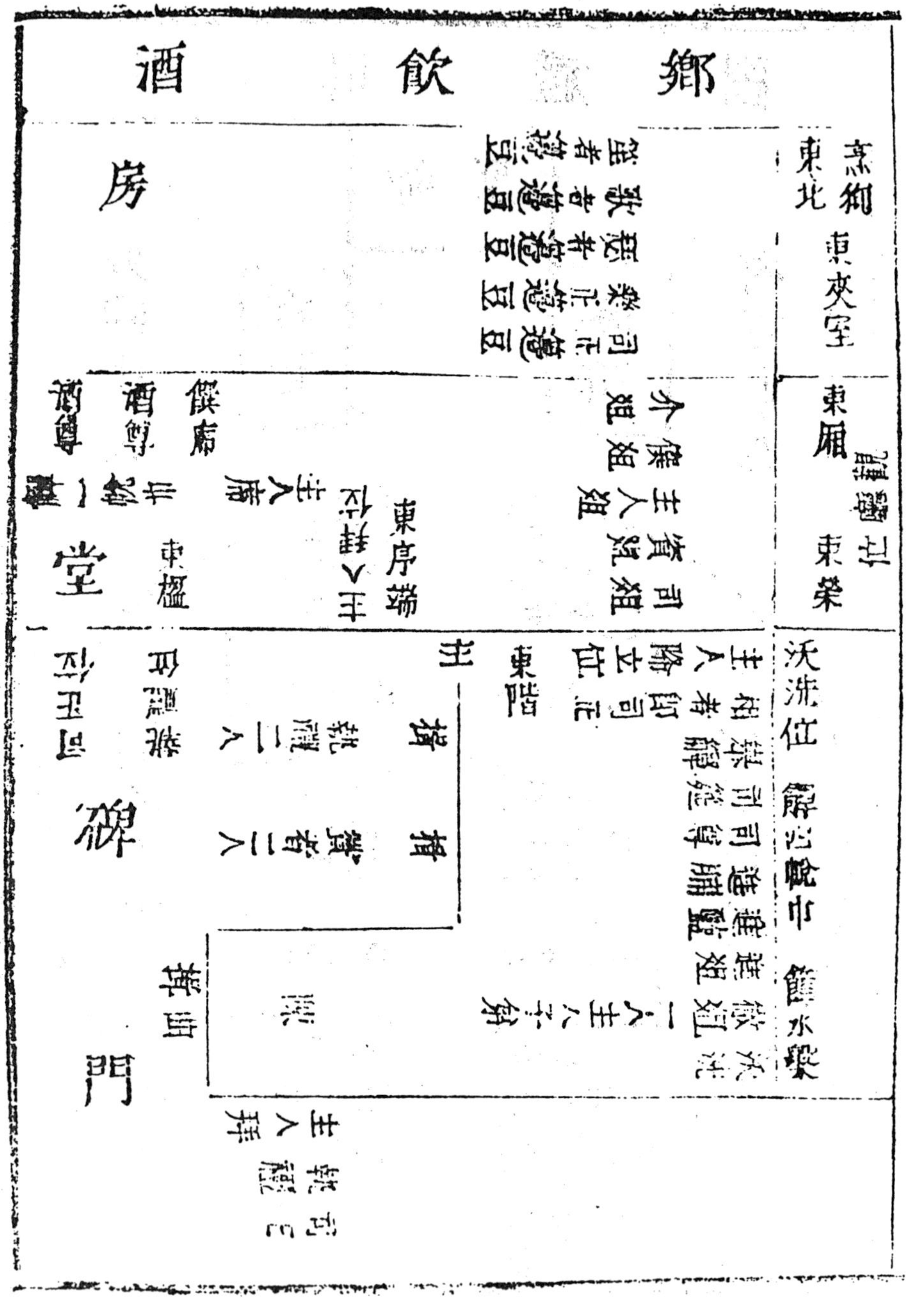
鄕 飮 酒
房
堂
門
東北
東夾室
東廂
東榮
沃洗位
司正籩豆
樂正籩豆
瑟者籩豆
歌者籩豆
笙者籩豆
司正俎
賓俎
主人俎
僎俎
介俎
主人席
東序端
主人拜位
主人降立位
司正位
東階
贊者二人
執禮二人
擯
擯
主人拜

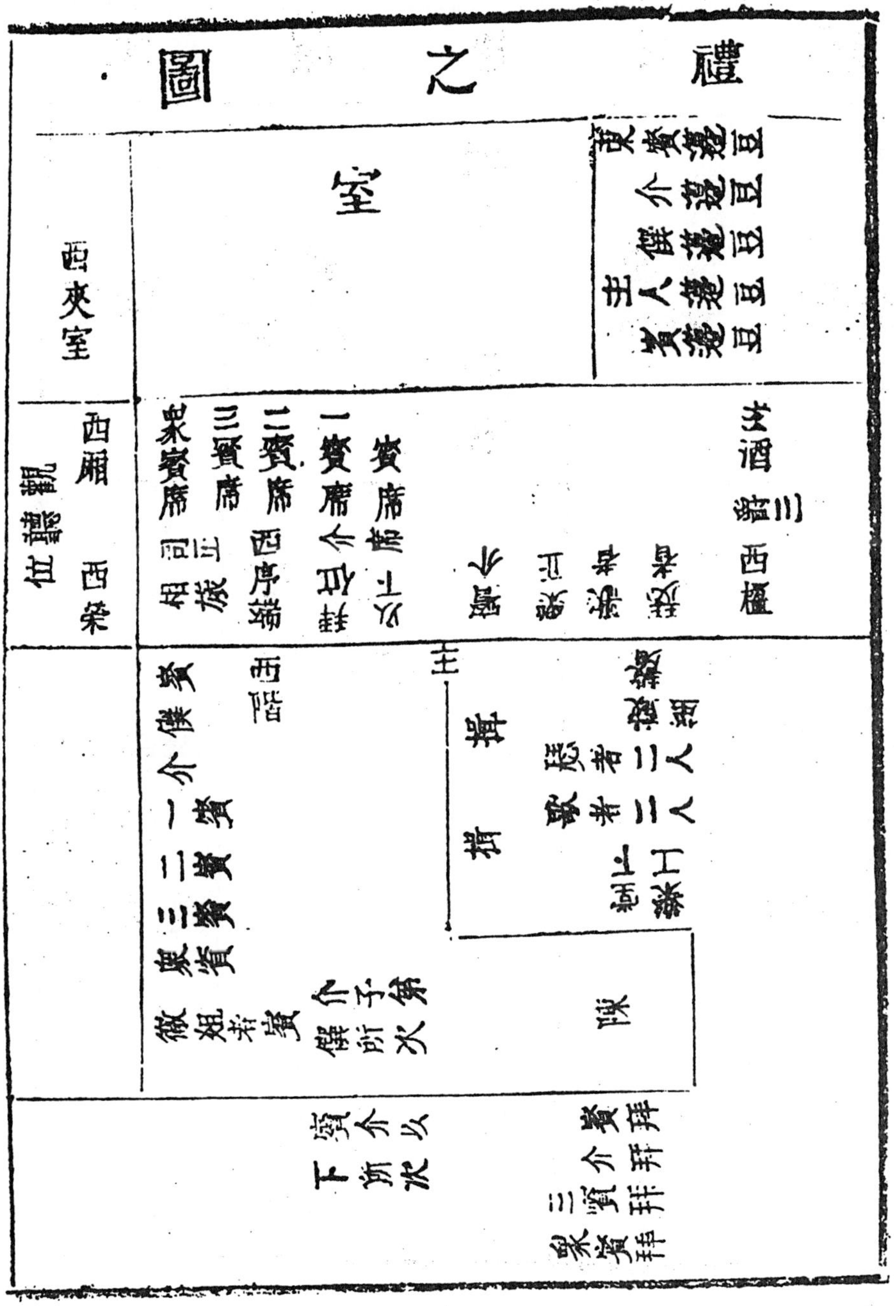

禮 之 圖

室

西夾室

西廂　西榮　位聽觀

主酒　三盌　西楹

一賓席　介　　　　罍洗
二賓席　西序端　　
三賓席　西階　　　
衆賓席　相　司正　
　　　　　　　　　拜

賓　介　三僎　三賓　庶　　少牢　　　歌者二人　瑟者二人工

　　　　　　　徹　俎　薦　賓　僎　子　介　次　角
　　　　　　　　　　　　　　　弟　所　　

下賓　介以次　所　　　陳
衆賓　三賓　介　賓　拜拜拜
　　　拜

61

設	講	座	月	圖
聽講	司講	師席	講法司正	贊禮
諸生東班曹司	會正	主講	四望	西班諸生曹司
三阼階			三西階	

長淵祠剏建筆錄

永平東長者池上文嚴郎　新羅慈悲王時文氏上祖三

先先生所出之地也先生諱多省自　朝家收養勳樹社

穆澤流生民號三光諡武成于今一千四百有餘年尚邃

寥矣何幸文氏長老追遠之誠愈久愈篤水不忍廢興不

忍荒建祠遺址以爲春秋芬苾之享以敬靖公思蕭公顯

平君三憂堂四先生配食焉絪惟此舉不翅爲爲先生雲

仍者少伸其百世追慕之誠而圓其冠方其領者就不需

恭而欽服誠始知其顯晦有時而吾道重熙之消息抑將

兆睽于是欻顧此病伏窮山揜耳于世積有年所而聞不
覺欻莊起敬故茲敢塵穢云爾

長興高光善識

長淵祠事實記

夫人物初禰神明誕降自古在昔往有之而商之墮卵
周之踐迹皆自天地肧胎中化毓者也吾東土朴昔金之
雞林高夫良之漢犂此乃千載之奇形異跡慣人耳目載
在輿地非一非再而惟此南平氏之厥初亦居其一焉新
羅時武成公郎文氏鼻祖而鍾生於南平郡砥石江東長
者池畔巖上之石函時紫氣融聚不散王命其與兆仍以

否面丹書文字賜姓焉而其明著日月炳著星辰故賜號
三光先生者此也自後椒聊蕃衍敷彌八域而麗末初
名公巨卿忠孝文章史不絕書而敬靖公之詆斥佛教忠
肅公之師諫靖節順平晉之忠勳道德三憂先生之道學
功德后裔順平君純質公成淑公景惠公長淵伯翊定公
越川君鰲川君晦川君敬淑公芽溪公勉修公叢桂公玉
東公愼齋公進士公楓庵公敬庵公東湖公聾齋公之
聯世勳業貽載國乘而其子若孫碩德賢儒繼繼承承生
進科宦尚今連綿如非厥初鍾毓之源流滾且長豈能若
是乎嗚呼以域內名門右族觀之各為其先雖枚舉遊覽

之所無遺標榜以為觀感之美而旴陸文氏初祖遺墟之

地翦為茂草者千有餘歲而一片文巖風磨雨洗已耳非

齊雲仍之賴顥然不為行路之注目乎莫重尊尚之墟建

碑骏壇崩此永望自癸亥宗議齊發僉謀諏同三光后齋

焕九仁燠致晴惰寇尸是事肯構三數間炎靈之所而三

先生以下欵靖公思蕭公順平君江城君諸賢僉配為

道內儒林曰祠字雖為本孫之龥建尊奉維持之道寶係

士林故右事寶一統兩告各道章甫立言君子惟顥僉尊

勿墮三字之贊成一以頑懦之興起一以樹風聲於永

芷為不為栢悅之一助歟長興高濟堯謹記

天下事有一言以決之曰理與數而已矣數之縮盈理爲
之屈伸以理言之則有可的定而無疑者反是者數世大
下之道莫盛於孔子後世不與焉此數之氾溢橫布世聖
賢遇之悲其道王袓當之失其貫人奪其靈物肆其妖天
地爲之塞華夷爲之混謂龜在孔子則适矣若夫以頌世
之勳業宜享悠遠之崇奉矣而逐不數世而沈湮至于時
興世草則昇平不能褒之史書不能闡之上制新下就化
其故萃乎交論豈理者求此不容不然之數之在獨而理
亦不得不隨而屈焉者矣然則終是盡於數而已歟曰未

也理數之相爲升沈有同循轍之轇輪奢時傷蹊之行或
不免爲豈初所必哉然終不可以其未必以枉其所必而
屆之此以南平文氏觀之信然矣武成公傳毒閥氣佐羅
樹勳啓迪之功功居大焉其已然之迹可據之行山水焉
史乘焉可以目擊焉可以足徵焉計其時千五百年於今
矣不能廟食百世長爲士林之咨嗟以我　列聖翶微顯
聞幽之至治免不得欠典之歎所恨不在佗而惟數難誰
者矣見今世級日降彝倫斁憝之盡矣尚有公評不泯既
祠既堂妥之侑之以昆後四儒賢蹲配焉爲萬世斯傳之
美舉可謂單有底數焉呼其盛矣隱理真終誣也祆而後

自役役焉何其殆也今於茲深有所感茲理數者云爾謹
系之銘曰千五百年今日分長者山水崒崔且湯濡世代
邈遠士論猶健美祠美堂用寓美墖烝嘗肅肅誦慈洋洋
英靈如在道脉可彰一晦一明不可諼芳彌千萬年日星
同其光

武成公文先生遺墟碑

永陽李靖淳謹撰

南平本百濟末冬夫里縣新羅改玄雄爲武州領縣高麗
改今名爲郡一云永平屬羅州置監務又以和順監務來
兼　本朝改縣監縣東八里有長者池池上有巖斗起在
昔新羅王望氣以爲異兆使侍臣往察之一日忽有紫氣

融聚嚴上有嬰兒聲心異之使人視之有石函中有小兒
肌膚玉雪重瞳龍鼻懷歸養之乃宋明帝泰豫元年新羅
慈悲王十四年壬子也函面有丹書文字故賜姓文多
省字明遠號曰文嚴公自冲年聰明穎悟文思達通武
超邁博文達理人稱之曰文君昭若日月清如星辰號為
三光年十四歲大司徒十八為大司馬大將軍追贈三重
大匡輔國三韓壁上功臣封南平開國伯太師太父壽九
十八〔一云百七〕謚武成子孫熾昌羅麗之間節義文學升
有十二代平章事封伯贈謚而真申表著有諱克謙謚忠
肅樞密院知奏事直諫退休事載麗史及公州維鳩懸板

有諱達漢以都體察使討倭大捷陞三重大匡封顯平君

爭載麗史有諱益漸道學忠孝兼有木綿衣被之澤我國

初八杜門洞名聯七十二賢碑號三憂堂封江城君富民

侯事載公私文案以後世德承而累經兵刼遺址記蹟

火未繼述今尺石表跋立于文巖之前江之南路之邊相

望數里之地可免行路咨嗟歎　哲廟壬子後孫秉烈署

記事蹟

五先生實蹟碑

先生諱多省字明遠號三光朗如日月炳若星辰故賜號

焉新羅慈悲王十五年壬子降于南平郡長者池畔六

巖上時有紫氣之祥縣倅異之登視之石函中有嬰兒
肌膚玉瑩容貌奇偉遂收養之函面有丹書文字故賜
姓文氏名其嚴曰文嚴智證王元年爲侍中阿飡眞智
王二年爲大阿飡大國師策勳食邑三千戶明年卒眞平
王元年贈大匡輔國上柱國三韓壁上功臣大司馬六
將軍兼太師太傅封南平開國伯謚武成配享智證王
廟庭
先生諱公裕諡徵靖皇統元年壬戌十一月日文林郎試
尚書兵部侍郎兼東宮侍講學士賜紫金魚袋臣文公
裕宣書載麗史仁宗十一年爲侍御史與直門下省事

毅宗元年丁卯知御史臺事與左正言鄭知源等三日

伏閤言事二年戊辰爲西北面兵馬使三年己巳進寶

文閣學士五年辛未爲禮部尚書六年壬申爲兵部尚

書九年乙亥爲吏部尚書輿地勝覽云南平人物文公

裕官至門下省事集賢殿太學士謚敬靖配　仁宗廟

庭

先生諱克謙字德柄睿宗壬寅生毅宗戊寅登第左正言

明宗朝禮部侍郎樞密院知奏事遷尚書左僕射守司

空叅知政事中書侍郎平章事判吏部事太子太保判

禮部事開府儀同三司監修國史己酉卒輟朝三日謚

忠肅配享明宗廟庭高宗朝贈三重大匡三韓壁上功

臣都僉議元輔上宰

先生諱惟彌高麗明宗朝官樞密院事左散騎常侍御史

大夫以振霜臺之風立朝正直不阿權奸高宗朝崇祿

大夫判三司事當曹石之亂公侍士不去王歡曰疾風

知勁草子之謂矣拜中書侍郎平章事太子少卿封順

平君致仕而卒輟朝三日諡孝惠

先生諱益淵字曰新號三憂堂以憂宗國不振憂聖學不

傳憂已道不立自號喬稼亭門人與鄭圃隱李牧隱諱

論程朱性理之學乕絕學斥異端爲己任左司議大夫

右文館提學論時務上八條疏一曰五部各建學堂二
日外邑置鄉校整綱紀三曰汰冗散登俊良四曰建廟
造主奉先祀五曰革胡服遵華制六曰建義倉賑窮乏
七曰設水碓便運漕八曰薄賦稅悅民心高麗革命
杜門洞太宗朝贈嘉靖大夫僉知議政府事藝文
館提學知經筵弘文館春秋館事封江城君諡忠宣
命不祧廟旌其閭曰高麗忠臣之門世宗朝贈大
匡輔國崇祿大夫議政府領議政封富民侯

長淵祠上樑文

伏以有後不棄基雲仍曠百世而興感盛德必以祀士林

慕三光而炎靈聿追先謨載畫新制窃惟武成文先坐天

地鍾毓神人降生昔在羅王加之寵光蓋其英姿出乎氣

化始得東方文字姓明徵石函丹書知是南平山嶽降鄉昭

載興地勝覽麟鳳之生固異飛走人稱奇瑞休祥山川之

氣鍾寫廢英世寫名門右族聽彼砥石之畔闕焉俎豆之

儀飛塵浩刼之已經幾多行路之指點竪碑設壇之未建

累與後孫之咨嗟紛衆論多歧等三年之作舍而數人同

力遠一日而成功惟兹舉之實當是以成之孔易煥然結

禰之後見炳靈之肇兹顯若香火之前知誠意之彼在綂

惟先生之餘慶克昌後承之多賢有若敬靖公之斥邪綂

以忠肅公之撰史順平君之勳業貽厥孫謨思宣公之賢明繩其祖武茲見根深而枝茂岡非源端而流清茲以四君子追蹟儼然五先生同享廟門蕭蕭山益高而水益深夏屋渠渠竹如苞而松如茂諸孫寫羹牆之慕曷不休哉多士執豆邊之儀呼其盛矣修樑載舉善頌斯騰兒郎偉抛樑東神八湧出石函中雲仍百世新公廟池上于今異氣紅兒郎偉抛樑南大馬峰高天半衆仰止彌高攀不得嚴嚴氣像古來談兒郎偉抛樑西鳳凰千仞雲端齊五色文章昌厥後蹭蹬濟濟室堂躋兒郎偉抛樑北神京何在長嘆息英靈不昧應猶存淨洗塵埃回舊域兒郎偉抛樑

上老槐蕀杏森稍向茇有四賢躋配位祖孫一體宜同享

兒郎偉拋樑下一帶長江流不舍薄采蘋蘩供豆邊詵詵

裓佩駿奔也伏頷上樑之後烝嘗無替樑楠長存秋菊春

蘭共芬蕊而報祀鳳毛麟趾宜子孫而呈祥

　　　　　　　錦城吳駿善

嶽降堂上樑文

山長者水長者古如是而今如斯輪美奐美莢上寫棟

而下為宇士林快覩縟儀畢修爽惟武成文先生降于永

平大巖石半空紫氣無非瑞日祥雲一面丹書盡是奇彤

異迹羣動一世假鳴盛苏國家賜號三光炳朗耀於日月

千載尚闕俎豆之禮多士那禁景慕底思適爾協謀默趨經綸於心上茲為胥宇遽見突兀於眼前定之中而應事遍衛諸生講習之所從其衡而幃房設為春秋齊明之區非特公讓之諭同出於雲仍之誠力諸賢躋配悅服四方之觀瞻英靈有知感激九原之冥漠渾洋者上昭格之理可徵鬱慰者伸神人之和不爽茲誠百代之共頌爰趨一方之攸宗秋禮冬詩會濟濟之冠帶竹苞松茂詠秩秩於斯干聚長老而落成恭疏短引命梓人而訖役載舉修椽

拋樑東重畫山色碧磨空如彼截然高大葉東邦千載尚遺風

拋樑南天馬峯光遠八嵐昕夕蕭恭欽仰止斗南元

氣長時含拋樑西妖氛必谿海之西鳳凰覽德翔千仞不
與鷗鶩麋鼠齊拋樑北一帶長江流不息吾道真源看在
兹堪庭仁義多充塞拋樑上追想至今於不忍羲倫亦有
重熙兆斯道何能百六蓼拋樑下黍稷穰穰滿前野供進
神祇默佑薄夫敦懦夫立豈但百世慕義之無窮讀其詩
姿盛潔且淨蘋蘩誠敬欽如也伏願上樑之後山水照臨
讀其書可知平生所學之不負

齊明室上樑文

長興高光善

大宗百世不遷恭修祭祀之禮巨室一國所慕伈贍會同

之儀爰宅于兹克昌厥後敬惟耳孫崇奉之地寔是鼻祖

降生之天浩劫幾經滄桑陳跡但餘鞠草南平縣南平而

何前後而二名長者山長者池幸古今而一樣千年欲就

未遑之志一曰永建無窮之基爲恨君命未承所賴儒論

同倡最先成其體宇是所謂君子作焉不可無者冀廓亦

冝云國族聚也繼目力而施繩墨杞梓其短其長運心匠

而弄斧斤松栝是尋是尺當周旋而出戶以齊明而扁稱

美輪焉美奐焉爲合矣苟完矣蓋取諸大壯卦誰咎之同

人門先靈如在洋洋北壁東壁西壁莫尊莫大之位定後

昆多會濟濟長房中房季房難兄難弟之派分諏丁日而

駿奔以享以祀以妥以侑肅蕭開內舍而燕飲爰居爰處
爰笑爰語欣欣覽華簷之翬飛受風簾之燕賀郢斲歌
巴唱載興抛樑東維嶽青青萬古崧瑞氣蔥蔥神降在吾
交上祖武成公抛樑南砥江之水碧於藍其邊行路猶瞻
嶔石窆穹碑想石函抛樑西采采蘋蘩碧澗溪清酒馨肴
來宴飲新灘水下下鳧鷥抛樑北拱星夜夜瞻宸極省君
之禮將何時芹曝微誠但歎息抛樑上營室生光八遠望
一德一門一和氣滿庭花樹春無恙抛樑下下有六龍之
大野黍稷非馨明德馨主人永受天之嘏伏願上樑之後
天地悠久日月光華朋友攝以威儀降福無疆世世子孫

文巖門上樑文

不肖後孫　鏈

兒郎偉東方始得文字姓嚴石之號維新南平降生長者
入山水之名尚在揭扁額而增美因地名而錫嘉恭惟三
光先生文公膺紫氣融聚而生屬青卯循環之運神人出
平氣化自有石函丹書羅王加之寵光特惠天闓恩與不
惟耳目所覩蓋有誌狀可据餘澤尚新於萬億年應海涵
兩地頁遠風未泯於千百世歌山高而水長迨茲年久而
漫德際會道衰而鳩岈桑海累遷於我泉石難覓行路之

齋咨日月參經茶某水卯縱有鬼物之潛護堂壇之修造

未及子姓之眾儀斯騰講劚有嶽降堂斿儀範而尚厥德

崇奉建長淵祠舉祭祀而荅偉功先坐之福祿有餘後承

之昌大可卜名德嗣興、肴能躋食于院宇者逾四五公簪

可尚繼忍思蕭公之攢史惟明吾能言而足徵順平君之

組紹承可以焜燿於史者並十百世舅若敬靖公之勳業

名節昭著士爭慕而是述忠宣公之道學有光迺祖子孫

之依蹟幸俎籩豆之同享如對典型於異代寓慕羹墻寔

承警咳於他時可据文獻廻若文嚴爲門省孫委力良工

殫能庶幾不日而經營心巖公之孝慕如昨忾見及時而

突兀炳勛甫之聿修非今以述之賢孫克生玄遠之祖德

愈顯講學修道紹述先輩之遺規築壙建門勿謂吾事之

己了恭疏短引助舉脩欀抛欀東文巖湧出瑞雲中千載

分明遺像覿今來尚挹先生風抛欀西三韓遺躅夐堪提

長者山兮長者水神人逞迹不全迷抛欀南行人指點栢

森森思賢不祀今幾歲節後山前維石巖抛欀北際會當

年時蹠極英靈百世不昧存天道好還夏消息抛欀上禮

廟講堂各定向一體祖孫祭祀同千年香火共醉享抛欀

下況有門墻突兀者末後賢孫承祖武先生碩果就知也

伏穎上樑之後樑楠長安丹懷不霎敦詩學禮垂庇麻於

門閭樂事赴功樹風聲於州里

嶽降堂記

德陽奇老善

南平縣之南（東，當作文巖）即三光文先生嶽降地也學昔先

生之始降也有石函之瑞固異乎凡常及仕新羅位致卿

相以啟後人如醴泉之源靈芝之根故出繼各碩彼靖公

出納惟允力斥佛教患蕭公監修國史功在夔鼎順平君

清名直節勳著扈駕三憂堂先生倡明理學繼往開來偉

烈懿德輝暎簡竹奕葉根承東方之言闓閲者莫之與京

推本其源伺莫非三光先生遺蔭攸曁式至于今子孫繁

行簪組燁爀吁其盛矣歷代之褒尚靡不庸極或配食於
廟庭或俎豆苏院宇顧此嶽降遺墟尚闕禋享豐草荒蕪
而樵牧不禁谷埋没而行旅凄愴況其子孫追遠之感
固何如哉乃者文氏諸賢謀所以紀舊蹟垂永世建閣于
兹庸寓羹墻之慕歲薦胗馨以伸報本之誡金享五先生
自成一廟之制雖以義起實合於禮爲堂以備行禮之地
爲室而作齋宿之所及享之日蹎蹌趨庭藝香灌芳慨然
剏承警咳馋然如觀典型不知千載之遠悅若上堂間寢
孝悌之心油然而生然則此堂之感發孝思者有如此可
不敬歟堂告成扁之曰嶽降使後承顧名思義勿替引之

也豈惟文氏一門之幸實是錫爾類之至意也今其裔孫
炳九誠洁仁煥址洙致睹鍾龜僉彥以其名楄之義肯搆
之始終錄成一部屬余以記其實而壽其傳其尊祖之誠
適出尋常余聞而喜躍如也奮筆以記之

資憲大夫掌禮院卿原任　奎章閣直學士

嶽降堂新建記　　　　　　閔京鎬撰

於戲欽惟三光文先生降生于永平東長者池畔大嚴上
中世奕葉繼有敬靖公思肅公孝惠公忠宣公或對揚王
庭或普濟生民或道義文物自羅迄麗炳烺國乘唐之潮

陽立文公之廟宋之巴西建萊公之祠則以先生嶽降之地立祠崇奉不必多讓於中州而尚今數千載鞠茂爲荆棘蓬蒿之一荒崗者豈有待乎其時耶抑亦有待乎其人耶使切志士之興歎路人之咨嗟矣何幸京鄉章甫遂定建祠妥侑之儀時則先生之遺仍有若誠浩基址買得炳九仁煥致晧之營建祠宇壹煥之蓋瓦炳勛之建築文巖門墻以及彩成之齋明室泰鉉之內三門明員之廟庭碑權鎬之長者山章厚之長者池笏次就緒而炳九誠浩仁煥致晧址洙主其科晝籌策始事於癸亥冬竣役於粵五年丁卯三月禮成釋菜廟日長淵隨其地而顏之堂曰嶽

降　義親邸下寶墨煌煌曠世未遑今乃始創則此非有
待於其時乎歷盡百世而得如丙九四五人而乃克竣事
則此非有待於其人乎人既應時而來祠既得人而成則
豈偶然也哉適去時也適來亦時也大矣哉時乎有其時
無其人不可有其人無其時亦不可人時相得竣此斯文
大事千載一會幸虢大焉隱炳九諸友之追遠血誠萬死
猶甘百身不惜今令人興感故叙炙其顛末如右云爾

冰壺樓記

長興高光善謹識

椅欺欽裁永平之長淵祠郎三光文先生妥靈之所劂在

甲子剏建而以敬靖忠蕭順平忠宣四先生配食越三年
丙寅外三門戊文氏長老間其名於余余應之曰冰壺盒
取其長淵渟湢淽滗冰壺秋月照曜千載者也嗚呼先生
之在羅麗辨與端斥邪說使吾東篤小中華者實權輿于
是名之所存其實相孚者歟先生遺裔遍滿東土而惟此
瑞石山下文泰聲年蕭八耋窮獨無依而追遠秉彝到老
益篤獨出錢財瓦而盒之此非其千載秋月冰壺於今日
者歟使此後人柯則爲後圖而補修斯樓之道庶乎云爾

文嚴門墻建築實蹟碑

歲丁卯梧秋

長興高光善識

永平東十里許長者山下一大巖即文氏鼻祖三光先生
巖降之地也粵在 崇禎壬子始有文巖兩字碑而于今
數千載埋没于荒山草萊中不惟子孫之抑鬱實爲士林
之咨嗟憶三憂先生玄孫叅議公諱尚德子佐郎公諱宗
道子承仕郎公諱漢章子諱貫綱以昆山片玉爲鄧林枯
枝門户零替冀至十三世有諱必原號巖溪性孝廬墓有
虎衛之異子叅奉樂洪號心巖克紹先武篤於繼述廼慨
然於始祖巖之荒蕪出力營辨周垣門楣煥然玲瓏山川
增彩適與長淵祠祖終始亦異矣於是文氏門長老鍾丙
九桂洪誠浩仁煥致晧將議伐石以記實之文命光善鳴

呼文氏彌滿東土乳非後裔而心嚴翁以之外史氏曰春
雨潤木自葉流根而詩曰孝思之匱永錫爾類翁胤炳勖
克趾厭美孫昌焕章焕彩焕甚椒蕃光前庇後盛且題兌

長興高光善識

南平文氏大宗案序

原夫天下之理會萬爲一者何也一太極是已體我鼻
祖武成公三先先生嶽降于南平長者山文嚴節共交之
太極始也厭初汲後名碩祖承閥閱燀爀世爲望族矣顯
晦蓮邪零濡難振莫此若仰古俯今豈不大可寒心荒然
而以其數則簡多不億之麗何幸近間宗議詢同殫誠鳩

財建祠致祭於遺墟之意先修正大宗案使百千萬戶萃

乎一門此豈非會萬爲一之理乎會宗老命錘爲序敢不

敬歟噫世遠派分親疎雖殊自吾祖宗視之則均是子孫

祖宗之意苟無親疎則子孫和合果何如哉千百年未遑

之事營始於今日況士林之慕賢同倡乎同門同案之人

先思追遠報本之誠夏修畋宗睦族之道是所顯祝詩曰

無忝爾祖聿修厥德盡相勉旃

追慕禊序

不肖後孫　錘謹識

天時耶人事耶抑天人合一之理歟幸交嚴事成始癸亥

至丁卯凡五載焉是歲之春三月丙寅朔越翌日丁卯享
禮成祭中丁當次第將事而　國祥不敢用越二十二日
丁亥始享舍菜禮士林多會本孫亦聚前三日大雨不止
方淺爲憂際茲快霽景色鮮明似有黙佑也越翌日戊子
開講逮于講堂青童白叟執策問難蔚然文物可述自儒
林中公議齋發創設儒林契入以助樹風聲猗歟韙哉賓旣
有此盛舉主亦不可以無辭於是乎本孫亦鳩畧于財作
契契名錫以鴻慕盍取羣氏故事也賓主祖廳若填唱籧
和可嘉夫敦宗之諠何等蓮且厚者耶兗厥初則雖百代
一室也使此一室之人講睦于花樹之蔭則栗里之悅情

話李園之叙樂事矣獨尋美於古昔且誰不知此樹之固

根茂枝若鄧林穴木之廣袤千里世栽修案目俾余爲叙

其顛末如是云爾

　　　　　　後孫鍾謹識

三光先生祠堂記

南平治東逾砥石江而有池曰長者池上有山翔舞而來

凝重而止名亦如之于山之趾而有石窅然而臨池上曰

文廣新羅開國伯南平文公諱多省實坐其迎謹按往牒

則慈悲王望見祥光使縣主尋得其處開石函視之有一

童子狀貌奇偉且有丹書篆石成文字王異之使善養之

及長賢衡過人王知其有不世之材卒罷任之俾賛邦政有

大勳勞封開國南平伯賜姓文氏以有丹書之瑞而後人
之因以名嚴亦以是也其後名賢碩輔史不絶書著嶽靖
忠肅順平三憂四先生尤其彰著蓋公始基之於前諸賢
丕承之茲後以世其德此天所以篤生賢人以幸斯道斯
民而福澤綿長苗裔繁衍大德之人必異其生德厚流光
之語益知其不誣也蘇長公書韓文公廟碑曰申呂自岳
降而傳說為列星又曰在天為星辰在地為河嶽幽則為
鬼神明則復為人此理之常無足怪者竊嘗推此觀之平
之為縣山水清淑之氣回巫藏聚天地陰陽之和文必蝸
結以生才德之民而文氏一門獨鍾昌明之運焯乎日星

流峙並存以古視今猗歟盛哉四先生以道德勳猷各專廟享而於三先生降鍾之所迄未能舉往在庚午以邦禁撤院咨嗟久之由是鄉省章甫與其裔孫復倡所以寓羹揭虔者相謂曰思其人者必于其地吾邦有如許毓祥之墟而終焉鞠茂豈非前人未遑之欠典乎往既莫追來其可圖遂書告列省鳩材合衆六其祠屋而周以迴廊樓門厨藏棲息之所皆具其數贍田息錢皆足其用曠大之廢而一朝興焉求諸神理列賢精爽宜其瞻顧不之釋焉若祖若孫以尊以卑咸在一堂而共歆苾芬永令來後有所矜式而不替僉君子爲儘勞且賢也已於是其後孫炳九誠浩

仁煥址洙致晤周煥諸氏因其宗人鍾煥徵記苶不俀曰願

有述辭不獲遂書此以歸之

著雍執徐三月　日瑞與金滉東謹撰

謹續獄降堂記後

夐若考古我皇祖武成公曰三光王國楨翰崇啓前裕

後寶維海左無疆之休伊休無疆繄有千五百年於今矣

世其遠德彌存德彌存矣今日崇奉之舉與矣噫天理無可

息人事有所壽蕓于前安知其待夫今日者歟以是知大德

不圍於屈伸而愈久愈彰公論不濟慈途爽而磨滅宅不得

乃若我阿賢先祖踵美篤生不光于先六庶子昆一是靈

芝醴泉矣列西東而配食焉何等盛焉嗚呼長者山水閣

千古而碧涼與宇宙同其久遠矣則先祠之無窮斯傳可

讓已剏役于癸亥告功于丁卯歲首尾九五載用心可謂

苦矣僉君子其永有辭乎惟顥登斯堂者勿以輪奐謂榮

事已罷須知有初易而克終難則吾姓其將不衰矣

歲戊辰五月重午不肖後孫炳九謹書

敬續嶽降堂記後

國朝右文崇德院祠象設靡不極其備矣然吾武成公先

祖獨寥落不與焉不肖之蓄惑于中者遽今老白首矣詎

意結雲有艀散之日碩果有復生之理遺墟而院宇崇崇

多士而烝嘗肅肅前乎死而能見之誠天意也噫世既非

先王之日人材於前哲脫不得無遜物多猜違之者而乃

能後於前而剷于古障巨浸警稚俗有同砥柱木鐸則豈

非有數存焉此天之所以慳幹出來而寔爲今日防也此

非不肖之言當世之言也前日之惑今而後迸出而無少

滯迤已嗚乎一隱一顯化翁之爲於德焉有加損而碩力

所攻金石可透儒論其衰矣而吾賢族炳九氏之誠孝無

窮其有辭矣第爲登斯者勉焉第爲登斯者懼焉爲須能謹

嚴爾虔不承用光有世濟之美體我先聖朝汲汲於是焉

之至意吾爲是勉焉歟或有輕俊者未假商量剏垂之餘

繼述爲難至於凌侮前人貽瀆先德則其爲不幸何大焉

吾爲是懼焉此不肯與聞于僉君子而樂與來後共焉

歲戊辰五月上澣不肖後孫誠浩謹書

竹谷文翁義蹟畧記

拜其容凝然君子聽其談論溫如古人卬其後眞個一厚

德竹谷文翁仁煥氏卽其人焉爾某雖不有見識處於長

執亦不敢妄議去然不覺心之服之許之已如此矣則

抑或有得苏觀感者而翁之積中之深者可知已夫惟淺

矣故形外者難掩其素著難掩矣故感於餘人影響焉是

則文翁而已矣記得其宗老炳九氏雅言曰翁樂善好義

安詳真切如高山祠風泉臺願出貲扶義以與學者共之
近者長淵先祠事翁寔致之歲時烝嘗需用大家必為間
旋而或至另辨體脯他如極浩大極細微底事必前為之
商劃俾無倉卒窘路蓋其資稟沉默智誠為不可及云爾
此終非阿好語而亦信淺見之果無謬矣嗚呼使天下後
世用心盡如此則天下其不廢幾矣乎竊覬世人其占儍
計利視義如傷者不足論運念精密者非不多矣却見疏
於施点嘗立大事者不為少矣於其細密處却相回互過
翁獨伺心㦲可欲其有辨乎余於炳九氏居同開契誼重
其門事寔當聽知之稳矣如誠浩㪍睗氏諸老亦皆同時

後先臂效溪誠有彙征亨吉之美嗚呼其顯矣而文氏之

德其不替矣夫炳九誠浩氏忠信剛正與翁終始其先役

翰今五載于斯而不役人善樂告茲余而猶嘖嘖不已遂

書之用跋立言者焉

戊辰四月李伯淳記

續嶽降堂記後

癸亥秋九有創先祠董事越四年丁卯春三月始克舍某

又翌年長淵院誌成嗚乎今而後先事其庚矣僉君子命

龍洽亦不可蕪一言敬惟之先德如彼其昭哲儒論如此

其鼎重矣靡儒論一不能有今日舉不有先德又蕪事於今日

之爲先德儒論不待龍洽而顯揚矣則有何敢言者噫所
感者誠有之先德自有公眼碩筆決非不肖所敢猥屑首
唱義論載修繹儀使我後承克伸未遑之誠永受無窮之
賜者嚴功伊何儒林其有辭矣繼此而有賢族炳兀誠浩
仁煥致晧氏諸長德之終始周旋斎誠不匱甚可起敬此
所以鑄之五腹而不能已也龍洽不肖竊肇與茲是役今
承命不敢滋筆恐其涉於貢也謹杜撰足之于嶽降堂記
之後以其辭不獲也

歲戊辰五陽之重午不肖後孫龍洽齋沐書

文公址淶遺蹟碑記

嗚呼此文公址洙遺蹟碑也公嘗慨先德湮沈舊乎肯補是當大綱斯張覓遷疾不起悲夫然為先是己財力何筭遺言堂堂光氣橫發今既院宇則屹然立而公之志夜臺下豈得泯歿夫人鄭氏克隨公志慕先無替亦有相炎夫宗老豎石祠下以籩告余為祀佛久勿護呼盛矣其哀辭曰祠下碑神方懟碑上祠靈方衞隱嘻悲盡永世

永陽李靖淳撰

文致皓妻林氏紀實狀

樂妻斷機孟光齊案徒傳其勸勉君子而未闖篤先之誠劇切於婿家如林氏夫人為世林氏籍羅州父鍾圭承吉

鷁后自在父家事父母孝及笄出爲南平文致晧室克執
婦道毅戒無遺文氏鼎建先廟于長者山下致晧任掌財
極力鳩財事巨力緜多有力不逮之慮夫人在傷鞭責每
有所裨益使其君子赴事愈勤至於成造所三數年許多
食客朝晡之節粥自眷米繼續不乏意得竣役者寔夫人
之力而文氏諸長老之所以袒右者也事不得埋役門議
齊婆以紀實之文交友炳九氏來諗光善其在樂道人善
之道不得以病皆辭遂塵穢歸而記之
歲丙寅梧秋下澣長興高光善識

長淵院誌卷之二終

通文

右敬通事伏以謹按祠典以勞定國則祀之以死力事則
祀之有功於斯文則祀之是以我東賢祀忠院隨所在建
設其來尙矣惟我全南之南平郡文先生諱多省號三光
新羅智證王朝官大阿飡大國師三韓壁上功臣策勳食
邑封南平伯諡武成厥後益昌有諱公裕官門下省事集
賢殿太學士諡敬靖有諱克謙官平章事三韓壁上功臣
諡忠肅有諱惟彌官檢密事正直不阿歷平章事太子少
卿封順平君諡孝惠有諱益漸號三憂堂與鄭圃隱李牧

隱諱先生諱明性理之學官左議大夫右文宣提學勝朝
革命八枇門洞我 朝贈嘉靖大夫僉知議政府事封江
城君諱忠宣雄其間賜不祧此皆異典世先生之忠孝德
棻或賢勞王家或倡明道學在昔建祠若丹城之道川院
咸陽之碧溪院長興之江城祠昌平之雲山祠長城之德
川祠可徵其文獻公之全盛也去己巳毀撤之後院宇遺
墟翰爲茂草行路之咨歎久矣何幸吾道罔墜公議不泯
今春營建祠宇於故南平長者池上三光先生嶽降之地
合享五先生昭穆班班精靈如在邊豆秩秩士林駿奔兹
豈非碩果不食之理耶然恢張公議惟在經院之左右敢

玆敢舉賓仰告特盡尙德之心以爲樹風之地莘甚

右敬通于

經學院僉尊　座前

甲子十一月日全南道誌羅州儒會所

光州　李啓琭　　光陽　李東佑
光洙　　　　　　谷城　李炳禥
盧彌壽　正果　許召述
潭陽　呂奎三　　昌平　鄭公源
同福　周穤　　　丁[illegible]
和順　林魯學　　綾州　梁會奎
寶城　李正會　　順天　趙天泳
秉燮　　　　　　羅衙淳
薰懋　安　曹魲承　申瑞允
羅州　李淳咸　　咸平　李啓[illegible]
務安　吳晦根　　靈巖　嚴愼東
海南　閔[illegible]興　　南平　[illegible]
康清道[illegible]興昌　几長　白享[illegible]
南平　任[illegible]　　在[illegible]鎭卑

經學院答通

經第一○號

大正十四年一月　日

經學院大提學代理

經學院副提學　朴箕陽

經學院司成　金完鎮

潭陽郡六田面大峙里文炳九　殿

南平文氏五賢建祠設享之件

羅州郡全南道誌所羅齋佑外二十八人에對ᄒ야別紙寫

와如히照覆ᄒᆞ압삽기玆에謄報ᄒᄋ오可叅考ᄒ심을爲要

經第一〇號

大正十四年一月　日

經學院大提學代理

經學院副提學朴箕陽

羅州郡全南道誌所羅薰佑外二十八人 座前

南平文氏五賢建祠設享之件

客年十一月日發貴辭接悉南平文氏武成公以下四賢

建祠設享之事尙德樹風裨化不少竊不勝攢頌萬萬謹

玆仰復順頌文祉

通文

右通喩事惟我全羅南道南平郡砥石江上長者池畔蓮

花洞文巖南平文氏鼻祖武成公三光先生諱多省厭初

誕生之遺墟也此與朴昔金之雞林萬夫梁之漢挐形迹

相符而雞林有德惠二殿漢挐有三姓古祠而惟南平之
文巖徒傳姓名字于今幾千年而但江水洪洪雲山蒼蒼
己耳謹按三光以後易姓三代而有若忠蕭公之師諫靖
節江城君之功德衣被東土　列聖朝褒贈朕享不一而
足其後名臣碩德世世相承爲我東巨閥皆是三光先生
遺蔭中所自來者也三光以下諸賢諱字釋菜往往有在
而獨不及於三光者以其世代久遠典禮莫徵初然歎嗚
呼與廢關數顯晦有時而泰今儒論齊發且先生之後裔
同心致力自昨秋尸役建築數間妥靈之所其誠可尚可
感而亦足爲樹風勸善之一助也茲以俟論于列邑校中

惟頌僉君子休休焉尚德而慕向之以爲永久妥靈之儀

千萬幸甚

右敬通于

列邑鄉校僉座下

甲子八月日羅州鄉校多士
林楷圭　敏璘
朴熏陽　洪承殷
羅燾佑　金堪
李□　　派朴□曾

序羅翊炳　鄭得采
李昌洙　李筬
鄭鍾會　卿河錫
吳根厚　掌謙
林基成　李啓
李炳植　兩直員
朴稠　　羅壽綵

通文

右文爲通喩事尊賢尚德俎豆慶奉千百世樹風化俗之

道而秉彝所同就不欽頌也今奉貴校俯丞則蘂南平文

氏自鼻祖以來或闡蘊王家配食　廟庭或柯於士林

腏享鄉祀往徙東土而往在戊辰腏享之後尚此窭窭春
秋蘋藻頓無艮筭寇子姪之抑蔗而豈非士林之蹉惜也
茋莘次昨秋士林與文氏僉議協同建設祠宇焉　貫郡
長者池上以三光先生爲北壁以歙靖公忠蕭公順平君
三憂堂四先生從祠而爲先生後嗣者其麗不億翶始甬
年而竭力殫誠舉至竣役春秋薦茲爰得其所則裕後奉
先寇可謂兩盡無遺不但士林之所崇慕而已實爲樹風
尚德之一助也茲庸仰諭伏願僉君子恢張公議以棄美
悅服之義至彭善揚美之地幸甚

右版通于

南平鄉校　僉座下

甲子六月日光州鄉校　直員朴鳳柱　掌議鄭淳桐宗在　根郎矦燮崔深華朴從奎等教在

指朴炎鏞等答榮多士高彥柱
尹宗根卒某俊朴㦤元

通文

右通論事南平砥石江東長者池畔文巖寔南平文氏鼻
祖武成公號三光先生諱多省之遺墟初鞠爲茂草千四
百年于茲爰徙使行人過客指點長歎豈非由於士林之
未遑歟子姓繁衍碩德嵬勳連世不絕或配食廟庭或腏
享鄉祠徂俎豆崇奉之禮偏有欠闕於三光遺墟者何恭
無乃世降俗賴而抑有待而然歟何幸癸亥秋士林與文

氏協議鳩財刱建祠宇於池上遺墟以爲春秋芬苾之所

而三光先生爲北壁以敬靖忠肅順平三憂四先生從祀

焉使冠儒服儒濟濟多士賴有依歸景慕之地非特雲仍

之私而實有補於世教凡有血氣就不尊慕茲敢仰告於

各郡鄉校雅願僉君子齊聲典禮以爲永久妥靈之地千

萬幸甚

右徹通于

列郡鄉校　僉座下

甲子九月日和順鄉校　直員林魯學　掌議崔承烈　鄉基安柳常若　裴鄭鎭

通文

右文為通諭事靈芝有根醴泉有源理勢固然也榮惟全
南平郡砥石江東長者池畔蓮花洞南平文氏鼻祖號
三光先生諱多省之遺墟而厭後嵬勳碩德聯世美趾在
國望於國在鄉望於鄉或配食廟庭歆享鄉祀而獨未及
於三光遺墟則豈非士林與雲仍之抑彧也幸於癸亥秋
儒林與文氏協議建祠于三光遺墟以三光先生為北壁
而其后四先生從祀先生后裔其麗不億竭力殫誠春秋
蘋藻爰得其所而玄城所格英靈實妥然而經始竣役縱
為子姓之自任儀禮虔奉乃士林之趨順此可以不容緩
晚故茲敢佈諭于各郡書院惟穎僉君子益加恢張公議

整作俎豆之節儀使此三光徽德燦然復明於世千萬幸
甚

右徽通于

各郡書院　座下

甲子八月日光州褒忠祠齋文　掌議金容珣奇京燮吳／東洙李戰春高光鎬李

熙烈并　宗洙

通文

右通喩事木厚其根枝葉暢茂水溯其源派流必長則人

之懷本尊奉昌嘗差殊於木之厚根水之溯源迄哉惟我

全南南平郡砥石江東長者池畔蓮花洞文巖寔南平文

氏鼻祖武成公賜號三光先生諱多省誕生遺墟也自
是以來連世闡揚或協贊王家配食國廟或柯則士林
朕享鄉祠環東土未嘗不被賴三光先生餘蔭而俎豆虔
奉尚未及於三光者豈非子姓儒林之抑蔚嗟惜也何幸
癸亥秋儒林與文氏協同建祠字於遺墟以三光先生為
北壁以徹靖公忠肅公顧平君三憂堂四先生從祠而禰
先生后裔其麗不億營合竣役固非一心竭力而春秋蒸
爰得其所則洋洋乎先生如在之靈其必曰余有後乎
依而建祠設字雖雲仍之攜芬崇奉儀禮實繫士林之超
順其在尊奉之道不容少緩故茲庸仰喻于各道書院惟

願僉君子特煥輿論齊聲奠禮須使三光之鬼勳偉績大

有爲於斯世千萬幸甚

右敬通于

各道書院　座下

甲子八月日全南長城郡筆巖書院發文　掌議金相鎬　色掌李承燁

金英敦　金晙洙　金嘉國
金主襪　奇相度　金胄煥

通文

右回論事褒賢良顯忠貞百代之盛典也剏祠宇享炎侑

士林之興議迺苟以異代而泯其蹟曠世而壞其禮則豈

非襃獎之欠典而士林之齋莅者乎今見經學院來諭卽

南平文氏上祖三光先生嶽降之所建築祠宇爲春秋蒸
芬之享而以先生之后敬靖公忠爾公順平君三憂堂四
先生配食焉其實勞王家澤被生民之蹟足可扶植風教
於百世之下者也夫以夷齊之卓節得夫子而益彰伊呂
之出處至孟子而始著則賢德之著明亦有命數存於通
不通之間耶何幸僉君子振百代之公議營一方之矜式
則是可見尊賢之誠而亦可謂尚德之至矣就敢有異議
於其間乎望須爛議恢張以寓曠感尊慕之誠千萬幸甚
右敬通于
列邑鄉校

乙丑元月日昌平鄉校　虞員高晃柱寧讓吳誠垠柳城　斗朴莊寅金河柱多士鄭就源　朴智海梂瀯圭　曺先鎬李奎明

通文

右文爲通論事朱夫子建陶公祠於數百年之後程夫子

刱安樂亭於數千載之下者盖有曠世相感之道亦因地

不荒者也謹承貴校儒通卽南平文氏肇祖三光先生嶽

降之所嘗築祠宇以爲腏享之擧而以先生後裔敬靖公

忠蕭公順平君三憂堂四先生配享焉竊伏念五先生之

道學文章節義光耀百世炳煥汗簡而春秋蘋藻丞蒙昭

代之晟典興廢關數尚闕奠禮之所誠極慨歎何幸列郡

章甫各院儒林同聲相應趨順奉奠之節此豈非好德之
良心而實得百世公議之停當者歟惟願 僉君子勵感
與慕特設承世之縟儀以副斯文之顯望無令附公祠安
樂亭專美於古幸甚

右敬通于

列邑鄉校

甲子十一月日務安鄉校

直員 吳晦根　掌議 羅護均
秉相 徐武烈　多士 高誠柱
崑吳朴龍裴炳柱金禹尙丁澤燁高鐵柱柳
金基厚奇字伻朴承載金淳鐸金錡煥朴虞相

通文

右敬通事凡我東土讀書談義之士相聚而語到昇平古

事則每誦南平文氏鼻祖三光先生肇基于砥石江上其
神智德慧貫徹天人而裕垂于後道學節義文章有若敬
靖公忠肅公順平君三憂堂四先生間氣而繼起芳遺百
世耀德千載其在後學尊尚之道宣其一處賸食配祠而
尚闕嘉歈但指其江指其山而己齋恨者久矣何辜賈校
士君子及列邑同德韶設五賢祠字于長者池上三光先
生遺墟之地此乃天其有佑起我百世公議豈不斯文之
盛基歟同心之言其臭如蘭戡不赴從而翼如也恨不得
發靭之早於人也茲以仰答其萬一願我　僉位同德弁
一心力克竣祠事而使此五先生　英靈洋洋乎如在其

左右則豈不曰開牖後之一道歟千萬幸甚

右敬通于

列邑鄉校及院祠　僉座下

甲子十一月日務安鄉校

直員 吳晦根　掌議 羅護均　秉相 徐武烈　多士 高誠柱　柳　金
嵩吳朴戡衡　裴炳柱　金禹尙　丁澤燁　高鐵柱　金
基厚奇宇祥　金諄鐸　朴承載　金鉽燠　朴虞相

通文

右文爲回諭事范文正之吳中建祠表出於宗族陸九淵
之湖上設院勤勞於衆中雖在上世猶爲罕覩罕聞之事
而豈意復見於今日也大抵　貴郡飛雅面雅山里文日
煥系出南平三光先生諱多省其上祖而長者池上文嚴

先生嶽降遺墟也營之建祠已爲累百年所文民之勤謹
致力厥有久矣何幸昨秋詢讓僉同建築祠宇素無鳩財
而竭力營辦中同日煥別無資業之饒而殫誠捐助克竣
經始之役店楔得豆陶瓦告訖先生之春秋薦苾乃得其
所則雲仍之連世抑蔚士林之曠世莞惜慶可解矣而奉
先裕後寔可謂兩盡無遺伏頏　僉尊以有懷無隱之義
盡彰善揚美之道儷美於吳中之祠湖上之院幸甚

右諗通于

光州鄉校　僉座下

甲子十一月日羅州鄉校　直員羅壽絿寧議李殷兩多　士林朴鎔圭朴薰陽洪承殷金

堪淑鄭鍾勛許吳泥厚柳
庫烈崔潤魯李昌洙羅翊煥

通文

右通諭事夫好善者秉彝之良心也彰善者典化之大端

也凡在衆善猶能若是況曠百世祠典獨奉先彌篤者乎

仰惟文氏上祖三光先生嶽降于南平長者也上文嚴而

協贊羅朝功樹宗祊澤洽生民蔚然爲百世稱式宜其有

永久厥享之舉而尙此寂寥曷不嗟惜也幸玆士林與本

孫追遠之誠慕賢之心詞謀僉同建祠遺址春秋蘋藻

始得其所以敬靖公順平君三憂堂四先生配食

焉其在崇本之道豈但于姓之孫慕羹墻是寓實猶士林

之欽感驗奔諳儀呼其盛矣兹復仰諭雍願益事修厥德

永樹風聲芬苾孔彰是所竣望

右徹通于

靈巖鄉校　僉座下

乙丑二月日羅州郡南平鄉校儒會　直員任馮寧寧　洪承復徐章欽

士羅薳佑朴熏陽林基戌
尹昌楷鄭薳希宋淵合

通文

右敢告事褒賢建祠在於現世獎勵之日而或設於曠世

久感之後者其綏晏興廢關於有數此程夫子之安樂亭

宋文公之陶公祠可徵也竊惟全南南平長者池畔文巖

節南平文氏正祖三光先生嶽降之所其德慧道學實我

東斯文之宗而垂裕于後道學忠孝節義文章有若敬靖

公忠肅公順平君三憂堂四先生間氣而繼起遺芳百世

耀德千載其桓後學尚德之道宜其永世腏食而尚關嘉

猷但措其山曰長者山指其池曰長者池離行路齋恨者

久矣何幸秉羮周鑒公議不泯列郡章甫各院儒林響廳

影從蚴設五先生祠宇於遺墟之地此乃天其有佑起我

百世公議實由碩果不食之理也兹以舉實仰喩願我

斂位同德相求倡一心力恢張公議克竣祠事使此五先

生英靈洋洋乎如此其左右永竣開牖後學之道千萬幸

遝　通到郡時答通

右敬通于

列郡鄉校　僉座下

乙丑二月日全南羅州郡南平鄉校道儒所　羅州羅巖蕃　佑朴熏卿

南平任馮寧　徐章欽　光州李啓琮　高光溁　長城金[illegible]
奇尙度　昌平鄭公源　馬晃柱　光陽李東宇　尙禮[illegible]
順[illegible]林魯學稜　州梁會坴寶　城李正會　順天趙泳面
曹勉承房興　申瑞永沈相晃　靈光羅衙亭　咸平[illegible]
務安吳晦祇　寶巖愼宗鳳　海南[illegible]在鎬　康津趙昌[illegible]

興白
亨斗

答通

敬復者伏以有道則顯有德則尙理之常義之昭者也然

早晏興廢或緣世道之泰否復因儒學之燦堙豈非關於有數而然歟今伏承　貫道郡丙各書院儒林之公械文氏家上祖五先生之道德忠孝節義文章實是儒家之指南邦國之懿範祀深長者括水潋潋文高層巖德業巍巍而晦堙至此關其永世廢享之儀倪留池名嚴號誦傳世耳非特本孫之齋恨亦冠儒服儒者所共噬嘆處也何幸公議舉實世道復明有此卹設祠宇之文故敢恐猥越兹敢回遍伏頼　僉章南速竣祠事使此五先生道學節義永得山高水長之地千萬幸甚

右回遍于

南平鄕校直員 座下

乙丑四月日韓山文廟〔直員丁大直 掌議李常珪 盧戟 教朴斗鍾 權重旭 李承夏〕

回敬

右回敬事 貴通辭謹悉而搞乎盛哉全南南平文氏惟

若高山仰止人之一姓有一賢猶難況五賢乎茂子孫之

繼繼顯賢祖若出於彝倫之常常也儒林之濟濟稱先生

著出於尊賢之源源苞然則道德萬歲日月節義千秋松

篁就無日月之師孰無松篁之稱哉仰則有思慕之遠

則有切近之情有切近思慕之情則惡可已也愛親隆師

天地之常經人倫之達道也故子孫馨香貴苾愼終追遠

儒林尊奉長於思道助祭從善則必如光中影應響則必
如谷裏聲而五先生之褒闡建祠尚己晚矣遠者裹素感
激詩雖拙焉敢吟一絶詩曰長者山前長者池春來花發
子孫枝翻新祠字彬彬本助祭誠心定有時然則只切望
丞竣祠事而鄙境內若有文氏則隨探善布期欲驗奔相
應先呈回敬以是洞亮幸甚

右回敬于

南平鄉校　僉座下

孔子誕降二千四百七十六年乙丑二月二十一日高
山文廟　直員高丙竣　掌議高鍾河　柳寅曦　吳秉德　虛其然彭尹相佺金琦鉉前虛貞其應

通文

趙儒林　夏鉉　沈與稠　申彥善　柳重桓　宋在顯
裵齊永　垕在寬　曹瓊煥　崔銓　朴勝旭

右文爲回告事主義正大不可紊也淵源久遠不可渝也

承籲出於尊賢南平文氏以其五賢之道德忠孝節義文

章寶蹟已有所百世景仰之卓卓而尙關餕食爲斯文之

欠與齋恨久矣幸此先覆倡大有此正氣向道之誠敢不

應聲求氣乎此可謂翺翔于道德之林藪徘徊於儒教之

圃圄其在追誠同義尊五賢同祠猶云晚矣惟望　　僉君

子期圖永世之妥享以寓士林奬勵之風千萬幸甚

右敨通于

羅州邰南平鄕校　僉座下

乙丑三月日全北南原郡鄕校發文

掌議 盧地鉉　吳䫆鎭　梁□
學諭 崔昌燁　□□　金正述　尹秉直　朴海明　多士
□□　黃瑜忩　思重　安楨燮　房衛　金邊　棋燮　藕在　南亭
陳炯　張振　周鍾

答通

右敬答事夫文之所以爲文者何也竊聞在昔羅朝氏之

上祖三光先生上應日月星辰之耀首降于南平郡長者

池文巖上下石函中而有紫氣之像丹書之字故也碩德

元勳爲我東國師表而家聲不墜連移麗朝敬靖忠肅順

平忠宣諸公祖繼而賢勞王家衣被生靈實有功於斯文

者其來久矣節奉見　貴函則今日所見之文果符於前

日所聞之語也　先生之種德樹勳如是其大則豈不崇

祠之多士之慕賢褒美如是其盛則誰不欽望哉恨其不

早者亦有之矣故茲敢敬復望須同道　僉君子益加恢

張公議與我斯文之地幸甚

右牒答子

全南羅州郡南平鄉校　僉座下

乙丑六月日濟州鄉校　直員金基銖　掌議金履珩　金翊　洙梁仁三　金基業　金鍾共　金永○　橫有司玄圭舜　金希雲　洪瑞杓　梁奉九　梁大衛　多士梁　應幹金泰榮　金賢洙　高斗熙

答通

右敬答事伏以道學文章思孝節義有一于此則當題畫

百世衿式來學而今文氏一家五先生相繼而作冠晃士

林薿薿邦家其所以妥侑之者不待今日而長者讵與山

久没於熙寧之草豈非顯晦之有數而然歟今於士友之

建足以是見公議之不泯而尊道尚德之心不以湖嶺而

有間也従此襟紳駿奔將事則五先生之風猶山高而水

長豈徒文氏之一家而已哉兹以仰答伏望終始殫力克

竣祠宇之地幸甚

右敬答于

羅州郡南平鄉校　僉座下

乙丑閏四月日慈仁鄉校

直員崔致祥
會員朴致憲
金基彩　崔漢坤
金昌鑑　金昌鎬　張在森　金洪培　李圭祥
安容諤　崔駿祚　朴晩祚　崔翰周　朴仁澤
英九金黍　泗川金洪烈

答通

右答告事剝陰旣窮復陽必生理之自然則此朱夫子所
謂天理還他是天理者也噫自戊辰以後斯文之厄遭陽
九百六之會先賢俎豆之所化作蒭牧之墟多士絃誦之
堂轉成樵歌之場興言及此寧不寒心哉謹接來通
貴郡南平文嚴郞文氏上祖三光先生妥靈之所而其後
敬靖公忠肅公顯平君三憂堂克趾先美德業文章爲世

衿式則千載之下後學景仰倘復如何哉獎讀狀辭不勝

欽誦鄙等忝在崇德慕賢之地茲以仰答誰顯　僉君子

期圖建祠殿侑俾爲遺芳百世之地千萬幸甚

右敢通于

羅州郡南平鄉校　僉座下

乙丑三月日金堤文廟　直員趙正三　掌議鄭桓坌趙紫　泰羅忠植柳掁　沂儒林趙勝鉉　尹柑鏓黃熙宗　篆日照朴日　遠安璇李敎相高泳泰

答通

右敢覆事先輩有顯於百世之前而足爲師表後學衿式

茲千載之後而虔奉俎豆爰古爰今何恨盛事恭謹拔全

南南平長者池畔文嚴節南平文氏上祖三光先生嶽降
之所其德慧道學實我東斯文之宗而垂裕子後道學忠
孝節義文章有若敬靖公思蕭公順平君三憂堂四先生
閒氣而繼起遺蔭餘澤炳煥百世而其在後學尚德之道
冝永世廟享而久齋曠世之感矣何華省內　僉章雨各
院儒林齊聲倡應翻敔五先生祠宇于遺墟之地出於前
代未暇者也此是毒爰冈墜斯道復興之美舉世鄒等泰
在鄉鄰夙所欽仰而凡茲虔奉之儀承竣尊尚先德啓牖
從學之道千萬幸甚
右敬通子

羅州郡南平鄉校 _{道儒所}

乙丑四月日靈巖鄉校 <sub>盂員曹在良掌議崔啓洪多士
慎宗鳳朴修恨曹寧燦卿寅斗
李會郁李基兩崔秉晩全鍾國
慎用喦崔圭臨朴燦鍚金相謀</sub>

答通

右敬復事伏以古語云賢人所過之地山川草木皆有精

彩況先賢嶽降之所若賢仍世守之地乎貴郡南平文

氏五先生之忠孝節義道學文章遺芳百世照耀千古其

在彼學崇報之議起於今日者尚晚矣而實關於道之有

數時之有待若唐李渤之白鹿洞開剏於晦菴夫子高麗

晦軒之白雲洞倡明於周茂叔者是徵也今承通辭稱設

五賢祠宇於遺址而列郡章甫各院儒林同響影從云其
興復斯文恢張吾道康將翹跂以竢耳鄙等雖在窮鄉退
敗秉彝之天則一也義當竭蹶奔趨以相斯文大役而形
役所使未由遂誠只憑尺素師賀　僉君子之賢勞焉望
須照亮千萬幸甚
右敬答于
羅州郡南平鄉校　僉座下
乙丑三月日統營鄉校　直員金慎枸掌議金正坤儒　林鄭潤甲裴源燦金炯璇
答通
右敬回事南平一郡五賢輩出地靈之英異不見是圖而

曠世之餘立祠俎豆多士追慕之誠亦復可尚則昭昭陟

降之靈似有待於濟濟今日之人如此盛典凡有血氣者

就不感賀而欲仰哉奉讀遍狀之日先卽輪示于鄙郡儒

林臆決賛揚而次及于同郡文氏宗中佛爲周知追感焉

以此下諒幸甚

右敬回告于

南平鄉校　僉座下

乙丑三月日三陟郡鄉校　直員鄭昌和寧襄金鍾卿宋／栢或洪光鉉洪淳鉉儒林沈

答通　韻祠崔栭夏金／鈐鄕張錫游

右敢復事崇奉先哲開牖後學自是程朱之遺規也非徒
先賢講誦之墟以至杖屨徑過之地名相似處亦無不建
祠腏享刻此先師嶽降之所羣賢繼起之山水乎尚闕嘉
歆與情齋恨今華僉議攸同謀劃五先生祠宇於遺址信
乎民彝冈墜天誘其衷延惟頴僉位同德相求一心協
力克竣祠宇以開來學千萬幸甚
　右敬復于
羅州郡南平鄉校　僉座下
乙丑二月日平原鄉校
鄭道烈　安允國
金瀅模　金鎭弘
金建鎬　金貞洙
金昌洙　文完英
李炳田　鄭南奎

右文篤回噏事非先賢無以啓後學非後學無以尊先賢
故先賢苟有襟佩矜式之範則後學亦爲俎豆膠享之報
良以此也南平文氏始祖三光先生卽天降之大德也今
見貴通卽剏建祠宇於遺墟以爲春秋芬苾之昕而以先
生後裔敬靖公忠肅公順平君三憂堂四先生從享焉竊
惟五先生之道學功烈昭載汗青炳耀後世或配芯國
之廟庭或享於鄉之院宇而尙關遺墟之俎豆者實士林
之欠典也何幸列郡章甫各院儒林同心協贊成就得千
百年未遑之事抑斯道復明底消息歟鳴乎顏樂亭始出

於程子之世陶公祠亦成於朱子之時此宇之成亦有待

而然歟秉彝同情孰不贊揚尊慕伏願　僉君子盍諴盍

勤以為永世妥侑之所以副遠近士林之望千萬幸甚

右敬覆子

羅州南平鄉校　僉座下

甲子九月日綾州鄉校　直員　梁會奎　多士　鄭淳翔　議文　在浩　滋益　安戰萬　李秉英　朴曾翊　李承禔　金正熙　朴俊東　教

敬答通

右文為回告事伏以尊賢衛道吾黨之盛舉也興學養士

世教之所務也夫何挽近以來世局忽變斯文將墜章甫

無俎豆之蕐州郡絕絃誦之聲識者憂其蔓草荊榛冥行

遹塴之久而何華今日伏見來通則五先生胈享之舉誠

非偶然秉彝所同孰不欽感於生等惟以退遠故未能晉

然於痔末孴達鄙怍逋慢之誅爲可逃也伏願　僉尊碑

誠竭力恢張公議亟竣祠事千萬羣甚

右敬答于

南平鄉校

乙丑三月日江原道蔚珍郡平海鄉校　直員黃重娕　掌議安鏴軾

鈴安柄十荒炳泰鄭
束洋安泰祭金安述

回通

右敬回事貴郡南平文氏五先生祠宇復設不勝欽歎矧

玆道內章甫同德同聲之辭意若是典重者乎玆依遵通

廣布本鄉及文氏家兼此仰覆照亮幸甚

乙丑四月日堤川鄉校

直員朴永光　學儒林鄭雲瀬趙鍾億金圭浩李鍾震　朴禹晉普校昶　相朴永錫

答通

羅州郡南平鄉校　僉座下

右答告事竊惟我東以箕聖遺墟文獻程度至本朝大備

五百年來道學文章之士步武相接其行誼之篤論議之

正可以羽翼斯文裨補世教者其褒賢建祠之道綏晏興

南平鄉校　僉座下

乙丑六月日高敞郡興德鄉校〔員〕李棕〔嵐〕　掌議李鍾〔九〕　朴炯　李鍾　高舜頭〔澤〕　李璿〔源曰樂允〕　朴勝旭　金陽涷　金守鉉　高泓鎮　蔡東煥〔宇〕　柳龍起　李門燮　黃鍾寬　慎喜

敬答通

右答通事先賢遺址建祠設廟士林之美風而恭惟南平
文氏三光先生以后世有碩德有若嶔靖公忠蕭公順平
君三憂堂四先生間世繼起道學忠孝節義文章掎歟斯
赫非但爲文氏顯祖也實麗朝之良弼也非獨爲麗朝之
良弼也乃吾東之大賢則固當永世殷享而盛代豪崇之
與尚末及於俎豆之禮者斯乃爲後生之遺感者也抑或

其幽潛闡揚亦有時於早晏耶噫南平之文巖郡商之傳

巖周之崧嶽也至于曠芭千百載之餘雖行路指某山某

水而莫不齎咨興歎則其遺風餘韻乃千載耀百世愈久

而愈不泯者也何莘　貴鄉士論齊發全省響應有此倡

設五先生祠宇之舉此丹地有秘而天必佑也秉彝所同

乾不欽美哉望須克竣祠事以妥先賢之靈以奬後學之

道千萬幸甚

羅州郡南平鄉校　僉座下

乙丑二月日延日郡延日鄉校會中

直員　金琥　重學議
李賜榮　李圭皓　金
仁泳曾員陳柏彪　李善榮金澤權崔琪翼
李發榮陳鍋守金洛人陳華學

右仰諭事崇儒重道國家之懿典慕賢闡美士林之公

議也今見　貴通則　貴郡南平文氏上祖三先生及

敬靖公思肅公顯平君三憂堂五先生祠宇刱設茲遺墟

云崇儒慕賢之道尤為士林者孰不響應於五先生之德

慧道與實為我東斯文之宗則尚闕腏食者豈不慨歎乎

自　貴校今有斐文故獎郡文氏許造這布諭茲以回通

惟穎　僉君克竣祠事使此五先生英靈永世奉安之地

千萬幸甚

南平鄉校　僉座下

乙丑三月日平北厚昌郡鄉校 儒員韓棋、韓麟 掌議韓𤲟 熙車晃 周𤲟 共河南翼

淳儒沫韓用濟金基必李 德座李鵬林金秉沫

答通

敬覆慕師師表建設祠宇後學昕以崇奉先賢尊慰斯道

之義也　貴郡南平文氏三光先生及其敬靖公忠肅公

順平君三憂堂四先生間氣而繼起遺芳百世耀德千載

而尚未建祠宇果是吾儕之齋恨者也今世教陵馳之時

僉君子乃能殫竭其尊賢慕道之誠奉五先生祠宇於遺

壚之地何其壯也何其盛也信知天理有復而吾道之不

泯矣望須極加誠力使長者畔文巖一區永作千萬世尊

慕之地幸甚

右敏復于

南平鄉校　僉章南座下

乙丑三月日庇仁文廟（盧貞、僉範潛掌讓姜信渺 宋元用金柄台李漢鏐）

回通

扶振綱常莫如尊聖慕賢樹立風教莫如建院立祠故國

有崇褒之與鄉有揭虔之覿此洞宇宙亙古今而不易者

也挽近世運丕紲褒賢闡烈寂然燕聞何幸　貴郡　僉

章甫感發秉彝之良心益出羹墻之血誠五先生祠宇仍

舊址而翶設此是上九剝盡而一陽發生九野窮陰一雷

發聲惟在圖巔方趾之類莫不感應況冠儒服儒者就不

同聲相應茲華須　僉寧殲誠捐義使此五先生永世妥

靈則斯文幸甚

敬復南平鄉校　僉座下

乙丑一月二十日載寧文廟　生員李鍾白寧讓　休奎憲李常鉉

答過

微復褒善獎節　朝家之徽與尊道崇德士林之宗規也

然而廢荒嚴祠或有欠闕斯享豈不爲幽明之感茲伏承

貴校遍章南平文氏先笠有三先生而又有敬靖公

忠肅公順平君三愛堂四先生相繼而起道學淵源斥邪

牖後爲己任冀其顯世建祠歿享而天聽尚隔士論仍況

俱以梧月空塲懷舊蹟而指點徒以葭露長渚望秋水而

戲歠然則長者出色萬古只麼青而不變長者池泼半畝

方藷活而無窮憶先正之隱顯亦關於剝復之數而然歟

後學之廢興亦繁乎不泰之運而然歟幸茲岡墜列邑章

甫一唱百和五先生祠字蒯始于遺墟云豈不韙歟寔孚

於程夫子之顏樂亭朱文公之陶公祠之事則五先生英

靈可謂得其人而妥其所矣鄙邑之淺見薄識雖不敢贅

一辭只以輪奐頌禱之僉尊克終實效叶于質諸神而

無疑俟聖人而不惑之地幸甚

敬答于南平鄉校僉座下

乙丑四月日錦山鄉校　郭秉奎　金斅植　金衡植　李宗勗　李炳祖　辛元錫　金顯基　梁在文　朴洪緒　信吉榮　朴贊禹　金昌淳　西門奎　金深　金基相　金來源　高光　丁合炯

敬回通

右文爲回告事

貴郡南平文氏上祖三光先生及其敬

靖公忠肅公顯平君三憂堂諸先生繼起丕承道學忠義

冝其當世建祠宇而尙今闕焉者豈非士林之嗟嘆者耶

何幸　章甫翻建於遺址是乃枯木回春之底一大消息

起其在後學尙德之道曷勝欽師通到郡時輪示境內儒

林及文氏僉中兹以回告以此俯諒千萬幸甚

敬通于

南平鄉校僉　座下

乙丑四月日知禮鄉校

林詰浩文命學
朴來鉉文孟坤

敬復

夫稽古牖後世道之觀感尊賢崇祠吾林之師範今此五

直員金薰相掌議文泳卓李愻
英宋東憲儒林文世牧鄭友源

先生之建祠列郡公議若是鄭重秉彝所在孰不欽仰部

等遐仰末光只竢善終如善始之地幸甚

南平文廟　僉座下

乙丑四月日泰安文廟

直員韓宛履掌議尹恒
善尹世旺超軾九

160

答通

右敬答事盡五先生之道學忠孝節義文章韡銜童野叟
莫不尊崇而祠宇之尚闕緣於數奇之有滯兆典指點咨
嗟之歎芃何幸列郡　僉位同聲相應刱設前人所未逮
之儀惟願克竣祠事使菀薆之場戌俎豆之所釣漁之池
築管絃之堂五先生　英靈永世腏享之地千萬幸甚

右敬答于

南平文廟　僉座下

孔子誕降二千四百七十六年三月日扶餘鄉校　監員黃圭

掌議白樂應　尹相夏　黃琰錫　鄭雲興
儒林金緒玆僉㪍亨李時榮

敬通

右敬通事惟我東土讀書談義理之士相聚而語到昇平
古事則每誦南平文氏鼻祖三光先生嶽降于南平郡東
長者池畔文巖上石函中而協贊羅麗兩朝勛樹宗祏澤
洽生民蔚然為百世衿式宜其有永久腏享之舉而尚此
蓼蓼昌不達惜也蕐茲各道文氏追遠之誠詢謀僉同士
林同聲相應癸亥秋建祠遺址春秋蘋藻始得真所其在
崇奉之道奚俚子姓之追慕感心實猶士林之欽服艷誦
而事巨力綿該有司之窘迫實不忍目見故茲仰告于各
道列郡文氏宗中惟願 貴氏各出誠力特助義捐俾完

大事而期於明春　享祀之節千萬幸甚

右敬通于

各郡文氏　宗中

乙丑十一月日　全南羅州郡南平面文巖下嶽降堂

都有司　高光善

總務　李啓琮

高晃柱

成造有司　任潙宰

羅壽線

通文

右通諭事伏以春兩潤木自葉而流根理勢然也惟我文
氏自始祖以來賢德輩出或國家　廟庭配食或鄉祀祖
豆腏食間間東土而孿在戊辰　朝令嚴享之后尚今寥
家無聞豹獴報本之道不惟士林之嗟惜而況在遺仍豈
不諱冤枉乎始於昨秋門議齊簽建築祠宇於南平長者
池上以三光先生為北壁以敬靖公忠肅公順平君三憂
堂四先生從祀而為先生後仍者其麗不下數十萬而經
始逾年數百門中無一另憲者此可曰吾先祖之孫乎茲
以輪告惟頒自各道各郡各宗中擇其勤實該事者一員
來於于成造所斯速竣役無至忝先之地千萬幸甚

右敝通于

列郡　僉宗中

甲子三月日發文

都有司

文炳九　光州
文誠浩　綾州
文仁煥　允州
文址洙　綾州
文致晧　南平

掌財有司

文章煥　黃州

財務行員有司

文周煥　長興

通文

右徹遇爭伏以廟者貌出萃祖考之精神德者本也觀于
孫之誠力豿捷猶知報本兄量靈之人乎惟我　貽祖武

文炳奎 昌平

文達植 光州

文鶴錫 蛇城

文國煥 光州

文琪成 濟安

文齊雄 綾州

文洪珣 裕安

成公誕生于南平長者池文巘歐後克昌名碩承閱閭
赫赫者爲望於世而不讓於人矣不泰相尋理耶運耶感
古憐今夫復何言且慶州之朴昔金氏瀛州之高夫梁氏
與吾南平文氏厥初神異之蹟則七大姓同一般矣慶州
有德惠殿瀛州有三聖祠享禮之獨欠闕於南平者抑有
數而然斂待時而然斂盛門寒族尙多不億之麗何幸近
間建祠致祭于遺墟之意門議協同士論俾倡以始祖武
成公爲北壁以先祖敬靖公忠肅公順平君三憂堂徙享
己建神室三間榮講堂置祭田爲次第事耳然事巨力綿
無財不悅無物不譏洪河非寸土之可障廣廈非尺木之

可扶所之者山海能超之力而所恃者金石可透之誠也
茲以發通受各帖立宗案豈不偉歟如或越視茲齊力之
中而漏名茲此案者其肯曰我　祖考子孫乎伏願　僉
宗特惇宗睦族追遠報本永思爲仁之孝各出扶義之力
千萬幸甚
右敬通于
列郡一僉宗中
甲子十月日　文　文桂洪（長興）文載燁（慈州）文圭鱗
文載學（毅州）文柜欽（靈巖）文在烈（長興）文誠活（薐州）文仁煥（光州）
文贊煥（光州）文址洙（薐州）文敦晤（先州）文炳九（允州）

右敬告事伏以孟夫子曰雞鳴而起孜孜爲善者舜之徒

雞鳴而起孳孳爲利者蹠之徒也楊氏註之曰舜蹠之相

去遠矣而其分乃在利善之間而已自古爲善難爲利易

蹠之徒無限舜之徒有幾況今後義先利之滔滔世界輕

利重義之大德君子何處得未乎幸於文氏門中尊座下

適見其人矣 貴門近有先大事省內士林同聲相應則

聞 尊座以近八隆老鰥獨身勢貧窶家勢特捐義金牛

千兩而優助云其誠力謂何如此若此稀罕事非徒尊門

中獨擅觀萬姓而有一環八域而無三世或有要譽而爲

善者與其求福而爲善者假使　尊座年强壯家豪富膝

多慶以爲此則或要譽求福而望其餘望於後也年衰耗

家窮乏膝無慶而爲此則豈要譽求福而望何餘望於後

㡭大抵爲善有所望而爲者是妄也非眞善也無所望而

爲者非妄也是眞善也故大易無妄卦不菑而畬不耕而

穫者是也然則　尊座無所望而出於實心可謂眞誠眞

孝眞善善家餘慶聖訓昭昭則豈有久塞屯之悖理哉何

幸　尊啣之以泰以聲歎必將日運泰而振家聲矣莫言

伯道之無兒可見馮京之得男且姜翁達於八十伏生薦

於九十　尊年雖大大德必壽人雖無望而神其不佑㤠

伏願 尊座益修太德永享遐福以扶頼綱化澆俗之地

至祝甚幸

右敬通于

光州西林交泰聲 座下

丙寅正月日羅州郡南平面文巖下嶽降堂

都有司

總務

都有司 高光壽 光州

總務 李啓琮 光州

高晁柱 昌平

成造有司 任滊寧 南平

羅燾線 羅州

通文

右敬通事慕先建祠出義厚助子姓之至誠也尊賢尚德
彰善揚美士林之贊頌也竊嘗聞　貴邑木浦府士人文
在喆系出南平三光先生諱多省其上祖而長者池上文
毅先生嶽降遺墟也營建祠宇既為屢百年于玆文氏勤
勤致力歉有久矣幸於昨秋僉議協同營之建祠素無鳩
財而竭力營辦中同在喆特以其宗族中表出之誠捐助
殊優克竣經始之役棟宇得宜陶瓦告訖先生之春秋蘋
藻爰有其所則雲仍之連世抑莞士林之曠世嗟惜庶斯
可解而奉先裕後兩盡無遺於是乎在喆可觀矣秉彝所

同孰不艷感而欽服伏頴　僉節盆恢揄揚之筆使此卓

興之誠摅盡顯闡之道千萬幸甚

右敬告于

務安鄉校　僉座下

乙丑十二月日全南羅州郡南平鄉校發文　齋員任濡　掌議洪洙

承復徐章欽尹昌赫郡
濚希宋淵合符鳳烈

通文

右文為通諭事夫字宙而不磨者道理也閱滄桑而不易

者誠敬也此盖純厚正大這氣義而鍾之乎人則章掌表

著笑天下萬世迄古今其人聞發揄揚者豈非公議耶稿

報千萬幸甚

右回通于

羅州郡長淵祠　僉章甫座下

乙丑十二月日遯巖書院會所
　僉鎭样金洪鉉金在胄
　李璘濟李相晃李熊承

回敬　年條創錯當在上
　田牽錦金永商洪秉武一有司金在夏
　二有司圈泳智蔬身共淳元李輔榮

右敬回告伏以吾先祖五先生建祠設享之事儒論與

宗議齊聲共應有此首謀輒造之舉伏不勝仰頌萬萬而

顧此屢宗居在遠外恐未免居後之咎然敢不協心勉力

以遂萬一之誠茲義捐及禊單金依　教本遵爲計　術

諒之地幸甚　右敬告于　獄隍堂　食宗座下

乙丑四月日慶北金泉郡元智禮上部里　文奉在文性　牧文漢七文

炳或文涿卓文志坤文孟坤文章坤文命學文熙德等

通文

敬通事爲儒之道在尊奉先賢尊奉之道在建祠設享一
世之士知言者豈可以時論毀傷世道之公公大義欺謹
按南平文氏之門有五賢繼出而武成公三光先生諱多
省敬靖公太學士先生諱公裕忠蕭公太傅少卿先生諱
克謙三先生配食　廟庭而孝惠公順平君先生諱惟弼
有轾朝三日之典両自國家己有禮待於四先生而忠宣

公三憂堂先生諱益漸稼亭門人與圓隱牧隱兩先生為
道義之交而鄉有鄉校里有里塾造主設祭革胡服遵華
制皆是三憂堂八條疏中出來者也惟我東方五百年衣
冠文物寶賴三憂堂講磨之力而三憂堂講磨之禮寶由
四先生遺風餘韻有此五賢久闕俎豆不但子孫之不明
寶為儒者之深恨嗚呼天下之生久矣或有古今異時之
論然今之人古之人古之賢今之賢岳武穆主壁於忠武
公之祠以此觀之世有古今賢無古今者果非虛語而儒
者遵奉之道只以賢否不以今古斯望須　僉君子齊聲
祖應建祠設享扶植斯道之陽脈千萬幸甚

右敬通子

各郡儒林　僉君子

丁卯二月日長城筆巖書院多士

崔錫吳　相鎬朴源　爽金栢　度申蔓金堯盆林會鉉李康濟梁會盆金漢翼朴奇　柳永雨奇貞度金煥豐孔學源島光善執綱奇

通文

敬通事伏以日月有時晦瞑金石有時磨泐而至若秉彝
之性則與光嶽而不頹就料其以今日之親見栽永平東
文嚴節三光先生嶽降之所而孤立於荒崗宿草之中者
為千有餘歲長為行路之咨歎矣何幸今秋　尊執事以

先生之遺齋經始其墻垣門楣山水增彩草木動色豈非
秉彝之性與光嶽而不頹者歟非徒爲文氏諸宗中贊賀
寔爲東方士林之所敬頌者也不容泯默妄庸獻賀其不
失所守之本性伏惟　照亮
右謹通于　文斯文樂洪氏　座前
丙寅十月日長淵祠都有司
　禹光善　總務李啓琮羅　濤綵有司任馮寧高、晃
柱尹璟赫
金光植
齋長書
伏惟殷春僉體動止候連護萬相溯仰憧憧本祠經始四
載工役訖廟貌翼然講堂及庫直舍左右翼廊內外三門

第次就緒　僉執事殫誠竭力令人欽歎而以先生嶽降
之地建祠膢享則寒潭秋月完復澄明於千載之下豈不
誠盛聳觀竊伏念膢享之節事體重大其儀式節文多有
所欠闕不勝悶嘆諏定吉日禮成有期則祠宇及講堂三
門額號次第揭虔而講堂則　義親邸下寶墨煌煌敬模
八梓不日揭虔以俟　恩賜豈不盛且美哉以今日而有
此盛舉此誠百世一會而僉執事以慕先慕賢之誠匪懈
益虔則非徒百世苾芬永有托焉抑亦一世菁莪與有榮
焉勉旃于此戒慎乎此毋或怠忽永爲後圖千萬幸甚僉
執事之不淺爲劉血指汗顏己閱三數年而中間携貳之

說此非巧匠傴觀縮手袖間者也寔出於恐失禮貌貽諸
於後日也然而凡事就其得正則右文之政垂後之美大
有所觀感而禮不必皆出於古求之於義而稱之揆之於
心而安之者省可舉也是以斯人之生也食稻而祭先穡
衣帛而祭先蠶飲酒而祭先酒飼畜而祭先牧以及於曰
用起居所賴者皆祭祭門祭竈祭中霤之類是也子孫之
於先祖士林之於先賢其為感慕非門竈中霤之比而以
其古不祭而今始剏為訐則是豈人心所安哉光善僩居
有司之列而病昏不能裨補其一二伏歉奈何都在雜臺

丁卯三月　日　高光善

伏惟花照　僉體侯萬穆區區溯禱不任瞻仰第竊惟
三光先生　始生也固異乎常人而出而需世鬼動壯烈
文章道學寔爲新羅一人曁羅逮麗逮我　聖朝子孫蕃
昌或以忠直顯或以儒學尊雲仍散布域中處處爲衣冠
族惟　先生劬躬蕎後之德可以必百世祀至今闕爲豈
非欠典乃者賢孫倡建祠宇而妥靈甚盛舉也況又四先
生之同堂配食允合情禮豈惟本係之殫誠追遠爲可賀
凡在後學孰不瞻慕欽仰也如駿駑者不堪比數於生命
而亦爲見招於多士之列敢不勇往直赴以紊盛禮之成
也但坐在崦嵫之境無以自力將事之地悚仄之餘暴此

衷曲伏望　僉君子照其情而寬其罪如何如何　餘神昏
不能抆長惟仰　僉照　謹候上
丁卯二月晦　服生吳駿善

回通

右敬回告伏以吾文之
始祖武成公靈降所文嚴之尚
今無一事可表蹟者爲後孫之各自齎鬱有志而無其人
未其事者也而今有賢孫能昇克誠爲先軔祠揪堂又謀
諸事之次第設施舉員輪論不一而再爲吾武成公之
後者就不應響就不輪誠荒但以地距之稍闊事機之未
的至今日而無間聞矣即當依　教駿走矣事巨而財亦

難也第當從速會宗相議出各義收契帖起事竣功伏計

伏惟 僉宗尊諒千萬幸甚

乙丑四月日陝川小泉璟鍾文秉沃高品文
文軾孝吾東文尚錫文鏞回洞文定衡文道衡
三嘉文穆文素柱嶧坵文綱文用河

通文

右文為奉賀為長淵祠捐義爭景慕先賢而崇奉之子孫
士儒誠其一也分言之則脣名欲有甚焉者耳遺風餘韻
我將我行發士林之所以尊之維恐其不及垂裕啟迪賜
我頂踵子孫之期欲報之曷嘗有極哉其尊之報之必出
於天理之公人情之常非茲諛讟佞者之為也明矣語
曰行百里九十里為半蓋言其克終也難矣且事之盡於

中途是豈人情所欲勢有不得故此譬如一葦航之可得到泊而中遭竇湃只一漂泊而已耳若有篙師援呼濟之自後篙師之賜也今長淵祠之役也丹懷也門根也事是緊迺　座下之先聲自任可見孝子慈孫之誠心迪出萬萬固無容賀而其於吾們之齋謦欬者為所感幸佪而喝謝今茲將事之前先發此議論雖自認輕僭然　座下之重諾既決則今日成功日耳夫必待其役畢見成之日而後為言者自是習俗輩流之心鄙等詎得一向含默也耶

不勝惶恐

右敬通于　文仲煥座下

戊辰正月日長淵祠儒會所　高光善　金容珣

李啓琮　任鴻宰

鄭公源　朴薰陽

敬通

右敬告事扶振綱紀樹立風教係於士林之闡發揄揚如
今之世化民澆俗足爲模楷時人何者籍甞聞長城郡北
一面甲洞里旌義全鍾奎妻南平文氏三光先生諱多省
后婦德純備自未笄時性根孝友于歸以後睦於宗族無
遠君子無違婦道爲夫黨稱誦者雅美何幸三光先生祠
宇建設事自辦出義捐助至若全鍾奎妻出嫁之夫人墓

先追遠之心與君子警發殊俗之行則出於艱窶中勤謹

眞實得於朝夕節食之資也俗所謂女士之行者非此耶

敦本慕先之心謁誠捐助男子猶爲難能况婦人之事乎

往古來今是所罕聞耳伏願　僉尊秉彝所同就不艷感

而欽服俾盡彰善闡美之道幸甚

右敬告于

　僉座前

長城鄉校

丁卯正月日長淵祠儒會所　高光善　金瓚炫

高晃柱　任馮寧

羅熹佑　梁會奎

英廟四十九年壬辰事實追錄

徐章欽　尹昌赫

長興綾州靈巖寶城光州幼學文彌周齋沐上書于
巡相閣下爲白齊生等之始祖武成公諱多省號三光
誕生於南平長者池上而其豐功盛烈載在前
史爲其裔孫者當爲建祠致祭而有志未遂者積年矣
何幸去庚寅八月良中自館學通文來到是乎所通辭
內示三光文先生卽我東方斯文之宗而爲後裔者至
今與欽奉豈不慨然乎如是是遣乃建祠致祭之道未
能遂意故各邑諸子孫會于南平雲興寺館通據呈

官呈營買營題官題亦如館學通辭意教是欽齊聲

詢額子巡相閣下伏願怒諒情狀行下以完大事

千萬祝手祈怒之至　行下向教是事　巡相處分

壬辰正月日　文就光　文詰周　文永光　文渭相　文楫　文遇相　文宅開　文徽相　文永禧　文澈國　文宗白　文得義　文啟周　文尚白等

題音　自本官各別推給事

附　交巖過文

通訓大夫前司憲府掌令文躍淵敢齊沐敬告于我同宗

侍僉座下事當爲而未遑者雖百世之下必愈久而愈不

可已何者夫天之生物各有其本苟或入不講其本曾豺

猷之不如也是故我東氏族之以閥閱稍顯於世者莫不各自致力於其所生之地或壇而享之或廟而祭之或樹石鑴文表之非獨今之人爲然商人之頌曰天命玄鳥降而生商周人之雅曰履帝武敏載震載肅盍自古在昔而其來也遠矣新羅王侍臣遊於後庭忽有紫氣自西方亙天諸臣驚懼王獨喜曰吾先祖始降之初有此祥氣云今又有之必生賢人之兆也命百結先生遄探于南平縣東忽見瑞雲蝙聚於大澤而澤畔嵒有斗起十許丈有嬰兒之聲呱呱自巖上來令搆架登視有石函以鐵索兜下開視之有小兒肌膚玉雪容貌奇偉遂收養之能文多知聰

明如日月星辰故因以文為姓以多省為名賜號三光道
學文章為東方之師表而我敬靖公諱公裕思蕭公諱克
謙順平君諱達漢載錄於本縣邑誌則是南平也實惟我
文氏初笙之地而亦維我先祖桑梓之鄉也自是而各其
嚴曰文巖而文巖之號播於詩詠入於指點今且千百年
所而尚未有以表識其所者乃先代之所未遑之事而百
世所不可已者也況我文氏不振於今使夫今之人幾乎
不知有文氏則今日文氏之講先事追先志為可不汲汲
然若捄焚拯溺之為茲以不俟相議于宗人之在京者
敦陳厥由既以禀告于京兆退而分道發文遍告于各宗

僉尊之前伏願　僉尊各自出力丞圖文巖竪碑之役則
于先祖未遑之志可以有光而吾文氏百世一本之誼其
不在斯乎夫然後大同之譜亦次第事耳惟
僉尊諒之諒之

長淵祠營建有司望

都有司　高光善　長興人〔九州〕
摠務　　李啓琮　咸平人〔光州〕
　　　　高晃柱　長興人〔昌平〕
成造有司　尹榮柱　坡平人〔南平〕
　　　　任馮宰　豐川人〔南平〕
禮成時祭官望　丁卯三月二日
獻官　高濟根　長興人〔光州〕
大祝　李漢珉　全義人〔南平〕

司尊　吳炳鎰　錦城人〔平昌〕
陳設　劉秉龜　江陵人〔光州〕

奉香　崔承泰　人〔光州〕
奉爵　朴源商　忠州人〔光州〕

執禮　李載森　咸平人〔光州〕
奉爐　崔時鉉　人〔光州〕

奠爵　李伯休　人
別庫　有司　文國煥〔光州〕

院任榮

院長　高光善　長興人〔光州〕
直月　任濄寧　豐川人〔南平〕

院貳　鄭公源　延日人〔平昌〕
直日　李漢珉　全義人〔南平〕

掌議　李啓琮　咸豐人〔光州〕
　　　金容珣　尉山人〔長城〕
　　　朴薰陽　潘南人〔羅州〕

尹榮柱坡平人〔南平〕

春享時祭官望丁卯三月二十二日

陳設

獻官　崔濟敏　人〔光州〕

金堯益蔚山人〔長城〕

尹世心坡平人〔南平〕

執禮　梁會甲濟州人〔綾州〕

奉爵　劉貞熙江陵人〔光州〕

大祝　奇老善幸州人〔長城〕

奠爵　安哲魯罃竹山人〔綾州〕

奉香　崔基炳

朴基柱忠州人〔光州〕

吳晦根錦城人〔安務〕

崔基邟　人

洪光憙豐山人〔南平〕

金光植光山人〔光州〕

朴勝奎　人

宋容穆　人

李載春咸平人〔光州〕

奉爐　柳寅湜　人
學生　宋海初　人

司尊　吳鶴洙　樂安人〔光州〕
朴喬雲　人

梁會嶽　濟州人

崔基正　人
任明宰　豐川人

李教建　人
林炳學　人

別庫〔司有〕　文炳九　文仁煥
〔謁者　贊引〕金文永　〔通謁〕金敬禮

文誠浩　文致晧

秋享時祭官望

獻官　李熙容　全義人〔先州〕
陳設　崔基洪　人

梁會洛　濟州人〔綾州〕
高光洙　長興人〔光州〕

高晃柱　長興人（李昌）　　李重權　全州人（羅州）

執禮　奇春度　幸州人（城長）　　朴魯豐　順天人

奉爵　任允玆　豐川人（南平）　　洪洋植　人

大祝　李載春　人　　學生　曹獻承　昌寧人

奠爵　金棕坤　人　　鄭壽洪　人

奉香　宋宰秀　人　　裴性洙　人

奉爐　劉貞熙　人　　尹相甫　人

司尊　金鎭洪　人　　任達宰　人

別庫　文炳九　文誠浩　　講者（贊引）　金文永

文仁煥　文致晧　　朴春慕（滌器・掌牲）

文炳尹

春享時祭官望　戊辰三月二十八日

獻官　徐正烈　人　　　陳設　曹基周　人
　　　李啓彩　人　　　　　　尹昌爀　人
　　　崔益洪　人　　　　　　林尙圭　人
執禮　吳憲洙　人　　　　　　高光鎬　人
　　　　　　　　　　　　　　李重權　人
大祝　李瑽淵　人　　　學生　李廷祖　人
奠爵　李載春　人　　　　　　鄭最源　人
奉香　崔台鈗　人　　　　　　尹榮寬　人

奉爐　盧錫容　人

司尊　吳南柱　人　　魯鉉泰　人

別庫〔有司〕　文日憲　南平人〈光州〉　　〔調者〕〔貿引〕金文永

文濟弘　南平人〈綾州〉　　〔掌甡器〕朴春基〈寧…〉

文仁煥　南平人〈光州〉

文釴珣　南平人〈光州〉

癸亥秋院宇秘建事大宗中發起案

文昌鍚〈京城府〉　　文桂洪〈長興〉

文錘〈靈巖〉　　文在烈〈長興〉

文載熙〈綾州〉　　文誠浩〈綾州〉

文載燁 全

文載學 全

文贊煥 光州

都有司 文炳九 光州

文誠浩 綾州

摠務 文仁煥 光州

特務員行 文周煥 長興

監董員行 文章煥 光州

文太鉉 靈巖

文孟坤 慶知禮

文仁煥 先川

文致晧 全

文炳九 全

掌財 文址洙 綾州

文致晧 光州

庶務員行 文鶴錫 長城

文國煥 光州

文達植 光州

文周京 井邑

文贊基 昌平

文濟雄 槐州　文昌鉉 勝安　文洪瑢 海安　文康彌 江原道　校州都 有司 文載雄 白巖　總務 文在港 萬平　文濟弘 白殼　寶城都 有司 文在鳳 員　文在京 春亭　總務 文瑢鈞 眞九

文福燦 潭陽　文炳奎 昌平　文載惠 槐州　文昌奎 昌平　金堤都 有司 文豐鉉 楊米　總務 文章厚 回龍　文炳玉 襄里　鎮安都 有司 文翰圭 九雲　總務 文基周 邑　文基燦 全

文承憲 寶城
龍潭都 有司 文鍾燁 邑

長興都 有司 文桂洪 德山
總務 文春殷 回龍

總務 文在烈 德山
谷城都 有司 文孝鎮 長曾

靈巖都 有司 文錘 栗山
總務 文性鎮 新基

總務 文泰鉉 場嚴
扶安都 有司 文權洁 燕巢

文濟勝 響樂
總務 文濟龍 文濟甲 全

光州都 有司 文玖龍 台峯
靈光都 有司 文運植 藥場

總務 文國煥 淸風
總務 文載南 金洞

沃溝都 有司 文鍾龜 達艦
咸平都 有司 文永喜 鴨橋

總務 文奎錫 全
總務 文利休 全

京畿都 有司 文在榮 梁院　務安都 有司 文在喆 木浦
文在裕 蒔洞　總務 文太鉉 月仙
總務 文澤圭 全　昌平都 有司 文達根 雲山
海南都 有司 文虞錫 鶴下里　總務 文學術 邑
總務 文昌周 南昌　長城都 有司 文章基 大德
井邑都 有司 文奎浩 福興　總務 文濟弼 安平
總務 文錫奎 道賢
長淵祠成造主務案
七務 有司 文柄九 九月田　盒瓦 有司 文壹煥 飛鵝獨貴
文仁煥 清風　成造 有司 文贊煥 清風

文致晧〔台峯〕　　　材木運般有司　文章煥〔西休〕

文巖營建主任　文樂洪〔長興郡夫山面内洞〕

丙舍門營建主任文太鉉〔務安郡清溪面月仙里　監董有司文洪珣〕

齋明室營建主任文彩成〔長城郡南一面所赤里〕

院宇位土議納時儒林僉議案〔丁卯春享〕

議長　高光善　　李啓琮

議員　崔濟敏　　金堯益　　尹世忠　　梁會甲

劉貞熙　　奇老善　　安哲魯　　崔基炳

柳寅混　　吳鶴洙　　朴基柱　　吳晦根

崔基郁　　洪光憙　　金光植　　朴勝奎

宋容穆　李載春　宋海初　朴喬雲

梁會默　崔基正　李教建　任明寧

林炳學

綾州議長文在浩　文載熙　文濟弘

長興議長文勗鉉　文泰禹　文平進　文道弘

寶城議長文在鳳　文溶鎬

靈巖議長文圭政　文圭洪　文濟勝

金堤議長文豐鉉　文章厚

京城議長文泰榮　文在裕　文澤圭

光州議長文泰聲　文贊煥　文致龍　文國煥

沃溝議長文明眞

昌平議長文炳尹　文贊基　文昌奎　文昌百

木浦議長文在喆

海南議長文廲錫　文基俊

智禮議長文孟坤

鎮安議長文翰圭　文基周

河東議長文龍河

扶安議長文權浩

潭陽議長文普基

龍潭議長文鍾燁

議員文祖欽	議員文東鉉	議員文明中	議員文在喆	議員文正基	議員文翰圭
文日錫	文圭永	文周京	文泳彥	文濟弼	文致大
文仕弘	文濟南	文章變	文達植	文濟洙	文玖斗
文聖鎬	文彩成	文福燦	文載南	文貞化	文玖圭
	文壹煥	文漸龍	文周日	文圭泮	文致奉

長淵院誌卷之三終

右文爲敬賀事禮在無容賀處而感切不得已者不賀於
人之序而祝於事之特此今日之不容不枉其禮而伸其
情至竊惟三憂堂先生河嶽閟氣斯文健標其道學節義
之崇隆且不敢遽論衣被我海左生靈功誰競焉丹者炎
享長淵祠爲萬世無憾之美舉何等盛焉仄聞先生像幀
云留世間而以禾奉見爲恨者矣今夫聞人一善則爲之
喜聽其姓號甚者訊其言貌以心識之以慕誦之此秉彝
之同然無足疑者矧乎受服冈涯之賜者使先生家祠而
万泰之難酬其萬一爾今聽其平日嚴影與種治花復花

之眞蹟遺傳後裔而免不得單珠之歎獨惟平安中和之

昇模全羅海南之昌周兩氏俱祖先生而乃爲之不惜大

家費窮將敬模而爲周布之資昌滕飲聲隱天不孤先生

之德先生亦應有此賢仍非兩座下之孝且斷烏能然哉

茲所以攢賀無窮已也夫然而一向含默豈近人情亦不

知斯言之或涉輕僭去也仰惟　清亮幸甚

右敬通子

文昇模文昌周兩座下

戊辰四月日長淵祠發文

院長　高光尊
掌議　李啓蓂
疏貳　鄭公源
　　　金容珬
林薰陽
任鳳寧
尹榮〇
李漢洙

長淵院誌卷之四

附 諸院蹟

公州師讓院
蕭公諱克讓○東史纂要曰初毅王近聲色好遊稼公上書切諫不從遂脫朝衣還家時人謂之鳳鳴朝陽故是公題詩于公州維鳩驛之北圖鳴陽云後入蕊去國圖于壁上建院于此驛之北揭頟曰邱去國之義諫取諫尸

三嘉松湖書院
忠爾公諱克鍊○此地先生後孫所鄉也盡公在麗中葉時稱賢宰相忠譽氣節施為事業昭載東史輿覽及先賢撰述雖曠世隔晨故節賢之鄉公讓特發剏建院宇扵松湖上春秋俎豆之所同號祕湖書院

全州楮山書院
忠爾公諱克讓○此地先生後孫所居之鄉也湖南士林建院讓以江城君順平君金尚為配享俎豆焉

丹城道川書院

忠宣公諱益漸○此地先生講學之所也嶺南章甫追慕先生道德建院于此屢次上言請額至正廟丁未復賜舊額遣禮官致祭賜

咸陽碧溪書院

忠宣公諱益漸○此地先生杖屨之地嶺南章甫欽慕先生之忠孝道學建院俎豆上言請額至明宗丙寅遣禮官致祭賜

松禾桃源書院

忠宣公諱益漸○此址先生講學之地也海西儒林建院于此春秋享之崇禎甲申江城岩諱海西

昌平雲山書院

忠宣公諱益漸○此地先生杖屨之鄉也景宗朝特下褒獎之致旌是湖南士林興感因館學疉狀建院于渝洲之雲山以忠宣公及長淵伯越川君左相公金宗瑞謫居之鄉也

享春秋合

長興江城書院

三憂堂諱益漸世○此址先生後孫所居之鄉也楓菴公諱粹世此址崇禎十七年甲申湖南士林起慕楓菴先生之道義剏院於月川春秋享祀之至英宗朝壬子館學及道內章甫以爲忠宣公

公既已建祠享之而思孝道學穜孫儕勤雖家豆
猶難盍報遂復令享於楓菴所享之院至正宗朝乙
已賜嶺江城
祠蓮體官致祭

御製歆祭文〔正廟朝〕

允矣忠宣在麗名碩正學倡明素履剛確茇頹見柱歲寒
知稻亞魚孝摯看牟忠篤劂外星橙管中綿棧衣我烝
黎如穀之穫百世永賴偉莪乃績猗歟　列聖報功尚
德牢塚禮勤富民號錫睿言南州有廟翼翼多士來額
諝以綱嶺公議可見予懷架激煌煌三字夐垂千億嘉
豆馨苾靈族欽格

江城春秋享祝文〔庚寶粲判　金有癈巽〕

正學殂倡大節終礪衣東之國功配于稷

丹川祠合享祝文　同八

猗歟患宣天質純粹行己本末惟仁與義倡學吾東趨向

始正啟發休運功等安定奉命胡元萬里南冠全節以歸

華夷發觀移彼綿種易我虜服士仰高名民歌盛德惟其

本立所以行備昔公盧墓海寇卒至顏慨哭京饋奠如儀

殊類亦感歟刃嗟客臨危燭幾歸卧山林晚節從容貞一

其心夔絜客實久而彌彰興代殊遇　列聖寵章明宮冀

翼道川之陽遺墟片石迄今不泐兩賢記述攜入耳目徵

信百川可以無惑聘玆南巖文氏之出邦人慕仰視他宜

別斜公雲仍楓庵文作隱居行誼維冠之谷從師聞道聲
衆赴難家聲復繼世德重煥卓爾所立俾也可護歸然月
祠揭虔有年千秋金美客祖賢孫一堂配侑允合情文茲
涓吉辰謹奉屍禮遠近咸集襟佩濟濟丹懷增色廟宇如
新洋洋左右聞一精神仰惟不昧是相依庇共賜歆顧垂
佑永祀

河城祠賜額告由祝文　大提學黃景源撰
昔在勝國恭使八元于時順帝召入金門欲廢恭懿詞于
先生先生正色以死固爭曰惟君臣截如天地臣不奉詔
請下棘寺乃竄南陲瘴死極刑三秋御魅東歸江城吉貝

有花得於路傍藏之筆管遂種東方衣被生民萬世之利

退居方丈倡明道義事親至老盧墓三年島夷感服曲爲

保庵道川立祠　世祖之澤楓庵爲配江城　宣額猗歟

伏慼謹告〔道川立祠在世祖朝〕

文忠宣公院宇有　賜額致祭之　命謹題一律以誌盛

事麗季唯公逈出倫精忠偉績耀千春劒南謫去扶危主

綿種攜來濟粟民　賜祭殊恩追異代扁祠新　命降重

宸天賢遺裔宜牧錄餘慶將看在後人

乙巳孟冬判書姜世晃謹稿

汪巖院柱聯〔判尹姜世晃〕

泣蘭颯苁剡南扶持宗社播綿種於海外衣被生靈賢師

傳道夙怡色而趨庭義旅収功婉陟高麗望闕

楮山書院　享儀事上禮曹單子

恐

鑑伏以崇德報功　國家之令典慕古尚賢士林之美風

是以式在彰善禮重威秩没世而各不稱君子之所疾保

孫而享以遡聖人之所興也若稽南平文氏一門三世至

行卓節偉德豐功有令人景仰欽慕於百世之下矣忠肅

公文先生諱克謙昔在麗毅宗朝以左正言獨立敢言睛

雷霜日不足以喻其烈落職而名益高去國而人爭誦至

使盡工人繪事山僧詠於詩英風勁節照映千古雖奸凶
鄭仲夫輩聞名不敢加害折檻當軍戮以加矣之說備在
東史纂要與他國朝之史策先賢之撰狀炳若丹青昭
如日星炎顯平君文先生諱達漢卽忠肅公之六世孫也
世篤忠貞家傳孝烈資品出世聰明絕倫未及學而能行
孝悌之方不待教而先問性善之道以衛正學碎異端為
己任當辛禑昏亂之時屢徵不起白衣南歸縉紳儷賢欲
挽不得以吾道南三字書於衣幅而餞別焉及承
太祖
大王貽書勸起逾以感激於塵埃之密契痛時事如冀王
室嘗以慶尚道都體察使討平沃川保寧等縣八寇之倭

樹勳於開泰盤龍等地麈戰之時威名大振疆土復完盆其偉卓行亦皆昭載於國史及諸賢狀錄矣江城君先生諱益漸卽忠肅公之七世孫也而爲順平君之十三寸姪也昔在至正之末以恭愍王下誣事奉使元朝語甚切至守節不撓因以被譴於劒南及其還歸也潛持木綿種於筆管之中教以樹藝至今爲我東方衣被之澤嘗持母喪退居晉陽自號三憂謝病不出至使倭寇環邑不犯立碑犯行有徵王蠋之語退栗兩先生相繼爲之護碑繪閣褒美崇慕之續詳載於朝野記史而謚以忠宣公封富民侯備舉於　列聖朝毗獎之典矣大抵惟此文氏三先生德

業節行卓異迥絕凡我東土合生之倫無不尊仰追慕而
以其係出南平世居全州故南土之士尤為思慕而南土
之中惟此全州入士之所以追慕之切而有不能已者也
第以遺躅所在聲功所被則已於三嘉之縣丹城之郡維
鳩之驛或院或旌額號楔記在在崇奉而維此全州世居
之鄉杖屨之所獨無俎豆腏享之禮者豈非士林之缺典
乎茲自丁亥春一鄉收議諸邑響應營建三先生院于邑
之西楮湖之滑墻伊既成丹雘告訖從此而惟南士望洽
絮稱慶而奉享守護之節尚欠畢舉茲以率領於　掌禮
之下祀享時香祝及院生院奴自本邑按例排定之意特

爲題下傑作永世尊享之儀民邑幸甚斯文幸甚

禮曹

大宗伯　閤下

戊子十月　日　全羅道全州儒生

李禛秀丁侯晛黄濟德宋道一李祐榮鄭載瓊黄宗
源金天鑑鄭舜孝李漢九柳元養李晉烈柳　淀李
煥昌鄭碩行徐榮一李光濂李莢倫崔始永柳渭源
李仁九金明元吳彪一金錫烈

答通

右文爲回喩事來通謹悉　文忠肅公忠宣公順平君三
先生之忠義勳烈昭乎日星炳若丹青則・貴府設享以

不容少緩惟望僉君子廣詢公議以完大事幸甚

右敬荅子

全州儒會所

戊子十月　日　太學館掌議尹

有司李

楮山書院三先生祝文

忠肅公　繪事傳美　悍夫知敬　立儒之風　百代欽景　某先生　茲值春秋丁

順平若　尊性學遂功偉　無承賢祖　配食無愧　謹以粢盛

忠宣公　純孝危忠　完節溯功　本之正學　用變夷風　牲幣庶品　式陳明薦

坡山後學通訓大夫前行弘文館校理知製教兼經

筵侍讀官春秋館記注館尹心圭謹撰

江城院院長院任往復書

即拜　盛惠狀謹審　僉尊鍊玉琳福慰仰何己　山長

儒林重望也觀濟恭安能當是責也第以景慕先賢之誠

重遠勤托之意不得亦祇受禮幣汰荒之譏恐難自遂恝

覘而己適有薪憂倚枕艱草不宣伏惟　僉照謹謝狀上

乙巳七月二十三日右相蔡濟恭

獲拜　溝翰謹審　晚熱　僉尊鍊玉起居清裕慰仰何等

本院久無山長士林興嗟孳賴多士慕　賢之誠得請皐

比長席之位則今此副貳之任實非其人固不敢冒當而

盛意亦難嘉貢黽勉受之私心歡愧有不可勝言餘不宣

統希　／乙巳七月二十四日承上旨僉怕柱

病伏篤林忽拜　僉尊惠問札謹審　學履履茲初冬一

味鄭重傾倒慈溯如何可喻　月院宣額幾百年未遑之

興於吾耳親見況賜祭尤屬曠絶　恩數士林柜告欣欣

況吾輩各厠院籍之末者平但天涯落落無以周旋於樽

祖之間是爲牆餕者耳濟恭一病四朔累經危域今雖向

減獨是床褥中物耳悶憐奈何惠貺拜領多感神昏艱草

不宣統希　僉照謹謝狀

乙巳十月十九日右相蔡濟恭

便中獲拜

僉惠覆因審初冬　僉尊起居清趶何等慰仰本　院延

額之期秪隔十餘日自昔關典幸今克舉顧此名恭　院

籍者區區欣抃之悰有倍他人而千里落莫由周旋於

俎豆之末煇結中心自不能暫馳也恒柱姑依宿狀而寒

節瘦挾以是悶憐耳餘不宣繞希　尊照謹謝狀

乙巳陽月念一日承咨僉恆柱

省式卽丞　僉憲狀就審茶冷　僉鍊玉珍歲區區慰瀉

如何可瞭生私門不幸室人奄逝老境情事不如無言加

以公務日積衰病日深悶如之何　致膲禮雖然矣地是

千里物奚冤至兒齋儒以將之感歎雖溪想其貽愆不安

大矣後勿如是是所望也餘不宣統惟　僉尊照亮

已酉二月十七日右裙蔡濟恭

匪意獲承僉翰以審花辰　鍊玉起居琭越何等慰仰今

春　享禮延　額後初盛舉也恨不折旋於樽組之間徒

增景仰兩已千里致　騰慈非常有之事且違三日不出

之義謟復則雖値信傁書報足矣恆柱姑依宿狀他無足

奉開餘不宣統希　尊照謹謝狀

丙午四月六日承旨俞恆柱

即承　惠札以審　靜況連勝何等慰瀉向聞院儒言疏

請配廡此莫重之事決不可容易動作須悉此意如何服

人老病無生人意趣任之致膰租受餘外珍貺欲得勤意

感謝無己不宣統希　尊照謝狀

壬子九月十七日左相蔡濟恭

卽承　僉惠札以審春寒　僉鍊正球勝慰瀉何已生重

八相府仝失數年業趣惻憐而已副院長屬諸貞洞季尚

書蒙其諾矣此士望攸歸　院事誠幸矣文君若得捷南

宮尤豈非　院宇光色耶　惠貺球謝球謝惟穎　僉展

以時珍重不宣統惟　尊照謝狀

乙丑二月二十三日右相蔡濟恭

卽惟霜令　僉尊鍊玉起居清慈慰卹交摯本院請額事

即下禮曹特許施其爲感幸曷可勝言招問本曹該吏

則當自本曹發關於完營知委本院定其日子然後自京

禮官寶　香祝下去云一番齊會後裁其日子於監營院

儒及子孫中人慇懃上來周章凡事因隨禮官下去未

知如何其柱重其事之道不可不如是此恆柱姑依宿狀

餘無足道者不宣統希

乙巳九月重陽後一日承旨俞恆柱

郎拜　惠書備審春照　僉錬玉增勝慇瀉良深況院額

昭揭春享利成此士林之可也身在千里外不能躬賭成

儀安得不悵然也濟恭或伴山林麋鹿或隨江湖鷗鳥身

計日覺閒曠靈往非感祝　天恩之此耳餘不宣統惟

僉尊照亮謹謝狀

丙子三月晦日右相蔡濟恭

夙抱傾嚮遠　辱記存且感且愧不容于中第憑審峭寒

僉學履衛重欣慰區區家煥隨分麗遣知荷知荷　俯託

深謝不鄙且逾報鞭非戴歸讓但燕魯劣無以堪此鄭重

辭不獲　命雖己冒受惶愧則切道途修賚嗣音難數只

蕡起居汲時保重勉加琢玉以副溪望不宣伏惟

下照謹拜狀

乙卯二月念六日判書李家煥

雲山祠記

顧余癃瘵多年與世齟齬如君平之棄張籍之旨頹然于
溪上竹廠一日雲山文奎哲袖致先生實記而來囑余識
之余蹴然病枕曰善觀草木者知花優知枝知枝便知根
今文氏之源其來久矣自羅麗入我聖國仁賢相承名閥
海左猗歟盛哉故左司議大夫忠宣公先生以武成公之
雲耳法朝宗之忠節友圖牧之道德倡明正學詆斥異端
及至秉使如元雖當帝怒固執綱常遠竄南荒茲戲先生
忠義炳炳若日月之光明此可與知公者道不可與不知
公者道況又善居親喪後人亦感於盧墓之孝平忠孝聲

各不啻洋溢于環東土數千里足有聞於天地之所覆載
而凡有血氣者孰不尊親若木綿一事於公猶九牛之一
尾後之論公者以木綿爲公第一義則豈不惜哉公之三
憂顧其堂者抑有深義宗國不振一世聖學不傳二世已
道不立三也千歲在前百世在後一日不可無三箇之憂
然茲世降道衰末如之何乃屏迹山下教子爲樂公之孫
靖惠公學於牧隱道成德立始爲紡車追封長淵伯公之
孫平翼公學於陽村爲太宗佐命功臣封越川君其後諱
于茲縣自號滄洲釣叟後人建祠于雲山雲山卽杖屨之
所世恭惟我 景宗朝特下褒獎之教士論齊起館學收

議先生及靖惠公思貞公蹟享于茲三賢一祠世所罕有
以余不佞未嘗不欽艷于甲余嘗與其後孫贊周聖師相
善盍其資性超今而古酒酣賦詩頗有磊落不羈之習當
時鄉黨老成就不器而重之趨惟如昨回耐感慨今奎哲
其孫能収拾先蹟必欲壽而不朽亦見其趾美也嗚呼三
憂之孫肩聖師聖師之孫有奎哲靈芝其有根乎

甲午二月上澣將仕郎長陵叅奉烏川鄭在勉序

雲山祠記

江城君世以木綿稱其功是固不讓於后稷之稼穡然非
公節義東國之人無以講交趾木綿無以東來公之有其

功豈非節義爲之本耶且麗朝佛教之國也衣冠幾淪於
左桩獨公奮然尊尙程朱使聖學不至湮晦公之節義又
豈非學術爲之本耶惜乎公之世己四百有餘年斷爛遺
編無所概見於後世此余宰昌平縣有雲山祠享公與越
川君長淵伯金享爲君公之孫也伯公之孫也公俎豆之
所匪一二三世金享惟雲山祠是己嗚呼此可以觀世德
也且文氏居茲祠宇傷者甚衆皆江城君遺裔矣

崇禎四壬寅季夏縣宰任翼常謹識

叩諫院記

高麗文公克謙以諫見斥白衣匹馬行過此驛題詩于壁

適丁驛樓重修施彩當時畫手姓朴忘其名者因畫爲圖
人不知爲誰後有燕右子領道侶千餘人行向西京抵宿
此驛見而異之曰此諫臣去國圖也因詠一絶以題其後
二客從而和之亦不知姓名盖隱者流也詳載麗史又著
與地圖本驛古蹟文獻可徵至今千載之下想望其風彩
凛凛乎不可犯故茲撫大畧弁記其詩謹告地主姓郭名
趨壽諸梓以期不朽君子之至於此庶幾見之則不猶愈
於風雲花月之詠也

萬曆庚寅三月日進士李致霖謹記

寶城 不祧廟

江城君孟漸字曰新號三發堂爲高麗左司議大夫右文館提學知經筵事弘文館事封江城君命入杜門洞太宗朝贈嘉靖大夫參知經筵事弘文館事封江城君世宗朝諡忠立不祧旋其間曰高麗忠臣不披愛聖學之不傳變已道之不立輔國崇祿大夫議政府領議政贈富民侯建文庚辰二

長興 龍溪別廟

忠顯公松紀合享于此齋先生薛克欽贈刑曹判書聾生此地先生從孫所居之地奉安所後孫祭祀閔懷參建祠于此合享之

驪州 別廟

純廟戊辰建祠君諱建祠此地勉齋修文講學之地也建祠于此合享之漸子孫祭祀

綾州 月谷祠

天章早歲獻中進士聞道旌栗谷先生學有淵源自主籌哀賦嘗轉闢王亂推高峯敬命爲盟

綾州 褒忠祠

源追慕靜卷烏自主籌哀賦嘗轉闢王主及辭烈公死別江死事聞衣血書寄老母作間建祠享之之辭北盡石不至之群不至蓋不至

長興白洞祠　友谷公諱壁白草堂公諱參磊村公諱成三賢杖屨之所也建祠春秋享祀之哲宗戊寅

康津上谷祠　近菴諱雍思齋諱彬月坡諱九洲□午湖南章甫建祠春秋享祀之

靈巖龜巖祠　白蓮堂諱周道士林建祠青蓮李後白

龜巖祠兩丁祝文

博學篤行斥邪扶正大老有筆百代輝映　青蓮李先生

孝友其天淸白其操惠我後人昌不崇報　白蓮文先生

居昌龍源祠　茅溪公諱韠杖屨之所道內士林建祠

長城德川祠　享忠宣公諱益漸寶之翰齋崔鐵崙在西三兩大德里壬午建祠高宗戊辰賜額德川書院

陝川道淵書院　文敬公愼齋周先生諱世鵬二樂堂生諱怡文先生諱□號玉洞官修撰官先生

藝文節直提學崇禎后辛丑陝川士林奉安位板和齋姜先生諱仁壽寒沙姜先生諱大逵春秋合享之

咸興文會書院

文宣王書像奉安西別廟敬憲公李穉宗文翼公韓俊讓泉湖公文德教蕭敬公愈緯文清公李後白觀察使光夏五先生合享

義興鳳崗祠

昔宗辛酉建祠思宣公靖愚公配享己酉建碑立閣拆竜金道和興銘

義城三賢祠

本道士林以木綿初種之地因慕先生忠孝道先生後孫靖惠公來襄敎公愛之遺澤郧建院上盆享先生及三賢至萬曆壬辰院宇被焚後士林更建祠於義城之鵡川

陝川河南祠

先生諱景虎字君燮號驛陽正宗己未士林奉安于河南

楊州崎湖書院

成宗壬寅建院中宗癸未賜額忠廟公文先生景東生忠宣公文先生春秋享祀

平安龍川別廟

英宗壬子建祠

長淵院誌有司錄

都有司　商光善　　本孫都有司文炳九

副有司　李慤琮　　掌財　文德九

校正　奇老善　　監董　文致大

監印　金瓚炫　　文鶴錫

院宇監役有司文㷆彦　咸平丁卯爲始

長淵院誌卷之四終

長淵院誌跋

舊院表裏學校學校之於養士具也養士之於學校實也
其實既然則其具不期積而自積亦其勢也國朝右交五
百年培養士氣且就於正時則院宇同與忠賢以祀風勵
作成不變一代之趨向使教養之意得以下究及未大同
撤院絃誦道衰祠址鞠茂則與言熾海冠至其與道俱降
與時俱污者不可誣也丁卯春交氏五賢祠成灾永平之
長淵倘而見天理民彝有未盡泯者而剝盡復生為一根
碩果實與吾夫子以匪風下泉繫之變風之終同二義諦
而此院士之刑亦一串貫事就主張是耆能音之士談仁

義讀聖賢爲今日扶植斯文者余何敢贅員頻少須叟待

時思見斯道文明始日中天庶有其日其尸事踏公後孫

炳九仁燠二老斯文

戊之端陽日辛州奇老燕謹記

惟我

先院自甲子域中章甫盛論之後經始而都有司炳九氏

以單子隻身七葦暮齡徒知有先而不知有身老妻稚兒

頓然舍置與仁燠氏誠洁氏同心協力員寒暑周晝夜出

則連第八則同枕一日九回之腸賢箅爛商以至今日之

竣功竊念文氏彌滿東土其麗不億靡不各極其力而荀

非此三公恐死生之苦心血誠其孰有我有其人然後有
其事茍無其人雖千百載湮没寂寞安知數千載之後始
有此俎豆之享乎此莫非先祖不昧之靈陰隲於厚夜瞑
漢之中衷致皓誠愚昧不解事以各派門長老之命猥丞
掌財之任夙夜祇懼惟恐償事寸木而支廈吹塵而成山
者倘無得罪於後歟
戊辰五月上澣後孫致皓謹識
誌識其實如此編目是實事爲後者善看得出可知有千
世不朽之業我可體行之可知其善於纘述之爲難我可
理會之至於服膺而勿失矣則此編之賜也又豈矣炳九

誠浩仁煥致睦氏諸宗長奉儒論將先事靡或有慈
祠立謂不可無誌首書五賢實記次祠中節目及儒家文
字而綜合之付剞劂氏書九四篇可謂簡嚴得盡矣嗚乎
凡我來後永享無窮賜焉
戌辰五月　□後孫德尤謹識

嗚呼惟我始祖三光先生神明鍾毓之材之道之文既經緯一世續被羅朝冠乎後人之興慕而俎豆之也顧乃嘗施之天寥寥於千載而亦有待於今日乎惟茲道郡儒林之僉議齊發以歲丁卯之春丁享之儀始舉釋奠四先生於東西禮也慕也粲然可觀藹然可掬夫孰使之然也是不可不謂之天也亦不可不謂之儒也豈乎今日之舉衛出於淑世盛明之典豈不爲周洽觀聽而爲子孫榮者將十百於此我而恨乎其未也竊惟我先生旣胚胎於十百載之前而殆降而寥寥乎千載者郭非有胚胎之會而待於今日者耶雖然若使百六之會兆於此而以啓來世

崇慕之與零星之裔或基於此而昌熾之漸而期則安得

不爲爲吾文者賀而爲世道者幸之此周煥亦有義本之

天者固無足開旋其間特幸蔟文炳九氏之慕先血誠祠

字院誌之後帆然有成亦不敢贊一云爾

戊辰五月　日後孫周煥謹識

長淵祠墓地
上 買受代金壹百五十圓 綾州德山文誠浩納

神室三間
造費用金文炳九金壹百四拾四圓竹笒門中金一百九十圓文仁煥致皓金
金一百參十二圓合力自癸亥至甲子建祠文壹煥
金二百圓蓋瓦納考領受主文炳九文仁煥

陽春門三間
文炳九文誠浩文濟雄
十圓担當淸淡建藥成誌焉乙丑九月日受納主

齋明室四間
長城郡南一面芿芬里文彩成獨金朔建時
納考受納主文炳九文鶴錫

文巖門與塔垣
長興郡夫山面內洞文燦洪獨金担當督
建納号受翔主文炳九文仁煥前司文譽煥

五先生神道碑
沃溝山文明員主文炳九文誠浩
丁卯二月日受翔主獨金前後費担當納考

捐儀碑
京畿汱貲鐵洞文翊相獨金參百圓担當建碑納考
爲丁卯二月日受納主文炳九文誠浩

長者山
一萬三〇共安郡鬚巢里文檣浩獨金一百四拾
千坪 擔巖買受翔上丁卯四月日文炳九

文誠浩定納焉

長者池
金提楄米里文豊鈜文淳厚門中金一百四十四月
捏當買受納上丁卯四月呂文炳九文誠浩受納焉

嶽降堂樓
盖尾金二百川位士四斗三升覆翔考成証焉
光州郡百谷面西休里文泰馨獨金一百永壺焉
鑿致行文炳九文仁煥文達植文昌奎受納焉

神室丹青及嶽降堂前後門
樞十八件掛于鐵十二介光川郡光州両金鶏洞
文佟煥獨金把當柄考成説焉受納主文炳九文
仁煥文昌奎文服弼

捐義
羅州　上焉　羅新面土梁里許昌文十四日丁卯春享納

長城　上焉　北一面甲洞坐鍾奎金十四月丁卯春享納

表出
和順　享納上焉　綾州面校混朱儀官燦馨金十月丁卯春

光州　享納上　光州面高村池器奉應鈜金十四月戊辰春

指令第一三八五號

昭和三年十月二十日印刷

昭和四年一月十五日發行　　定價金五圓五十錢

著作兼　長城郡南面芬香里四二六番地

發行者　　　　文鶴錫

不許　　　　長城郡南面鹿津里三六九番地

複制　印刷者　　　金鳳熙

印刷所　長城郡南面鹿津里三六九番地

發行所　潭陽郡大田面屏風里一五〇番地

文德允方